지방자치행정론

장문학 · 하상군

도서출판 대영문화사

머리말

1949년 7월 지방자치법이 제정된 이후 나름대로 지방자치가 실시되었으나, 1961년 5.16으로 지방자치가 중단되어 30여 년의 세월이 지나 1990년대 초에 지방자치가 부활되었다. 부활 이후 20여 년 이상 지방자치를 경험하면서 대학 교육 과정 속에만 머물던 지방자치행정의 영역이 일반 시민의 지대한 관심과 연구의 대상이 된 것은 너무나도 자연스러운 현상이다. 오랜 기간 동안 시정 경험과 특강을 통해 대학생들뿐만 아니라 일반 시민들도 쉽게 접근할 수 있는 지방자치행정 분야의 입문서가 필요하다는 인식이 이 교재 발간의 시발점이었다.

이 교재는 지방자치와 관련된 지역정치인, 실무가뿐만 아니라 각종 공직시험을 준비하는 수험생들의 편의도 상당 부분 고려했다. 최근 지방자치행정론의 경향이 지나치게 방대하며 지나치게 많은 분량의 교과서들이 모든 분들에게 상당히 부담을 주고 있다는 사실이 상당 부분 작용하였다. 따라서 지방자치행정 전반을 체계적이고 간결하게 정리해 수험생뿐만 아니라 지방행정기관에 근무하는 공무원들의 이론적 지침서로서도 도움이 될 수 있도록 하는데 비중을 두었다.

이 책은 지방자치행정 전반을 총 7편으로 나누어 구성하였다.

제1편은 지방자치행정의 개관으로 지방행정의 본질, 이념과 지표, 지방행정의 환경변화와 지방행정 수요 등이 주요 내용이다.

제2편에서는 지방자치의 원리로 지방자치의 기본 원리, 중앙집권과 지방분권, 자치권의 성격과 내용 등을 담고 있다.

제3편은 지방자치와 주민으로 주민참여, 주민통제, 대민홍보, 행정지도 등이 주요 내용이다.

제4편은 지방자치행정의 개관으로 지방자치단체의 의의 및 조직, 행정 기능과 사무, 우리나라 지방자치제도의 전개 과정 등이 주요 내용이다.

제5편은 지방자치단체의 기관으로 기관구성 형태, 지방의회와 집행기관, 교육자치와 자치경찰, 지방선거와 정당 등이 주요 내용이다.

제6편은 지방자치단체의 자치활동으로 지방자치단체의 상호관계, 중앙통제, 행정사무의 민간위탁과 광역행정, 지방자치단체의 구역 등이 주요 내용이다.

제7편은 지방재정으로 지방재정의 개관, 지방자치단체의 세입구조, 지방재정력 등이 주요 내용이다.

이 교재를 저술하기까지 공저자 장문학은 행정직 공무원으로서 서울시청 및 자치구에 재직 당시 도시관리국장, 생활복지국장, 재무국장 그리고 지방행정 실무를 총괄하는 행정관리국장으로서의 실무 경험과 이론적 학문을 접목하여 1년간 산고 끝에 이 책을 펴내게 되었다. 특히 서울시 공무원교육원(현, 인재개발원)에서 서울시 7·9급 및 기능직 신규채용시험과 재직자 승진시험문제를 출제에서 면접까지 총괄했던 경험을 이 책에 담아서 공무원 채용시험이나 승진시험에 크게 도움이 되리라고 확신한다.

공저자 하상군은 20여 년 간의 대학 강의와 지방행정연구기관의 연구원 경험을 토대로 대학생이나 수험생들의 눈높이에 맞춰 이론을 구성하고 최근의 자료도 상당 부분 반영하여 실제적 측면도 상당히 반영하였다.

이 책이 나올 수 있도록 학문적 지도는 물론이고, 삶의 지표를 제시해 주신 행정학박사 김종표 교수님과 법학박사 최응렬 교수님께 가슴에서 우러나오는 진심을 담아 감사의 말씀을 드린다. 나아가 지방행정의 이론적 학문을 지도해 주신 서울시립대학교 법학박사 김영천 교수님과 경복대학교 전지용 총장님께 감사의 말씀을 드린다.

끝으로 미흡하고 부족한 원고를 정리해 주고 출판해 준 임춘환 사장님과 편집부 직원분들께도 깊은 감사의 말씀을 드린다.

2013년 7월

저자 일동

차 례

제 3 편 지방자치와 주민

제 5 편 지방자치단체의 기관

제 7 편 지방재정제도와 그 운영

제1편

지방자치행정 개관

제1장 지방행정의 본질
제2장 지방자치행정의 이념과 지표
제3장 지방행정의 환경 변화와 지방행정 수요

제 1 장 지방행정의 본질

제 1 절 지방행정의 연구 경향과 지향성

1 지방행정의 연구 경향

오늘날 국민의 사회적 욕구와 가치관의 변화에 끊임없는 대응력을 제고하기 위해 조직과 정책의 개혁을 단행하고 있으며, 이를 통해 합리적이고 효율적인 행정 서비스를 제공하고자 부단한 노력을 기울이고 있다. 이러한 경향 속에서 세계 각국에서는 국정의 근본이며 국민과 가장 밀접한 관계를 맺는 종합적 조장행정인 지방행정(local administration)에 대한 특수성과 중요성을 재정립하고 이를 과학적·체계적으로 연구해 보려는 경향이 점차 강화되고 있다.

제2차 세계대전 이후 행정 기능의 질적·양적 증대는 현대 행정국가로 하여금 적극적인 행정으로 시민의 생활에 관여하게 되었다. 이러한 시대적 요청에 부응하여 지방행정에 관한 문제들은 종래의 민주화라는 정치 이념적 이유에서뿐만 아니라 지역개발 혹은 지역 발전이라는 새로운 각도에서 그 중요성이 새로이 대두되고 있다.

지방행정은 그 연구의 출발점을 정부 단위 또는 지역행정 단위로서의 지역사회에 두고 행정 과학적 입장에서 지역사회의 정치·행정적 측면의 연구를 주안점으로 함과 동시에 개별 과학적 입장에 입각한 지방행정 및 지역사회 연구의 결과로부터 보완 또는 종합할 필요성이 있다.

절대주의에 대한 저항으로 등장하게 된 근대 자유민주주의 국가의 행정에서는 민주적 통제의 강화, 법치행정의 원칙과 같은 정치적 · 법률적 문제가 중대한 관심사였고 "최소의 정치가 최대의 정치(Government is best when governing least)"라는 관념에 맞춰 국가의 기능은 외교 · 국방 · 치안 · 재판과 같은 특수한 부문을 제외하고는 질적 · 양적으로 비교적 단순했기 때문에 행정은 합리성이나 능률성이라는 측면에서 지방행정에 관한 문제를 과학적으로 연구할 필요성은 그다지 크지 않았다.

1930년대에 대공황을 겪게 되자 정부가 행정 기능에 적극적으로 관여하지 않으면 여러 가지 사회적 모순과 국가경제의 건전한 육성 · 발전을 도모할 수 없게 되었으며, 신생국에서도 빈약한 자연자원, 낙후된 기술, 부족한 자본을 가지고 급격히 근대화를 이룩하려는 욕구와 국민의 생활수준 향상에 대한 기대가 정부의 적극적인 행정활동을 필요로 하게 되었다.

그러나 1930년대 이전까지만 해도 일반 행정의 분야에서 지방행정을 특별히 분리해 독자적으로 연구해야 할 필요성이나 근거를 발견하지 못했던 것으로 이해될 수 있다. 이러한 상황을 화이트(L. D. White)는 다음과 같은 말로 적절히 묘사한다.

"행정 과정을 관찰해 본다면 그것이 도시정부이든 주정부이든 또는 연방정부이든 간에 이와 같은 단계적 구별을 배제하는 본질적 동일성이 있음을 알 수 있다. 그러므로 행정 과정을 지방행정 · 주행정 · 연방행정과 같은 방식으로 구분해 다루는 것은 존재하지 않는 구별을 한다는 것을 의미한다."

최근에 이르러서는 지방행정의 연구 영역이 조직관리라는 차원뿐만 아니라 그 기능과 제반 요소의 고려라는 영역까지 확대되고 있다. 즉, 일반 행정을 환경적 요소와의 상호 관련 속에 총체적으로 파악하려는 생태론적 입장(ecological approach) 또는 행정과 관리를 동일시하지 않고 관리를 행정의 한 분야로 파악하는 관리 특수 행정론의 입장이 그것이다. 여기에서는 지방사회의 행정 현상이나 일반 행정에서 찾아볼 수 없는 영역이 관리에 존재한다고 주장한다.

다시 말하면, 지방행정 영역은 비록 이것이 일반 행정과 넓은 범위의 공통적 영역을 갖고 있다고 할지라도 일반 행정에서 다루지 않는 별개의 영역과 혹은 일반 행정과는 별개의 시각과 방법에 의한 연구를 필요로 하는 특수성이 존재한다고 하여 이에 관한 연구가 이루어지고 있다.

이와 관련해 국내의 지방행정의 연구 경향을 보면, 일천한 우리나라 사회과학의 역사와 마찬가지로 행정학도 그 연구 역사가 짧으며, 그나마 외국 이론의 무비판적 수용 태도에 기인한다. 즉 김광웅의 표현처럼 "외부로부터 이식되어 외국의 토양까지도 옮겨놓은 분재"에서 자라온 것과 같은 형편이다. 이에 따라 행정학의 연구 경향 역시 일관된 중심적 개념을 토대로 연구 대상의 부분과 전체가 통일적으로 파악되고 상호 체계가 총괄적으로 긴밀히 연관되어 인접 학문과의 교호적 관계도 불투명해 일관성과 체계성이 아직은 미흡한 실정이다.

그렇다고 해서 지방행정에 관한 연구가 부실하다는 것은 아니다. 지방행정에 관한 교과서가 1980년대부터 다양하게 간행되어 왔으며, 학계에서도 이에 관해 새로운 관심을 집중해 이론적 기초를 다지고 있으며, 실무 분야에서도 이론과 실제를 결부시키기 위해 각종 조사·분석에 노력하고 있어 이에 관한 연구가 활발히 전개되고 있다.

특히 그동안 유보되어 왔던 지방의회가 구성되었으며 지방자치단체장의 직선 등 지방자치가 본격화된 현시점에서 지방행정 연구는 최고조에 달해 있으며, 지속적인 정부의 노력과 학계의 연구에 힘입어 분과 학문으로서 지방행정학의 위치가 크게 부상할 것으로 전망된다.

2 지방행정의 지향성

1) 자율성

근대 입법국가가 탄생하면서 직접민주주의의 한계가 드러나 대표자를 선출해 다스리는 간접민주제가 보편화되었다. 이는 일정한 공간을 영역으로 하는 지방행정에서도 예외는 아니다. 우리나라 헌법 제117조에서도 "지방자치단체는 주민의 복리에 관한 사무를 처리하고 재산을 관리하며, 법령의 범위 안에서 자치에 관한 규정을 제정할 수 있다"라고 규정하고 있다. 따라서 자치행정은 일정한 영역을 자율적 권한과 책임으로 스스로 다스린다는 것이며, 외부의 간섭이나 타율이 개입되어서는 안 된다.

2) 고객지향성

과거 관치행정 시대의 지방행정 책임자는 기본적으로 인사권자인 중앙정부에 종속될 수밖에 없었다. 지방행정이 중앙정부에 우선적으로 관심을 가지다 보니 주민을 고객으로서 봉사 대상이라기보다는 통치 대상으로 여겼다. 하지만, 자치단체장이 직선으로 선출되면 자기를 선출해 준 주민의 욕구와 기대 충족에 역점을 두고 만족 극대화를 위해 고객지향성을 우선 가치로 삼을 수밖에 없다.

3) 효율성

지방행정이 지향해야 할 가치 중 하나가 효율성이다. 개방화 시대의 무한경쟁 속에 지방정부 간 치열한 경쟁에서 살아남고 세계의 지방정부와 경쟁해서 비교 우위를 확보하기 위해서는 효율적인 행정관리가 중요하다. 지방자치를 실시하는 가장 근본적인 이유를 티부(Charles M. Tiebout)는 다수의 지방정부 간 경쟁을 통해 최대의 효율을 기한다는 점을 들고 있다. 즉 다수의 지방정부가 각기 다양하고 차별화된 서비스를 제공함으로써 서비스 수혜자인 주민이 최적의 서비스를 제공하는 자치단체로 이주해 간다는 것이다. 이미 우리나라에서도 최근에는 대도시 주변의 위성도시나 전원도시로 이주해 가는 경향은 이를 잘 대변한다.

최근의 복잡 다양한 네트워크 사회에서는 과거와 같은 획일적이며 일방 하향적인 가치 체계로는 효율적인 행정을 하기가 곤란하다. 자치행정의 저변에는 주민참여가 필수적이며, 주민과 지방정부가 함께 다스리는 행정을 흔히 거버넌스(governance)로서의 행정이라 한다.

제 2 절 지방행정의 개념과 특성

1 지방행정의 개념

지방행정이란 매우 다의적인 개념으로 사용되며, 지방행정의 존재 양태는 개별 국가가 처한 상황과 지방자치의 전통, 지방분권의 방식 등에 따라 다양한 형태를 띤다.

여기에는 지방자치단체가 국가로부터 독립된 법인격을 부여받아 독자적으로 수행하는 자치행정, 지방자치단체가 국가로부터 일정한 권한을 위임받아 수행하는 위임행정, 국가의 특별지방행정기관이 수행하는 관치행정 등으로 구분해 볼 수 있다.

1) 광의의 지방행정

행정 주체를 불문하고 일정한 지역 내에서 수행하는 모든 행정을 의미하며, 자치행정, 위임행정, 관치행정을 포함하는 것으로 아프리카, 중남미 등 자치의 후진 국가들을 예로 들 수 있다.

2) 협의의 지방행정

이는 지방자치단체가 처리하는 행정만을 의미하며 자치행정, 위임행정만이 포함되는 대륙계 일부 국가(프랑스, 이탈리아)와 우리나라가 포함된다.

3) 최협의의 지방행정

지방자치단체가 사무를 처리할 때 중앙정부에 의하지 아니하고 스스로 처리하는 자치행정만을 의미하며, 지방자치와 동일한 개념으로 사용하는 영국, 미국, 호주, 스위스 등을 들 수 있다.

결국 국가의 하급기관에 의해 행하는 관치행정을 직접행정이라 하며, 자치행정과 위임행정을 간접행정이라 하는데, 우리나라에서는 간접행정만을 가리키는 개념으로 이해된다.

관치행정과 자치행정의 비교

구분	관치행정	자치행정
주체	국가(특별지방행정기관)	주민(지방자치단체)
평가 기준	능률성	민주성
발전 목표	양적 성장	질적 개선
공개성	비공개	공개
변동	혁신적	점증적
중점 기능	통제 · 규제(권력적)	권고 · 유인(비권력적)

2 지방행정의 특성

지방행정의 특성은 지방자치단체의 규모와 성격, 자치권의 범위 등에 따라 다양하게 표현될 수 있지만 일반적인 지방행정의 특성은 다음과 같다.

1) 자치행정

자치는 일반적으로 관치(官治)에 대립되는 개념으로서 지방행정사무는 특수한 경우를 제외하고는 원칙적으로 자치사무를 스스로의 의사에 따라 처리하고 책임지게 하는 것을 말한다. 국가의 지방행정사무도 많은 부분은 국가의 하급기관에 위임해 처리하게 하지 않고 지방자치단체 또는 그 집행기관에 위임해 집행하게 해야 하며, 이러할 때 지방행정이 자치행정의 성격을 가진다고 할 수 있다(김현조, 2009: 80).

2) 종합행정

중앙행정이 전문적으로 고도의 분화를 이루고 있는 부문행정이라고 한다면 지방행정은 하나의 행정 주체가 각종 부문행정을 그 지역적 단위에서 종합적으로 통합해 처리하는 종합행정이라고 할 수 있다. 이러한 행정의 종합성은 지방행정 주체의 규모가 작으면 작을수록 더욱 높아지며, 지방자치단체는 당해 지역 내에서 전체 주민의 일반적·공통적 이익을 전체적·종합적으로 처리하는 행정이라 할 수 있다.

3) 급부행정

급부행정은 문서행정과 대립되는 개념으로서 지방행정은 주민의 요구를 구현하는 서비스행정의 성격을 띤다. 지방행정은 일선에서 직접 결과를 창출하는 급부행정이기 때문에 그에 상응하는 책임이 따르며, 책임이란 중앙의 지침을 자기의 실정에 맞게 변경해 현지에 적응시키는 것을 말한다. 주로 주민의 일상생활에 직결되는 사무 또는 지방 주민복지의 조장·발전에 관한 사무를 집행함을 원칙으로 한다.

4) 생활행정

국가행정이 전국을 단위로 통일적·일원적으로 실시되는 데 비해 지방행정은 국가 내에서의 일정한 지역을 단위로 개별적·다원적으로 실시되는 행정이므로 일상생활 하나하나가 생활행정이다. 지방자치단체의 활동은 일정한 지역을 기초로 하여 그 위에서 영위되는 주민의 생활을 대상으로 행해지는 특수적·개별적 활동이다.

5) 대화행정

지방행정은 주민의 요구에 적절히 대응하기 위해 주민과 자주 접촉하면서 대화를 통해 그들의 의견을 청취하고 이를 바탕으로 시책을 결정·집행해 나가는 데 특징이 있다. 지방행정은 주민과 신뢰 관계를 형성·유지해야 하는데, 이를 위해 가능한 한 주민의 참여를 촉진하고 주민들로부터 통제를 받으며 책임을 지는 행정이어야 한다.

제 3 절 지방행정의 존재 형태

지방행정은 자치행정임을 특징으로 하지만 구체적으로 국가마다 지방행정의 존재 형태는 상이하다는 점에 유의할 필요가 있다. 즉 표면상으로는 민주정치 이념을 지향하면서도 지방자치를 부정하고 강력한 중앙집권 체제를 구축하고 있는 국가가 있으며, 반대로 분권을 통해 꾸준히 실시하는 국가도 있다(정세욱, 1998: 38-39).

1 완전자치형

1) 개념

완전자치(完全自治)형은 민주주의적 지방행정 또는 지방분권적 지방행정이라 할 수 있는 형태이며, 중앙정부가 독립된 공법인인 지방자치단체를 설치해 지역주민의 의사를 적극 반영해 지역 실정에 맞는 행정을 자주적으로 처리케 하는 유형으로, 자치의 전통이 뿌리 깊은 영국을 중심으로 한 국가에서 보인다. 이러한 유형을 취하고 있는 개도국은 실제와 이상 간의 많은 차이가 있으며, 오늘날 강력한 중앙통제의 영향으로 인해 다소 지방자치단체의 자주성이 제약받기도 한다.

2) 특징

지방행정에서 지역적 특수성과 개별성이 충분히 고려되며 이로 인한 주민참여가 폭넓게 인정된다는 점을 들 수 있고, 지방자치단체를 구성하는 공무원은 모두 지방공무원이라는 점이다. 따라서 지방자치단체가 모든 문제를 직접 관할하므로 폭넓은 자치가 허용된다는 점이 특징이며, 국가로는 1982년 이후의 프랑스와 영국, 미국, 스칸디나비아 국가 등을 들 수 있다.

2 반자치형

1) 개념

반자치(半自治)형은 지방의 자치사무(주민의 복리와 편의에 직접 관련된 사무)는 지방자치단체가 직접 처리하고, 특정의 지방행정사무(위임사무 중 특히 기관위임사무)는 국가의 하급행정기관(이를 특별지방행정기관이라고도 함)이 처리하는 이원적 사무 처리 유형을 말한다. 자치사무와 위임사무로 크게 구별해 위임사무의 일부를 국가가 직접 일선기관을 통해 처리하는 것까지 포함하는 형태이다.

2) 특징

지방행정에서 지역적 특수성과 개별성이 충분히 고려되며 이로 인한 주민참여가 폭넓게 인정되고, 지방자치단체에서 처리하는 사무도 상당 부분 국가의 위임사무이며, 지방자치단체에 대한 국가의 감독이 상대적으로 강한 유형으로 지방자치단체의 자치권이 포괄적이지 못하고 제약이 심하다는 점이다. 채택 국가로는 대륙계 국가(이탈리아, 터키, 그리스 등), 1982년 이전의 프랑스 등이 있다.

3 완전관치형

1) 개념

완전관치(完全官治)형은 지방자치가 법적·제도적으로 보장되어 있지 않으며, 지방적 사무를 국가의 하급행정기관이 직접 처리하는 형태를 말한다. 모든 사무 처리의 관할권이나 조정권은 국가의 각 기관에서 담당하는 유형으로 거의 자치가 발달하지 못한 국가에서 나타나는 형태이다.

2) 특징

모든 지방적 사무를 국가가 처리하므로 별다른 특징을 찾기 어렵지만, 예외적으로 국가의 하급행정기관에 자문기관을 설치·운영하는 국가가 있으며 이들 자문위원의 선출을 지방 주민이 한다는 점을 들 수 있다. 채택 국가로는 아프리카 국가들, 중동의 일부 국가, 아시아 일부 국가 등 후진국이다.

제 2 장 지방자치행정의 이념과 지표

제 1 절 지방자치행정의 이념

1 의 의

지방자치행정의 이념이란 행정사무를 처리하는 데 근간으로 삼는 기준 또는 척도를 의미한다(김규정, 1998: 117). 이러한 이념은 운영상의 길잡이일 뿐이지 특별히 추구되는 목적은 아니다. 즉 수단성을 띠고 있지 목적성을 띠고 있지 않기에, 국가마다 시대마다 그리고 지역적 특성에 따라 강조점이나 지향점이 다르게 나타날 수 있다.

2 이념의 내용

지방자치행정의 이념 중 비교적 자주 원용되는 근간적인 이념으로는 민주성, 합법성, 능률성, 효과성, 공정성, 신뢰성 등을 들 수 있다.

1) 민주성

지방자치에서 민주성은 지방 주민의 의사를 지방행정에 반영하고 주민을 위한 행정을 하는 것을 말한다.

이러한 민주성의 핵심은 행정의 대응성(responsiveness)을 행정 과정보다는 정치 과정에서 더 요구하며 그 특징으로는 첫째, 정책결정에 공청회 등을 통해 주민 의사를 적극 반영한다. 둘째, 공개행정이다. 즉 행정사무와 관련된 전반적인 사항을 당해 주민에게 공지해 이해와 협조 및 비판을 받으며, 행정구제제도가 확립되어 있다. 셋째, 분권화와 권한위임을 통해 하위계층과 조직구성원을 적극 참여시키며, 행정 업무수행의 책임성을 보장하고 책임 있는 행정을 실현함과 동시에 건전한 행정윤리를 확립한다. 넷째, 지방행정기구의 민주적 편성을 통한 자주조직의 범위를 확대한다.

2) 합법성

합법성은 법에 합치하느냐의 여부를 판단하는 기준으로서 법에 의한 행정, 즉 법치행정을 말한다. 합법성은 그 행위의 동기와는 상관없이 외면적인 법규범에 합치될 것을 요구하며, 하위의 법규범이 그것을 규율하는 법규범에 합치할 것을 요구함과 동시에 지방자치의 권리 침해행위나 과오를 방지하기 위한 소극적 성격을 갖는 이념으로 민주성과는 상호보완적 관계에 있는 것으로 이해된다.

3) 능률성

능률성이란 투입과 산출의 비율, 즉 투입된 시간, 비용, 노동력, 자본, 에너지 등과 그것에 의해 얻은 재화와 용역 등 산출의 합리적 비율을 의미한다(Simon, 1950: 54). 이러한 능률 개념은 이것이 갖는 내재적 한계에도 불구하고 종합적·전국적 범위의 중앙정부에 비해 자주성 및 자율성이 요구되는 지방자치행정에서 더욱 중요시되는 이념이다. 그 이유는 주민에 대한 더 적은 조세의 부과와 더 많은 서비스라는 현대 지방행정의 요구를 충족시키는 이념이며, 지방행정 기능을 수행할 때 경비를 절감하거나 불필요한 예산 항목을 찾아내어 이를 삭제함으로써 능률을 증진하는 것도 지방행정이 추구해야 할 과제이기 때문이다.

특히 귤릭(L. Gulick)과 어윅(L. F. Urwick)은 기계적 능률을 강조하고 있지만, 디목(M. E. Dimock)은 여기에 비판을 가하면서 사회적 능률을 강조한다. 즉 기존의 기계적·획일적·객관적 능률을 도입·적용함과 동시에 인간이 갖고 있는 퍼스낼리티라든가 능률의 상대성 합목적성, 사회성을 고려해야 한다는 것이다.

4) 효과성

효과성이란 투입과 산출의 비율을 따지지 않고 지방행정의 목적과 수단을 연결한 상태에서 일정한 기간의 산출이 당초 목적을 어느 정도 실현했는가 하는 목적의 달성도를 의미하는 개념이다.

5) 공정성 및 신뢰성

지방자치단체가 법령을 집행할 때, 법령의 해석이 모호할 경우 주민의 이익을 우선으로 보장할 수 있도록 집행하며 주민복지를 증진하고 서비스를 제공하는 데 모든 주민에게 평등하게 해야 함을 의미한다. 즉, 공정성은 평균적 정의의 실현뿐 아니라 배분적 정의의 실질적 평등까지를 의미한다.

또한 지방행정은 주민의 신뢰를 받지 못하면 존립이 불가능하기 때문에 신뢰를 받기 위해 헌신적으로 봉사하고 신속·정확한 행정을 해야 하며, 이를 위해 정보를 공개하고 참여를 확대해 주민 의사를 행정에 반영해야 한다.

3 이념 간 우선순위

현실적으로 이러한 이념 중 어떤 것을 우선시해야 할 것이냐 하는 문제는 지방자치행정의 특성이나 여건에 의해 구체적·개별적으로 결정되어야 한다. 종합적인 차원에서 조화시킬 것이 요구되지만 지방행정의 이념으로서의 합법성과 민주성에 우선순위를 두어야 하며, 합법성과 민주성의 내용이 서로 어긋나면 안 되므로 변모하는 민주성의 내용을 신속하게 입법화해서 실정법의 내용에 포함시켜야 한다.

제 2 절 지방자치행정의 지표

1 지방자치행정 지표의 의의

1) 개념

지방자치행정의 지표란 국가가 처한 상황이나 정치 발전의 정도에 따라서 내용적인 차이는 있지만, 지방자치행정을 달성하기 위해 지향하고 있는 이념적 혹은 실제적 목표라고 정의할 수 있다.

2) 지방자치행정 지표가 필요한 이유

첫째, 지방자치행정에서 구체적인 행정 목표가 제시되어야 한다. 즉 지방자치행정의 궁극적인 목표, 이념은 공익, 사회 정의의 실현 또는 신행정론에서 제창되는 사회 형평의 달성을 생각할 수 있으나 지방자치행정에서 행정 목표의 선택 기준으로서는 매우 추상적이며 모호하므로 좀 더 구체적이며 조작적 성격을 띠고 있어야 한다.

둘째, 지역행정의 수행 시에 정책 목표의 선택 기준이 된다. 즉 현대 국가에서 행정의 역할과 기능은 사회 전반에 걸친 국민복리의 증진에 있으므로 지방정책 목표의 선택 기준으로서는 주민의 복지 수준과 관련되는 생활상의 기본적 욕구의 충족도 내지 만족도를 먼저 고려해야 한다.

셋째, 효율성 측정을 위한 정책평가의 기준을 제시한다. 다시 말하면 사회지표가 정책 목표의 달성도를 측정하고 정책영향을 파악해 그 결과를 환류 과정을 거쳐 다음 정책형성에 반영시키는 데 중요한 역할을 담당하므로 중요한 기준이 된다.

2 지방자치행정 지표의 내용

1) 민주주의의 실현

지방자치 기반의 확립, 지방자치제도의 적극적 수용과 합리적인 정착 등이 지역 내 민주주의 이념을 구현하기 위한 지표라고 할 수 있다.

2) 지역 균형발전

균형발전은 기회 균등과 가치의 공정 배분을 포함하는데, 지방행정의 수준에서는 지역 내의 실질적 기회 보장, 배분의 합리화와 재조정, 사회복지를 위한 제도의 정착과 범위의 확대, 지역 간 상호 이해와 협력 등을 들 수 있다.

3 지방자치행정 지표 구현을 위한 행정 방향

1) 지방자치행정의 체질 개선

과거의 일방적이고 하향적인 규제행정에서 탈피해 자율적이며 조장행정으로의 전환이 요청되며, 사전·통제적 지시행정에서 탈피해 사후·교정적 지도행정으로 전환이 바람직하며, 합법적 행정에서 합목적적 행정으로 전환이 요구된다.

2) 여론 행정의 추진

주민의 요구를을 체계적으로 집약하고 수렴된 여론의 상담 체계 확립과 여론 수렴 체계가 다원화되어야 하며, 여론의 현장 처리를 위해 직접 현장에 나서는 실질행정이 필요하다. 동시에 계층별·직능별 등으로 여론 수렴 체계가 다원화되어야 한다.

3) 민원행정관리의 혁신

행정 편의 위주의 허가제도의 개선 및 폐지가 시급하며, 창구민원의 근본적인 수요 감축을 통해 주민 편의를 도모해야 하며, 전화와 우편에 의한 민원처리제도의 확대, 위탁처리제의 실시가 요청된다.

4) 지방재정력 향상

지방자치행정은 지역경제의 침체를 극복하고 경기를 활성화하며 주민생활의 안정을 도모해 주민복지 수준을 향상시키기 위해 지방재정력의 강화방안이 필요하다.

5) 지역 균형개발

지역 간 개발 격차를 해소하고 지역 잠재자원을 특화 개발하며, 지방 정주생활권의 기반을 조성해 자급자족적 산업사회를 육성해 나가는 것이다. 즉 지역개발사업을 국가개발계획과 연계 추진함으로써 국가 발전력의 지역적 확산을 유도하고 민·관 합동으로 지역산업을 자산화하기 위해 잠재자원의 특화 개발에 주력해 나가야 한다.

제 3 장 지방행정의 환경 변화와 지방행정 수요

제 1 절 지방행정 환경 변화와 지방행정과의 관계

1 의 의

지방행정에 영향을 미치고 있는 환경은 지방행정의 수요를 유발하고, 이러한 수요를 충족시키기 위한 지방행정의 활동 결과는 다시 환경으로 환류되어 새로운 환경요소로 기능하게 된다(김안제, 1995: 587). 따라서 환경과 지방행정은 서로 영향을 주고받는 상호작용 관계로 맺어져 있으며, 환경이 지방행정에 대한 사전적 영향 요인이라면 지방행정은 환경에 대한 사후적 영향 요인이라고 할 수 있다.

2 지방행정과 환경과의 관계

지방행정과의 밀접한 연관성으로 보아 공간적으로는 지방 환경이 가장 영향을 미치는 정도가 강하고, 다음으로는 국가적 환경 및 국제적 환경의 순서라고 할 수 있다.

지방행정에 미치는 영향의 강도가 높은 사회환경 중에서도 정치 · 행정 부문과 경제 · 사회 부문이 지방행정과 깊은 관련성을 가지며, 조형환경 가운데는 공공시설 부문이 가장 관계가 깊다.

제 2 절 지방자치에 따른 지방행정 환경 변화 및 영향

지방자치와 관련지으면서 향후 예상되는 지방행정의 환경 변화를 사회면, 정치·행정면, 경제면, 생활환경면으로 나누어 살펴보면 다음과 같다.

1 사회환경의 변화 및 영향

1) 국민 의식수준의 제고

교육 기회의 확대와 매스컴의 발달로 국민 의식수준도 합리적이고 과학적인 방향으로 변화하며 행동양식도 건전한 형태로 발전되어 갈 것이다. 그리하여 국민의 사회활동을 비롯한 정치·행정에의 참여도 확대되고 민주 의지도 강화될 것으로 보인다.

2) 계속적인 도시화의 가속

계속적인 도시화는 농촌사회에서는 제기되지 않았던 여러 가지 문제를 야기할 것이며, 특히 지역 간의 심한 불균형의 시정과 지방행정의 중심을 도시로 전환시키고 지방행정의 계층 및 구역 체계를 변화시키게 된다.

3) 사회적 유동성의 증가

교통·통신의 발달에 따라 사회적 유동성이 크게 증가되고, 지역적 폐쇄성 타파에 크게 기여할 것이나 전통문화는 점차 위축될 것이다. 또한, 국토 공간 체계를 변화시키고 경제권과 생활권의 변화로 지방행정구역의 개편이 필요하게 된다.

4) 급격한 산업화에 따른 부작용 표출

산업화 및 도시화로 인구밀집 문제, 계층 간 격차, 각종 환경오염, 주택 부족, 핵가족화로 인한 출산율 저하, 이혼율 증가 등 서구 선진 사회가 겪고 있는 부작용이 표출되고 이의 예방과 해결이 중요한 과제가 될 것이다.

5) 계층 간 갈등의 완화 및 복지 부문 투자의 계속적인 증대

중산계층의 확대로 계층 간의 갈등이 완화될 것으로 기대되며, 의학기술의 발달로 평균수명이 연장되어 고령화 사회가 도래할 것으로 전망된다. 이러한 고령인구의 증가로 노인문제가 더욱 부각되고 사회복지 부문에의 재정 투자를 더욱 강요하게 된다.

2 경제환경의 변화 및 영향

1) 지식기술 구조로 전환

기술의 계속적인 진보로 말미암아 경제 성장은 매우 클 것이며, 공업구조도 기술 및 지식집약형으로 전환될 것이기 때문에 지방행정은 최신의 기술 개발 및 기술교육에 힘을 기울여야 한다.

2) 행정 수요의 증대

주민의 소득 향상이 예상되며 이로 인해 각종 행정 수요의 증대와 지역 간 균형 발전을 위한 노력으로 지역 간 격차가 다소 완화될 것이다. 또한 생활의 질의 변화에 따라 공공 욕구의 양과 질의 변화에 적절히 대처해야 한다. 그리고 소득 향상과 의식 변화로 인한 가계 지출이 증대하게 되므로 저축과 투자로의 유도가 필요하게 된다.

3) 기대 역할의 다양화

사회가 점차 산업화, 전문화, 고도화되고 지역경제의 활성화로 말미암아 노사문제, 복지문제, 환경문제 등의 해결을 위한 행정 수요 증가와 계층 간 소득 격차 완화 등을 위한 재정 수요의 팽창으로 주민의 조세부담률이 커질 것이다.

4) 산업구조의 변화

산업구조가 비농림 어업 부문 위주로 전환되므로 농업의 기계화 및 기업화가 요망되며, 농업 인구의 다른 산업으로의 직업 변경에 따른 마찰적 실업문제가 크게 증가할 것이다.

3 생활환경의 변화 및 영향

1) 정보화 사회의 진전

통신 수단의 발달, 전자산업의 발달 등으로 이른바 정보화 사회가 본격 도래할 것이다. 특히 교통·통신의 발달로 행정수요는 광역화하게 되며, 자치단체 간의 상호 관련성 및 조정의 문제가 증대된다. 따라서 기초자치단체의 협의 및 광역자치단체에 의한 조정과 이들에 대한 행정 수요가 많아질 것이다.

2) 환경의 질 저하

국토 개발로 인한 환경 파괴와 오염, 산업화, 도시화로 인한 하천·대기오염 등으로 환경의 질이 크게 떨어지게 된다. 인간은 건강하고 쾌적한 생활을 유지하는데 필요한 모든 조건을 충족한 좋은 환경을 누릴 권리를 지방정부는 충족시키기 위해 투자와 노력을 강조하게 된다.

4 정치·행정환경의 변화 및 영향

1) 행정의 자율성 증대

정치 발전과 더불어 국민의 정치참여는 점차 증대될 것이다. 그로 인한 책임정치의 신장은 필연적으로 공정한 가치 배분, 계층 간의 격차 해소 등 정부 기능을 점차 증대시키고, 결정 주체의 다원화로 횡적·종적으로 분권화가 이뤄질 것으로 보아 이에 따른 지방행정의 결정 주체로서의 기능 또한 증대될 것이다.

2) 민주행정으로의 지향

통제·규제 중심에서 지도·지원 중심으로 행정 방식이 변화함에 따라 공공 업무 중 일부는 공사 또는 민영화 혹은 자율화로 전환되어 정부 직할을 벗어나게 되며, 국민 참여의 확대로 민주행정이 올바로 실천되는 단계에 이르게 될 것이다.

3) 능률성과 민주성의 조화

중앙 및 지방정부의 조직과 구조 및 인사는 능률성과 민주성을 함께 확보하고 사익과 공익을 조화시키는 방향으로 개편·운영됨에 따라 현재보다는 의사결정과 그 집행이 시간상 지체되고 절차상 복잡해질 것으로 예상된다.

4) 행정의 신속성과 주민편의성 제고

행정장비가 현대화·과학화되고 업무 처리 능력과 기동력이 향상되어 행정 절차가 능률화·기계화됨으로써 행정의 신속성과 더불어 국민생활의 편의성이 제고될 것으로 전망된다. 따라서 지방공무원의 전문화와 기술화를 초래하게 된다.

5) 자치권의 신장

중앙정부 기능의 지방 이양에 따른 지방분권화의 촉진은 지방자치단체에 대한 자치권의 신장과 더불어 이를 수용하고 처리할 능력의 확보를 요구하게 된다.

제 3 절 지방자치가 지방행정에 미치는 영향

1 긍정적 측면

1) 자치권의 보장

지방자치는 분권화에 의한 자치권의 보장을 전제로 해서 실시되는 것이므로 지방자치의 가장 중요한 영역인 지방행정은 당연히 조직, 인사, 재정, 사무 등에서 강화된 자치권을 보유하게 된다.

2) 행정 결과에 대한 책임

지방행정은 자율성의 확보에 따라 창의력을 발휘하고 책임성의 강조에 따라 행정에 신중을 기하게 될 것이다.

3) 지역 실정에 부합한 행정 체제의 정립

지방자치는 독자적인 지방 능력을 배양하고 지방 여건에 맞는 행정 체계를 정립해 나가는 기회를 마련해 주게 된다. 중앙집권제하의 행정 체제란 행정 방식은 전국적으로 통일적이고 중앙 의존적인 형태를 띨 수밖에 없지만, 지방자치가 실시되는 경우에는 자치단체별로 지역적 특성과 여건에 부합한 독자적이고 특색 있는 행정 체제와 방식을 개발하고, 또 그렇게 할 수 있는 자주적 능력을 기를 수 있게 된다.

2 부정적 측면

1) 행정 능률의 저하

참여 기회의 확대와 더불어 어떤 정책결정에서 대화와 협상의 과정을 중시하다 보니까 어떤 결정을 얻을 때까지는 많은 시간을 소비하게 되며, 기관이나 집단 상호간에 대립과 불화가 지속되면 시간적 낭비는 더욱 커질 것이다.

2) 합리적 해결보다는 정치적 해결에 치중

행정 수요에 대해 합리적인 해결책의 마련보다는 주민들이 정치적 해결을 우선하는 성향이 짙어짐으로써 장기적 계획이나 종합적 접근을 소홀히 할 가능성이 있으며, 행정 방향에 대한 거시적인 기준을 망각하거나 시행착오를 범할 우려를 낳게 된다.

3) 행정의 정치화

지방선거에 정당표방제나 정당추천제를 적용함으로써 지방자치가 중앙정치의 조차지가 되고 하수인으로 전락될 가능성이 높아진다. 따라서 지방행정의 과학성과 전문성이 약화되거나 무시됨으로써 지방행정의 발전을 저해할 가능성이 있다.

제 4 절 지방자치 실시에 따른 지방행정 위상 및 과제

1 지방자치 실시에 따른 지방행정의 위상

1) 지방자치의 중심적 추진체

지방행정이 지방자치를 구현시키는 중심적 추진제가 되어야 한다는 것이다. 지방자치가 정치적 수요를 띠고 지방자치 실천의 장이라는 성격을 갖고 있지만 이를 실질적으로 주도하고 또 제도적으로 운영하는 주관은 지방행정기관이 담당하게 된다.

2) 지역 활동의 종합적 추진체

지방 단위에서 이뤄지는 지방적 혹은 국가적 공공 업무를 총괄적으로 담당·수행하는 추진체가 지방행정이며, 지방행정은 지방자치 하에서도 이러한 종합적 기능의 추진체로서 지위와 역할을 확고히 해야 한다.

3) 주민 요구 수렴의 장

지방자치가 실시된다고 하는 것은 주민들의 욕구와 희망의 대부분이 당해 지역 내에서 처리되고 해결되어야만 하며, 따라서 지방행정은 이러한 지역적 수요와 주민 욕구가 지역 밖으로 확산되지 않고, 자체 내로 수렴되고 소화되도록 작용할 수 있는 능력을 갖춘 중심체가 되어야 한다는 것이다.

4) 지역 개발의 주체

지방자치의 실시와 더불어 지역 개발은 형식적이고 부분적인 지방자치단체에 의한 주도에서 지방자치단체의 주된 권한과 책임에 의해 추진되는 것이 바람직하다. 지방행정은 관할구역 내의 지역 개발에 대한 기능을 독자적으로 수행하는 주체가 될 수 있는 지위를 확보해야 하며 실질적인 추진 주체가 되어야 한다.

5) 이해관계의 조정

지방자치단체는 그 지역의 이해관계를 조정하고 사회 안정을 도모하는 조절자로서의 역할을 수행해야 한다. 지방자치의 실시는 집단 및 기관, 계층 간의 대립과 마찰이 증가될 가능성이 많기 때문에 지방자치단체는 국가와 지방 간, 정부와 국민 간, 자치단체 상호간, 지방의회와 집행기관 간, 그리고 지방의 각종 단체 간 및 주민 상호간에 많은 분쟁과 갈등을 조정하고 해결하는 데 중요한 역할을 수행해야 한다.

2 지방행정의 과제

1) 지방행정 체제의 정비

지방행정 체제는 조직 목표의 달성을 위한 수단적 장치이므로 과학적이고 합리적이며 목표 달성 및 환경 변화에 적합한 내용으로 편성되어야 한다. 즉, 지방자치 하에서 요구되는 지방행정의 역할 및 위상에 적합한 개편이 있어야 한다.

2) 소요재원의 확충

지방자치가 실시됨에 따라서 제기되는 지방행정 수요의 양 및 질의 변화에 능동적이고 자율적으로 대응·대처하기 위해서는 그에 따른 소요재원의 확보가 필요하다.

3) 행정 업무 수행 능력의 제고

지방행정을 능률적으로 수행하고 변화하는 환경에 능동적으로 대응하고 지방자치의 건전한 전개를 위해서는 행정 업무 수행 능력을 제고할 필요가 있다.

이러한 지방행정 능력은 행정조직구조 및 제도, 정책망(policy net work), 전략적 능력 모형(strategic capacity model) 등으로 다양하게 정의되지만 지방행정이 업무수행과 관련해 업무 수행 능력은 지방자치단체 공무원의 자격과 전문화된 행정 기술, 그리고 축적된 행정 경험에 의해 결정된다고 할 수 있다. 따라서 유능하고 경험 많은 공무원의 확보와 전문적인 행정 기술의 계속적인 습득 및 개발이 요망된다.

4) 지방공무원의 의식 전환

지방공무원은 적극적인 책임 의지와 봉사 자세가 필요하며 새로운 행정 수요를 항상 파악하고 그것을 행정에 반영하려는 노력을 해야 한다. 또한 지방공무원은 자기의 목표를 조직의 목표와 일치시키려는 노력을 함과 동시에 모든 민원을 공정·신속, 친

절하게 처리하는 자세의 정립이 요구되며 행정을 주민 편의 위주로 처리해야 한다.

5) 지역주민의 의식 전환

지역주민은 지역문제에 대해 더 많은 관심과 주인의식을 가져야 하며, 지역주민의 요구와 관심을 적극적으로 표명하는 자세가 필요하다. 또한, 행정 과정에 적극 참여해 행정에 반영하려는 노력을 해야 하며, 주민들의 현실적 욕구를 해결하는 방법은 정치적인 차원이 아닌 합리적인 절차와 과정을 통해 한다는 의식이 요망된다.

제 5 절 지방행정 수요 및 그 변동

1 지방행정 수요의 의의

1) 지방행정 수요의 개념

지방행정 수요란 지방행정에 의해 해결되기를 바라는 지역주민의 기대와 요구를 뜻한다. 이러한 지방행정 수요는 구체적으로 주민에 의해 표출된 주민의 요구뿐만 아니라 주민의 마음속에서 행정에 의해 해결되거나 처리되기를 기대하는 잠재적 욕구까지도 포함한다. 지방행정 수요는 구체적으로 표출된 개인 또는 집단의 요구를 통해 형성되는 현재적 행정 수요와 외부 세계에 표출되지는 않았지만 행정에 의해 해결되기를 기대하거나 바라고 있는 욕구를 뜻하는 잠재적 행정 수요로 나눌 수 있다.

지방행정은 현재적 행정 수요라고 할지라도 이에 대응하는 행정 서비스 공급을 수행하지 않을 수 있으며, 잠재적 행정 수요라도 이를 발견해 그 욕구를 충족시키려는 조치를 취해야만 할 때도 있다. 따라서 지방행정 수요는 주민의 단순한 욕구나 기대가 아니라 공익에 합치되어야 하는 공공성을 띤 사회적 요구나 기대로서 주민의 각계각층에 걸친 요구와 기대를 지역적 입장에서 파악한 것이라고 할 수 있다.

지방행정 수요를 정확히 예측해 그것에 대응한다고 하는 문제는 대단히 중요한 사항인데, 이러한 지방행정 수요의 정확한 예측은 어려운 일이다. 지방행정 수요의 예측은 과거와 현재에 대한 올바른 분석과 이해를 토대로 해서만 가능하다.

2) 지방행정 수요의 예측 방법

지방행정 수요를 예측하는 방법으로서는 예측자의 풍부한 경험이나 직관·판단에 의하는 경우도 있고, 정보 또는 자료의 통계적 방법에 의한 과학적 방법이 있지만 일반적으로 다음과 같은 방법이 있다

첫째, 외삽법(extrapolation)은 과거·현재·미래 간에는 일정한 연속성이 있으므로 과거·현재 간의 추이를 통해 미래의 상태를 예측하는 방법이다.

둘째, 성장지수법(exponential growth)은 인구 수·교통·생산량 등 모든 사회 현상의 성장지수를 토대로 예측하는 방법이다.

셋째, 행위양태법(operational code)은 국민성 등 국민의 지배적인 행위 양태를 토대로 예측하는 방법이다.

넷째, 순환법(cyclic change)은 사회의 현상은 일정한 간격을 두고 반복한다는 가정을 토대로 예측하는 방법이다.

다섯째, 관련법(associative change)은 사회 현상 간의 상관성을 고려해 어떤 사태가 발생하면 이에 따라 다른 사태도 발생하리라는 가정을 토대로 예측하는 방법이다.

여섯째, 불변법(persistence)은 현재의 사회 현상이 기본적으로 변하지 않으리라는 가정을 토대로 예측하는 방법이다.

2 지방행정 수요의 공통적 특징

1) 다양성 및 변동성

지방행정 수요는 내용이 다양하고 유동적이며 항상 새로운 조건하에서 결정되므로 파악하기가 대단히 어렵다. 지방행정 수요의 내용은 자치단체의 종류, 주민의 소득수준, 지역의 발전관이나 문화적 특성에 따라 그 내용을 달리하는 경우가 많다.

2) 비용 유발성

지방행정의 수요의 처리나 해결을 위해서는 대부분 고가의 비용을 투입하지 않으면 해결될 수 없는 것들이 많다. 또한 과학 기술의 발달과 혁신의 발명은 그것에 부응하기 위한 행정에 엄청난 재원의 지출을 요구한다.

3) 수요의 잠재성

특히 우리와 같은 문화적 풍토에서는 지방 주민의 욕구(need)가 요구(demand)로 변화해 현재적 수요로 전환되기 어렵기 때문에 잠재성이 강하고 측정하기도 어렵다, 특히, 이러한 잠재적 수요를 파악해 이것을 해결하려는 노력이 필요하다.

4) 수요의 부대 수요 유발성

어떤 한 행정 수요의 해결은 기대 수준의 상승으로 말미암아 새로운 행정 수요의 충족을 요구하게 된다. 이처럼 오늘날의 행정 수요는 중앙이나 지방을 막론하고 하나의 수요가 또 다른 수요를 야기하는 경우가 허다하다.

5) 전문성과 다원성

행정 수요를 처리하기 위해서는 고도의 기술성과 전문적 지지를 요하는 것이 늘어나고 있으며, 중앙과 지방, 지방 상호간, 그리고 여러 행정기관이 서로 협력해야 하고 공동 노력을 해야 하는 것들이 많아지고 있다.

3 지방행정 수요의 변동 양식과 전망

사회의 성장 발전과 지방행정을 둘러싼 환경의 변화에 따라 지방정부에 대한 요구와 기대도 변화된다. 이러한 지방자치의 실시와 관련해 산업화 · 도시화의 진행에 따라 향후 대두될 지방행정 수요 변동의 양상을 살펴보면 다음과 같다.

1) 자치행정의 수요

민주화와 지방자치 실시에 따라 발생할 자치행정 수요는 민주적인 지방정치의 확립을 비롯해 자치단체의 존립을 위한 기능 수행, 주민참여와 주민 욕구를 수용하고 처리하기 위한 제도의 마련과 운영 등으로 나타난다.

2) 지방 특화 행정 수요

지방 특화 행정은 지방별 특수성을 개발하고 육성하기 위한 경제 · 사회적 및 문화 · 교육적 행정 수요이다. 지방자치제의 실시는 지방 주민들로 하여금 특색 있는 자기 지역을 개발하고 다른 지역보다 살기 좋은 지역으로 발전시키고자 하는 의욕과 노력을 보이게 되며, 이는 곧 지방행정의 새로운 과제로 등장하게 될 것이다.

3) 기반 강화를 위한 행정 수요

주민의 일상생활과 산업 및 유동 활동의 편리성과 정주(定住) 여건을 강화하고 지방경제를 활성화하기 위한 기반시설이 확대될 것이다. 특히 토지의 안정적 공급과 관리, 상·하수도 등의 생활편익시설의 개선, 교통·통신망과 수자원 등의 사회간접자본시설의 확충 등은 강조되어야 한다.

4) 복지행정의 수요

주민 공통의 사회 복지적 영역과 개인 또는 민간 차원에서 처리하기 곤란한 부문에 대한 행정의 관여가 필요하다. 의료·보건, 청소·환경, 노인과 청소년, 노동 불능자, 영세민, 실업자 등의 사회적 문제 해결을 위한 수요는 더욱 증가하게 될 것이다.

5) 광역행정의 수요

국민생활 및 경제활동의 공간적 확대와 더불어 규모경제성의 확보, 투자효율성의 제고, 관리편익성의 강화 등의 필요성에 따라 광역적 기능이 증가하고 있으며, 이와 같은 경향은 향후 더욱 심화될 것으로 보인다.

6) 과학행정의 수요

정보 체계의 확대, 컴퓨터의 실용화, 행정장비의 과학화, 사무 처리의 과학화, 행정절차의 표준화 등에 의한 행정의 능률성과 편의성을 제고하게 되며, 이를 위한 제도 수립, 인력 확보, 체제 개편, 장비 마련 등의 행정 수요가 늘어나게 될 것이다.

7) 여가행정의 수요

노동 시간의 점진적 단축에 따른 자유 시간의 증가는 주민의 휴식과 위락을 위한 여가활동 시간 및 시설의 확충을 요망하고, 이는 곧 지방재정의 투자 확대를 필요로 하게 될 것이다.

8) 조정행정의 수요

외부로는 국가나 다른 자치단체와의 업무 조정이 더욱 필요하게 되고, 내부로는 이익단체 간과 주민 상호간 및 지방자치단체와 주민 간, 그리고 지방의회와 집행기관 간의 이해관계를 조정해야 할 사항이 크게 증가하게 될 것이다. 대화와 설득, 이해와 수용, 협상과 조정을 위한 행정적 수요가 지방정부 차원에서 크게 증가하게 된다.

제 2 편

지방자치의 원리

제 1 장 지방자치의 기본 원리

제 1 절 지방자치의 발전 과정과 본질

1 지방자치의 발전 과정

지방자치는 역사적인 관점에서 볼 때 국가의 성립 이전에 이미 이뤄져 있었다. 지방자치의 모국 또는 대표국가로 알려진 영국은 지방자치가 근대적 의미의 자치로서 제도적으로 확립된 것은 불과 몇 백 년 전의 일이지만 주민이 지방의 행정에 참여한다는 의미의 자치는 통일국가 성립 이전인 9세기 앵글로 색슨 시대(Anglo-Saxon period)로 볼 수 있다(김종표, 1997: 78). 영국은 특정한 입법자의 사고로부터 계획적·조직적으로 창출된 것이 아니라 제도 성립 이전부터 오랜 주민자치의 전통과 관례 위에 점차 법제적 형태를 갖추어 온 것이기 때문에 '지방자치의 고전국'이라한다.

프랑스에서는 대혁명을 계기로 시작된 새로운 지방분권적 지방자치제도에 익숙하지 못했으며, 1800년 나폴레옹에 의해 중앙집권적 색채가 강한 지방제도로 개편되었다. 나폴레옹 시대의 몰락과 함께 지방제도가 개혁될 때마다 부분적으로 자치권이 회복되어 1884년에 이르러서야 현재의 시읍조직법이 제정되었다.

미국은 영국의 식민지 시대에 그 출발점을 두고 있으며, 17 ~18세기경 영국의 지방제도가 기초가 되었지만, 시대의 흐름에 따라 여건이 다른 그들의 환경과 필요에 알맞은 제도로 차츰 수정·발전시킨 것이다. 미국의 지방자치제도는 영국의 그것을 모체로 하면서도 수장-의회형, 의회-시장 관리관형 등 새로운 독자적 형태로 발전했다. 각 주정부가 지방정부의 설치권과 통제권까지 가지고 있는 강력한 지방자치제를 보유하고 있으며, 주민의 폭넓은 자치행정조직의 유형결정권에 연유하는 탄력적 제도로 되어 있기 때문에 '지방자치의 실험실 또는 학교'로까지 지칭된다.

일반적으로 지방자치의 오랜 전통과 경험을 가진 국가일수록 지방자치가 정착해 있어 지방자치단체에 더 많은 사무가 배분되어 있는데 비해 지방자치의 역사가 짧고 경험이 부족한 나라일수록 지방자치에 관한 법령이나 중앙과 지방자치단체 간의 기능 배분에 관한 실정법의 내용 여하에 불구하고 실제로 행정 기능이 중앙정부에 과도하게 집중되는 경향을 보인다.

2 지방자치의 의의 및 특성

1) 지방자치의 개념

'지방자치'를 문자 그대로 풀이하면 "지방의 일을 스스로 다스리는 것"이다. 여기서 '지방의 일'이란 지역의 문제, 지역의 행정, 지역의 정치를 말하며 '스스로 다스린다'는 것은 자기의 일을 남의 제약을 받지 않고 자기의 의사와 힘으로 독립적·자율적으로 처리한다는 의미이다.

이와 같은 지방자치의 개념을 좀 더 구체적으로 살펴보면 "일정한 지역을 기초로 하는 단체가 자기의 사무, 즉 지역의 행정을 그 지역주민의 의사에 따라서 자기의 기관과 재원에 의해 독자적으로 수행하는 행위"라 할 수 있다. 지방자치의 요건을 열거하면 일정한 지역과 그 지역 내의 주민을 기초로 하는 공공단체(공법인), 그 지역 내의 행정사무를 자기의 사무로 하여(독자의 사무 또는 사무 권한의 지방 위양), 지역단체 스스로의 권능과 책임하에, 즉 자치권(autonomy)을 가지고(독자적 권능과 중앙감독의 제한), 주민이 부담한 조세를 주종으로 한 자주적 재원을 가지고(재정적 자주성과 독자적 예산회계), 주민이 선정한 자신의 기관에 의해(독자적 기능과 자치조직권), 지방자치단체(territorial non-sovereign com- munity) 구성원인 주민의 의사에 따라(주민의 행정참여와 행정통제) 집행하고 실현하는 것 등을 들 수 있다.

2) 지방자치의 특성

(1) 봉건적 지방제도와의 차이성

중세국가의 지방단체에는 소국가적 지위 또는 주권적 절대적 지위가 부여되고 있는데 반해 국가의 다원적 분열을 일원적으로 극복하는 과정에서 성립한 근대적 민족통일국가 내에서의 지방자치단체에는 그러한 지위가 주어지지 않으며, 이 밖에도 중세국가 지방단체의 행정에서는 국가적 통일성을 부정하고 중앙정부의 제약에서 완전히 해방된 것인데 비해 근대적 민족통일국가 내에서의 지방자치는 국가적 통일을 긍정하고 중앙집권적 통제의 제약에 복종하는 것이었다는 점이 서로 다르다.

(2) 연방국가의 지방(주)제도와의 차이성

연방국가에는 거의 모든 권력이 분할되어 있어 그 산하의 각 지방은 자기의 관할구역 내에서 행정 · 사법 · 입법에 걸쳐 준주권적 지위를 갖고 그의 독자성, 자기책임성이 최고도로 확보 · 실현되며, 연방과 지방은 수평적 · 대등적 관계를 유지한다.

이에 반해 단일국가(unitary state)에서는 모든 정치권력이 중앙정부에 귀속하고 지방자치단체는 국가로부터 승인된 일정한 범위 내에서만 권한을 행사하는 데 불과하며, 이로 인해 중앙정부와 지방자치단체가 상 · 하 수직적 관계를 형성하게 된다.

(3) 행정적 분권과의 차이성

행정 분산(de-concentration)과 행정 분권(administrative decentralization)이라는 현상은 주로 절대군주제하에서 국가행정이 단일의 중앙정부에 의해 처리됨이 불가능해 지방에서 국가행정조직의 피라미드적 계층구조하의 하부기관과 상부기관과의 관계에 관련해 나타난다. 지방단체는 조직의 수직적 구조의 한 요소로 간주되어 국가의 지도 또는 중앙정부의 지시에 의존하는 것임에 반해, 지방자치에서는 어느 정도 독립적이고 자치적이며, 어떤 경우에는 완전히 대등하게 될 수도 있다는 점에서 차이점을 발견할 수 있다. 한 걸음 더 나아가 지방자치는 주민으로 하여금 그들의 지방적 사무를 처리하는 데 참여시키려는 정치권력의 구조적 반영인데 비해 행정 분산 또는 행

- 지방자치단체
  - 자치행정: 자치적 분권
  - 위임행정
    - 단체위임행정: 행정적 분권(administrative decentralization)
    - 기관위임행정: 행정분산(de-concentration)

정 분권은 다만 행정의 능률화를 위한 비정치적 · 기술적 · 편의적 조직 원리라는 데서도 그 차이점을 발견할 수 있다는 것이다.

3 지방자치에 관한 학설

1) 고유권설

지방단체가 국가의 영역에 속하는 부분적 존재라 할지라도 지방자치권만은 지방단체에 고유한 것이라고 보는 학설로서 기본 사상은 자연법사상과 역사적 실태설이다.

먼저, 자연법사상(Naturrechtslehre)이란 시대와 국정의 여하에 관계없이 어디서나 보편타당성이 있는 법률이 모든 실정법의 기반이 되어야 한다는 사람은 출생할 때부터 고유의 인권을 갖는 주체이며, 국가 권력으로서도 이 천부의 기본권을 침해할 수 없는 것과 같이 지방단체에서 고유한 지방권 역시 국가 권력에 의해 침해당할 수 없는 것이라는 학설이다.

역사적 실태설은 지방단체란 사회적 실체(social substance)로서 원래 그 기원이 국가 형성(nation building)보다 오래된 것이기 때문에 국가가 지방단체를 형성케 한 것이 아니라 시대적 필요성에 따라 생존의 필요에서 지방단체 주민들이 자발적으로 생활권을 형성 · 발전시킨 것이 오히려 국가 형성의 원인이 되었다는 것이다.

따라서 역사적 실태설에서 보면 국가와 지방단체와의 관계는 국가 권력의 한계를 시인하는 것이라 할 수 있는데, 이의 예로는 미국의 국가 형성 경과, 즉 연방과 주(州)와의 관계에서 볼 수 있다. 이 설의 주창자는 로텍(A. Rotteck)이며, 이 밖에도 독일의 원시 고유적 단체를 연구한 기에르케(Otto Gierke), 미국의 지방자치를 평가한 토크빌(Alexis de Tocqueville), 앵글로 색슨계 국가의 학자들이 있다.

2) 수탁설(전래설, 국권설)

고유권설에 반대하는 19세기 이후의 독일 공법학자들에 의해 주창된 것으로서 지방자치단체는 법률의 창조물이며, 자치권은 국가로부터 수탁 · 전래받은데 불과하다는 것이다. 지방자치단체는 기원이 비록 국가 성립 이전에 시작되었다고 하더라도 근대의 단일주권 국가가 성립해 지방자치단체가 여기에 포섭된 이상 국가 내부에 국가와 동질의 자치권을 갖는 지방자치단체의 존재를 인정한다는 것은 마치 분국의 상태를 초래하게 되고, 이 경우 국가 주권의 존재 근거가 사라지게 된다는 것이다.

여기에서 수탁설은 지방단체의 존립이 국가로부터 전래된 것이라고 보아 지방단체의 이익을 위해 고유의 사무가 설정되었다고 하더라도 그것은 어디까지나 국가의 법률에 의해 수탁된 결과일 뿐 사무의 집행은 국가의 강력한 감독을 받게 되는 것이라고 한다. 수탁설은 지방자치의 이념적 또는 역사적 실태가 어떤 것이든 자치권의 법적 기초를 국가가 마련했다는 입법 사실을 강조하며, 종래의 통설이었다.

3) 제도적 보장설

국권설과 같이 자치권이 국가의 통치권에서 나오는 것이라고 하면서도 헌법에 지방자치의 규정을 둠으로써 보장된다고 본다. 슈미트(Carl Schmitt)가 확립했으며, 전래설과 다름이 없어 보이지만 역사적·전통적으로 형성된 일정한 공법상의 제도를 헌법(바이마르헌법)에 보장함으로써 입법에 의해 변경하지 못하도록 옹호한 것이 특징으로 현재의 다수설 내지 통설로 되어 있다(이규환, 2006: 95).

이 학설의 특징은 지방자치에 대한 법률의 유보에서 필연적으로 야기될 입법부의 전권성(全權性)을 억제해 지방자치를 보호하려는 적극적 의미와 신중앙집권화에 따른 지방자치제도의 최저 수준을 옹호한다는 소극적·방어적 성격을 가지고 있다.

4 지방자치의 가치

지방자치는 중앙집권적인 정치적 통일을 배경으로 하면서도 중앙정부로부터 무한정한 지시와 통제를 허용하지 않는 점에서 그 본질상 특성을 모색할 수 있다.

1) 정치적 측면

(1) 민주주의의 기초

지방자치는 지역민주주의를 방위하는 동시에 지역의 민주화를 통해 국가의 민주화를 구현한다. 프랑스의 정치가 토크빌이 "지방자치는 자유 국민의 힘을 형성한다. 지방자치의 자유에 대한 관계는 초등학교의 학문에 대한 관계와 같다(Municipal institutions constitute the strength of free nations, town meetings are to liberty what primary schools are to science.)"라고 한 말은 지방자치가 민주주의의 성립·유지·발전과의 관련 속에서 존립하는 것이라는 점을 시사한다.

(2) 민주주의의 훈련장과 실험실

영국의 정치사상가 브라이스(J. Bryce)는 "지방자치는 민주주의의 원천(tiny fountainheads of democracy)일 뿐만 아니라 그 학교이다"라고 한 것과 토크빌의 "지방자치는 그것이 민중의 손에 닿는 곳에서 가져오므로 사람들에게 그것을 어떻게 향유하고 어떻게 행사하는가를 교육시킨다. 지방자치란 제도가 없이도 국가는 자유로운 정부를 수립할 수 있을지 모르나 자유의 정신을 가질 수는 없다(A nation may establish a free government, but with out municipal institutions it cannot have the spirit of liberty.)"라는 말은 민주주의 훈련장으로서 역할을 잘 묘사해 준다.

(3) 정치·행정의 안전장치

민주주의 국가가 복수정당제를 전제로 한 정당정치 국가를 의미하는 것이라면, 중앙정부에서 정권의 교체나 기타 정국 변동에 따르는 격변이나 행정상의 혼란이 지방에까지 파급되는 것을 지방자치가 막아 주는 안전핀 역할을 수행한다. 지방분권을 토대로 하는 지방자치는 이와 같은 격변이나 혼란이 지방에까지 파급되는 영향을 크게 완화하고 지방행정의 안정성과 일관성을 확보하는 데 결정적인 역할을 한다.

2) 행정 기술적 측면

(1) 지역적 수요에 적응

지방자치는 지역사회의 생태적·기능적 특성과 인구밀도 또는 지역사회 규모의 차이에서 오는 행정 수요상의 특성에 가장 적합한 행정을 할 수 있다. 래스키(Harold J. Laski)의 "지역 내에서 나온 수요를 바탕으로 하지 않은 외부로부터의 행정에는 지역의 여론에 대해 책임을 가지고 행한다는 활동을 결하고 있다. 전국을 대상으로 한 획일적인 행정으로는 장소의 특이성을 파악할 수가 없고 주민에 의한 창조적인 지지를 이끌어 낼 수도 없다"라는 말은 이러한 상황을 잘 설명해 준다.

(2) 지역행정의 종합·조정

중앙정부의 행정이 각 부처별, 각 국과별로 분화 전문화되어 자칫하면 할거행정(sectionalism)의 폐해가 야기될 수도 있는 반면, 지방자치단체는 그 지역사회에 필요한 각종 행정을 일체적·종합적으로 수행하는 동시에 중앙에서 결정한 정책의 지방적 실시에도 종합적인 행정·재정의 권능을 활용하여 이를 전체 지역행정의 일환으로 유기적으로 종합화·일체화할 수 있게 된다.

(3) **행정의 효율성 제고**

지방자치는 행정 기능을 중앙정부와 지방자치단체 간에 적절히 분담하는 것을 전제로 하므로 중앙정부의 과중한 부담으로 인한 행정 능률의 저하를 방지해 주는 역할도 수행하는데, 밀(J. S. Mill)은 "그 주민만이 관심을 가지는 도로 포장·조명·청소·가옥의 하수 등과 같은 것은 순수한 지방적 사무이다. 그리고 지방 기능으로서 유보하면서도 국가 기능으로서 성격을 가지는 지방경찰, 민주재산의 보호, 평등한 재판으로서 사법 기능 등과 같은 것은 개개 시민의 총합된 복지에 관한 것으로서 지방자치단체가 실질적 집행을 하고 중앙정부는 감독 기능을 수행한다"고 하였다.

3) 경제적 측면 - 티부모형(Tiebout model)

오우츠의 "분권화 정리"와 더불어 지방자치의 당위성을 이론적으로 뒷받침하고 있는 이론이다. 지방공공재는 일반적으로 소비의 비경합성이 불완전하여 혼잡의 문제가 발생하며, 분권화된 체제에 의해 공급되는 것이 효율적이다.[1)]

티부모형은 흔히 "발에 의한 투표(Voting with the Feet, 주민의 이동성)"라고 말한다. 각 지방정부가 독자적인 조세징수와 지방공공재의 공급을 하는 경우 서로 다른 재정운용을 할 수 있으며, 시민은 재정 프로그램에 대한 각자의 선호에 따라 거주지를 선택하게 된다(재정적 요인에 의한 주민의 이동). 티부가설은 주민의 이동성을 전제로 지방정부서비스에 대한 주민들의 선택을 통해 그들의 선호를 표명함으로써 시장과 유사한 방법으로 주민들의 공공 서비스에 대한 수요를 파악할 수 있다는 것이다.

이 모형이 성립하기 위한 가정은 다음과 같다. 다수의 지역사회가 존재(=다수의 참여자), 완전한 정보, 완전한 이동성(=진·퇴의 용이), 공공재 공급의 규모수익 불변(규모의 경제 부존재), 외부성이나 파급효과(spillover effect)가 존재하지 않음, 배당수입에 의한 소득, 고정적 생산요소의 존재, 최적규모의 추구 등이다.

티부모형의 기본가정은 완전경쟁시장의 성립조건과 매우 유사하다. 현실적으로 완전경쟁시장이 성립하는 데 필요한 조건이 충족되기가 어려운 것처럼 티부모형의 기본가정의 충족도 매우 어렵다. 또한, 티부모형의 기본가정이 충족되면 효율성의 측면

---

1) 새뮤엘슨(P. Samuelson)이 제시한 공공재의 개념에 따르면, 민간부문의 시장기구는 이를 효율적으로 배분할 수 없고 따라서 정부는 강제에 의해 배분해야 할 필요가 생긴다. 즉 공공재의 경우에는 분권적인 배분체계가 효율적 배분을 실현할 수 없다는 것이 새무엘슨의 지적이다. 이에 대해 티부모형은 최소한 지방공공재의 성격을 갖는 것과 관련해서는 분권화된 배분체제가 효율적일 수 있다는 것을 보여준다.

에서는 만족할만한 결과를 얻을지 모르지만, 공평성의 측면에서는 바람직하지 못한 결과를 얻을 수 있다.

5 지방자치의 병폐

1) 정치 · 행정적 측면

(1) 정치적 측면

부분집착으로 인해 전체를 간과할 수 있다는 점이다. 지방자치는 해당 지역의 입장에서 문제를 부분적으로 해결하는 데 집착하므로 국가 전체의 이익이나 전국적 차원에서의 효과를 간과할 수도 있다. 또한, 위기 대응 능력의 저하이다. 지방자치는 다수의 상반된 이해당사자들 간의 토론과 타협을 통해 갈등을 조정 · 해결하는 데 주력함으로써 시간적으로 촉박한 위기 상황에 유효하게 대처할 수 없게 한다.

(2) 행정적 측면

지역 간의 대립, 토론 · 협상 · 타협의 과정, 각 부문 주체 간의 불필요한 경쟁과 심한 마찰, 낮은 수준의 기술 · 장비 · 전문성으로 인한 비능률적인 정책 · 기획 · 집행, 이로 인한 물적 · 인적 · 시간적 손실 등 낭비와 비능률을 초래하기 쉽다. 또한, 외부효과로 인한 사업 기피이다. 지방자치에서는 이른바 외부효과로 인해 지방자치단체가 투자를 기피하고 문제를 방치하며 책임을 전가하려는 경향이 나타날 수 있다.

2) 경제 · 사회적 측면

(1) 경제적 측면

규모경제의 낭비이다. 지나친 소규모적 지방자치는 공공재 또는 공공 서비스의 공급에서 규모의 경제를 상실시킨다. 공공재 또는 공공 서비스의 공급에서 많은 사람들에는 1인당 비용 부담이 늘어날 수밖에 없는 것이다. 또한, 지방자치단체의 독자적인 분배 시책이나 안정화 시책은 실패로 끝날 우려가 발생한다.

(2) 사회적 측면

지방자치는 주민의 향토의식과 애향심이 그 기초가 되는데, 자칫 방어적 지역감정을 유발함으로써, 이것이 배타주의로 발전되는 경우에는 국민 통합에 큰 저해를 가져을 우려가 있다. 또한, 지역이기주의로 인한 기능 마비의 우려가 있다. 문제를 오직 자기에 대한 편익의 기준에서만 판단하고, 상대 이익과의 양보·타협 없이 자기주장을 관철하려 할 때 농성·시위·점거 등 폭력적 수단에 의존함으로써 지방자치행정의 기능이 마비될 우려가 있다.

제 2 절 지방자치와 민주주의와의 관계

1 랭로드와 팬터브릭의 논쟁

1) 랭로드의 부정론

랭로드(Georges Langrod)는 지방자치가 민주적 통치제도에서 빼놓을 수 없는 부분이며 민주정치를 위한 교육장이라는 것을 전면적으로 부정한다. 지방자치는 비민주적 제도 또는 사이비 민주적 제도하에서도 존재할 수 있고, 반대로 민주적 제도하에서 거의 존재하지 않거나 피상적인 것만으로 존재할 수도 있다고 말한다. 근대 민주주의의 발전과 지방자치 발전이 역사적으로 병행 관계에 있었다는 사실은 단순한 시간적 동시 존재에 불과하고 법 이론적으로 상호의존의 불가피성을 말하는 것은 아니라고 주장한다. 즉 본질적으로 볼 때 지방자치와 민주주의는 양립될 수 없으며, 특히 현대 민주주의 국가에서는 그러한 이유가 명백해지고 있음을 제기했다.

첫째, 민주주의의 원리는 전체적인 국가 내에서의 균일성, 평등성 및 다수결제도 등을 골자로 하므로 필연적으로 중앙집권화의 경향을 수반하게 되어 지방분권, 부분성을 중심으로 하는 지방자치와는 근본적으로 상반되는 관계에 있다고 주장한다.

둘째, 지방자치는 그 내부에서 창출되는 분열 현상 때문에 민주주의에 부정적으로 작용하며, 국가의 민주 체제가 완전해질수록 발전의 기회를 잃게 된다고 주장한다.

셋째, 지방자치가 민주주의의 훈련장이라는 점을 부인한다. 일정한 유형의 민주주의가 완성될 때까지 민주적 풍토를 확산시키고 훈련시키는 데는 용이하지만 일단 민주화가 달성된 후에는 역할이 상실되기 때문에 자연적으로 사멸하게 된다고 보았다.

한편, 뮬린(Leo Moulin)은 "지방정부는 좁은 지방적·개인적 이익의 방어에서의 훈련장일 뿐, 그러한 것은 국가의 높은 이익을 간과한다"고 했다.

2) 팬터브릭의 반론

팬터브릭(Keith Panter-Brick)은 랭로드의 견해에 대해 현대 민주주의가 중앙집권과 획일성을 요구하고 있는 것만은 아니며, 평등과 균일성의 원리가 왜곡되었다면서 민주주의의 교육장으로서 지방자치의 역할을 제시하며 반박한다.

첫째, 랭로드가 현대 민주주의는 중앙집권화와 획일성을 요구하고 있다고 본 것은 민주주의가 곧 국민 전체의 이익에만 중점을 두는 것이라고 잘못 판단한데서 기인한다고 주장했다. 즉 민주주의는 국민의 대표에 의해 전체의 이익을 결정하는 행위만으로 불충분하며 국민 전체의 이익이 무엇인가를 정확히 인식하는 과정 또한 중요하다.

둘째, 민주주의는 개인이나 각 지역의 다양한 견해와 이해관계가 서로 비판되고 계산될 수 있을 때 가치를 지니게 되는데 랭로드가 말한 것과 같은 기계적 평등성과 균일성을 요구하지 않는다는 것이다. 따라서 현대 민주주의와 행정의 과제는 지방자치가 지방적 특수성을 유지하면서 전국적 통일성과 연계될 수 있는 조화점을 모색해 가는 것임을 지적한다.

셋째, 랭로드는 중앙정치인이 지방자치의 무대에서 정치 경력을 시작한 경우가 별로 없을 뿐만 아니라 중앙과 지방의 규모가 상이하기 때문에 지방자치의 경험은 중앙정치에 도움이 되지 못함을 주장했으나, 팬터브릭은 시민의 정치의식을 민주적으로 육성하는 데 지방자치가 유용함을 제시하고 있다.

2 벤슨과 켈젠의 부정론

벤슨(G. C. S. Benson)은 역사상 지방자치가 행정을 민주화했다는 점에서 그 공과를 무시할 수 없으나 오늘날 사회구조의 변화에 의해 종래 지방자치가 갖고 있었던 민주적 행정면에서의 장점이 오히려 능률적 행정면에서는 약점이 되고 있다고 주장한다. 벤슨은 현대 국가의 사회·경제의 근대화에 의한 새로운 행정 수요의 증대를 들고 있는데, 종래의 지방단체는 구역이 협소하고 재정력의 빈약과 지역적 불균형이 심하기 때문에 이러한 행정 수요에 부응하기에는 적당치 않다는 것이다. 따라서 그는 행정 능률의 입장에서 지방자치의 존재는 민주주의에 오히려 장애가 되므로 바람직하지 못하고 중앙집권화가 유용하다고 하는 양자 간의 관계부정론을 고수한다.

켈젠(Hans Kelsen)은 1927년 『민주주의 본질과 가치』에서 의사 형성의 민주적 형성이 좀 더 광범하게 집행 과정에 영향을 미치면 민주주의 사상에 더 크게 공헌하리라는 것은 일견 그럴 듯해 보이지만, 그렇지 않다는 전제하에 그의 소론을 제기한다. 즉 국가의 영역이 도로 분할되고 도가 시·읍·면으로 분할되어 그 구역의 행정이 주민에 의해 선거된 대표기관에 위탁되는 경우 이러한 자치단체는 중앙의회에서 의결된 법률에 의식적으로 대립해 행동하려고 할 것이다. 이러한 경우 중앙의 입법부에서 집행작용을 전체 의사인 법률에 적합하게 하기 위해서는 자치단체에 의해 수행하는 것보다 중앙정부가 임명하고 그에 대해 책임을 지는 단독기관에 의해 수행하는 편이 한층 더 효율적이라고 하면서 관계 부정을 주장하기도 했다.

제 3 절 지방자치의 계보

1 계보 구분

지방자치의 형태는 시대와 국가에 따라 다양하게 나타날 수 있지만 이를 연혁적인 관점에서 보아 영·미적인 지방분권 사상에 입각한 주민자치 방식과 대륙적 중앙집권 사상에 근거한 단체자치 방식을 택하고 있는 대륙형으로 크게 나눌 수 있다.

이와 같은 구별 기준은 절대군주정적 관료국가 체제에서 시민 민주주의적 의회정치 국가 체제로 이행해 가는 과정에서 그 발전의 선후 차이에서 생겨난 것에 불과하며, 관념적으로 볼 때에는 지방자치의 두 가지 구성 요소인 주민자치와 단체자치 중에서 어떤 측면이 더 중요시되고 좀더 발달되었는가 하는 차이라고 볼 수 있다.

따라서 여기에서는 우선 양 계보의 의미와 연혁상·제도상 차이점을 살펴본 후 최근에 이러한 유형 구분이 어떤 형태로 재조명되고 있는가를 알아보기로 한다.

2 주민자치와 단체자치의 비교

1) 자치의 의미

영국을 모체로 하는 주민자치는 정치제도의 기본이 되는 자기통치 사상에 따라 중앙 및 지방의 모든 행정사무를 주민 자신이 자주적으로 처리한다는 정치적 의미의 자치행정인데 비해, 유럽 대륙의 단체자치는 국가로부터 독립된 법인격을 가진 자치단체가 주체가 되어 행정을 처리하는 법률적 의미의 자치행정이다.

2) 자치권의 인정 주체와 범위

주민자치에서는 고유권설에 토대로 두고 주민이 자치권을 인정하는데 비해, 단체자치에서는 수탁설의 입장이므로 중앙정부가 자치권을 인정한다. 주민자치는 자치권이 주민에게서 비롯되므로 그 범위가 광범한데 비해, 단체자치는 중앙정부로부터 권한이 비롯되기에 그 범위가 협소하다.

3) 중시하는 권리와 사상(이념)

주민자치는 주민참여가 강하게 보장되어 주민의 권리가 중시되지만, 단체자치는 자치단체가 국가로부터의 독립성에 의해 좌우되므로, 자치단체의 자치권을 중시한다. 주민자치는 주민들이 자기사무를 스스로 또는 대표자를 선출해 처리하게 하는 민주주의 이념을 실현하려는 것인데 반해, 단체자치는 자치단체가 국가로부터 부여받은 권한 범위 내에서 국가의 간섭을 배제하며 행정을 수행한다는 지방분권 사상이다.

4) 권한 부여 방법

주민자치의 권한 부여 방식은 개개 법률을 통해 자치단체가 처리할 사무를 정하는 개별적 지정주의이고, 단체자치는 국가의 사무 외에 지방자치단체가 포괄적으로 처리하는 포괄적 위탁주의이다.

5) 중앙통제의 방식

주민자치는 왕권에 의한 사법통제에서 출발해 입헌주의의 발전과 함께 입법통제로의 단체자치는 중앙의 우월한 권력을 바탕으로 한 행정통제에 중점을 둔다. 그러나 오늘날 행정국가에서는 모두 행정통제가 그 중점이라 할 수 있다.

6) 중앙과 지방 간의 관계

주민자치에서는 중앙정부와 지방정부가 상호 기능적 분담을 통한 대등적 협력 관계를 유지하는데 비해, 단체자치에서는 중앙정부의 권력을 자치단체를 지휘 · 감독 · 통제하는 권력적 감독 관계이다.

7) 지방정부 형태와 우월적 지위

주민자치는 의결기관인 동시에 집행기관의 역할을 하는 기관통합형(영국의 의회제)을 채택하는데 반해, 단체자치는 의결기관과 집행기관을 분리해 대립시키는 이른바 기관대립형(시장-의회제)을 채택한다. 주민자치는 의결 기능이 우월한 지위를 가지는 반면, 단체자치는 상대적으로 집행기관이 우월한 지위를 갖는다.

8) 자치단체의 성격과 사무 구분

주민자치는 지방자치단체가 자치사무와 위임사무의 구별이 없으므로 단일적 성격을 가지는데 반해, 단체자치에서는 자치사무와 위임사무를 구별하며 지방자치단체가 자치사무를 처리할 때에는 자치단체의 지위를 갖지만 국가의 위임사무를 처리할 때에는 국가 하급행정기관의 지위에 놓이므로 이중적 성격을 가진다.

9) 지방세

주민자치에서는 국세와 지방세의 세원을 명확히 구분해 지방정부는 지방세를 독자적으로 부과·징수하는지만, 단체자치에서는 중앙정부가 조세를 부과·징수해 그 수입 중의 일정한 비율을 자치단체의 재원으로 하는 국세 부가세주의적 성격이 강하다.

주민자치와 단체자치의 비교

구분	주민자치	단체자치
성립 배경	주민의 지역적 자유권 확보 과정에서 성립(중앙과 대항 관계)	실정법에 의한 자치권의 하향적 부여(중앙에 종속 관계)
자치권의 내용	지역주민의 고유한 자치권 인정	법인으로서 자치단체에 자치권 인정
자치의 의미	정치적 의미	법률적 의미
자치권의 범위	광범	협소
자치권 부여	개별적 지정주의	포괄적 위임주의
국가의 통제	입·사법통제 위주의 간접통제	행정통제를 주로 한 직접통제
지방정부 형태	기관통합 방식이 많음.	기관대립형이 많음.
지방정부와 중앙정부의 관계	기능적 협력 관계	권력적 감독 관계
지방재정	국세와 분리된 재산세 중심의 지방세와 국고보조금	다양한 지방세와 부가세·교부세 및 국고보조금 등
사무	국가사무와 지방사무(구분 없음)	위임사무와 고유사무(구분 있음)
주요 국가	영국, 미국, 캐나다, 호주, 스위스	독일, 프랑스, 일본, 대만, 한국

제 2 장 중앙집권과 지방분권

제 1 절 중앙집권과 지방분권의 개념

1 집권과 분권의 의의

흔히 집권(centralization)과 분권(decentralization)이라고 할 때 중앙집권과 지방분권을 의미하는 것으로 생각하기 쉬우나, 이러한 의미만을 가지는 것은 아니다.

첫째, 지역적인 관점에서 중앙행정 관청이 지방행정 관청과 지방자치단체에 대해 강한 지휘·감독권을 가지는 경우와 그렇지 않은 경우를 나타내는 개념이기도 하다.

둘째, 집권과 분권은 한 조직에서나 정부 전체에서 최고책임자에게 권한이 집중되어 있느냐 그렇지 않느냐에 따른 계층상의 개념으로도 볼 수 있다.

셋째, 인사·구매 등의 기능이 한 기관에 집중되어 있느냐 또는 분산되어 있느냐에 따른 개념이기도 하다.

논자에 따라 지방자치단체나 독립규제위원회·공사 등과 같이 법적으로 독립된 주체에 대한 분권을 의미하는 수평적 분권과 지방일선기관에 권한을 위임하는 행정상의 분권을 의미하는 수직적 분권 단위나 부문이 마치 독립된 회사처럼 일정한 자율권과 거부권이 다종다양하게 지칭되며, 이는 상대적·비교적인 개념이기 때문에 일정한 기준으로 통일시키기는 어렵다. 하지만, 우리가 보통 집권과 분권이라는 용어를 사용할 때는 각 국가가 처한 상황에 따라 중앙정부와 지방자치단체와의 관계에서 자주적 의사결정권과 감독권을 안배해 그 정도를 기준으로 판별하는 것이 타당하다.

2 중앙집권과 지방분권의 의의

보통 중앙집권(centralization)이라고 하면 "지방행정에 관한 의사결정 권한을 거의 모두 중앙정부에 집중하고 중앙정부의 책임하에 지방행정을 집행하는 제도"로서 행정 운영의 구심화를 의미하는데 반해, 지방분권(decentralization)이란 "중앙정부의 권한이양(deconcentration) 권한 또는 사무위임(delegation), 권한위양(devolution)에 의해 권한과 기능을 국가의 중앙정부로부터 지방으로 분배하여 행사하는 제도"로서 행정 운영의 원심화 경향을 의미한다.

(1) 위양(委讓, devolution): 의사결정권, 기능을 완전히 이양함, 즉 자치적 분권

(2) 위임(委任, delegation): 자치기관으로의 위임, 반(半)자치권, 즉 단체위임

(3) 분산(分散, deconcentration): 행정적 분권, 지방행정기관으로 위임, 즉 기관위임

(4) 이전(移轉, transfer): 공공 부문을 비정부조직이나 공기업으로 넘겨 줌.

3 측정지표

중앙집권과 지방분권을 측정하기 위한 지표로는 여러 가지가 있을 수 있지만 다음과 같은 사항들이 중요하다.

1) 특별지방행정관서의 종류와 수

지방에 종합적 행정 주체인 지방자치단체가 있음에도 불구하고 중앙정부 직속의 특별지방행정관서가 많이 설치되어 있다는 것은 중앙집권성이 강하다는 것이다.

2) 지방자치단체 주요 직위의 선임 방식

지방자치단체의 장, 관리인 등 중요 직위가 주민 또는 그 대표자들에 의해 선출되

고 있다는 것은 지방분권성이 강하다는 것을 의미하며, 반대로 중앙정부에 의해 임명되고 있다면 중앙집권성이 강하다는 것이다.

3) 국가공무원과 지방공무원 수의 대비

국가공무원과 지방공무원 수의 대비도 측정의 한 지표가 될 수 있다. 즉 지방자치단체 안에 국가공무원의 비율이 높다는 것은 중앙집권성이 강하다는 것이다.

4) 국세(국가재정)와 지방세(지방재정) 수입(규모)의 대비

세원의 중앙과 지방 사이의 배분 비율은 중앙집권과 지방분권 측정에서 가장 중요한 지표가 될 수 있다. 왜냐하면 지방세는 지방자치단체의 자주재원의 중심이고, 지방의 자주재원이야말로 지방분권의 가장 큰 조건이 되기 때문이다.

5) 지방자치단체의 사무 구성 비율

지방자치단체의 사무 종류에서 고유사무(자치사무), 단체위임사무 및 기관위임사무의 구성 비율도 중앙집권과 지방분권의 중요한 지표가 된다. 지방자치단체의 사무 가운데 고유사무(자치사무)의 비율이 높으면 지방분권성이 강하고, 위임사무 특히 기관위임사무의 비율이 높으면 중앙집권성이 강하다.

6) 민원사무의 배분 비율

행정사무 가운데 민원사무는 특수한 경우 외에는 지방자치단체에서 배분하는 것이 원칙인데, 이러한 민원사무의 상당한 비율을 중앙정부가 관장할 때에는 바로 중앙집권성이 강함을 의미한다. 민원사무 가운데 특히 인·허가 사무의 배분 비율은 집권과 분권 측정의 중요한 지표가 될 수 있다.

7) 감사 및 보고의 횟수

감사 및 보고의 횟수가 빈번하고 많이 행해지면 중앙집권화 경향이 농후하고, 그 반대이면 지방분권화가 강하다.

제 2 절 중앙집권과 지방분권의 비교

중앙집권과 지방분권을 비교한다는 문제는 어떤 접근 방법을 채택할 것이냐의 여부에 따라 다양하게 나타난다. 왜냐하면 현실적으로 거의 모든 국가는 이러한 양 제도의 적절한 배합을 토대로 하여 통치기구와 행정조직이 이뤄지고, 특히 중앙집권과 지방분권의 조화점 역시 국가에 따라 천차만별이기 때문에 이러한 경향은 더할 것으로 판단된다. 여기에서는 양 제도의 장·단점만을 기술적 방법에 의해 살펴본다.

1 중앙집권의 장·단점

1) 중앙집권의 장점

첫째, 전국적인 통일성이 요구되는 행정사무에 적합하다. 즉 도량형, 근로 기준의 설정, 징병 연령의 결정, 약·의사 면허 등의 사무는 통일성이 있는 행정을 통해 소기의 목적을 잘 달성할 수 있다.

둘째, 행정의 경제적 능률이 증진된다. 각 지방자치단체에 의한 분산구매제도보다는 중앙정부에 의한 집중구매제도에 의할 때 예산의 절약과 능률을 가져올 수 있다.

셋째, 국가가 전쟁 등 비상의 위기에 처했을 때 이에 신속하게 대처할 수 있다.

넷째, 인사 및 예산관리 기능을 중앙집권화하면 인사나 예산의 전문가를 중앙정부에 확보해 활용할 수 있으므로 전문화를 촉진시킬 수 있게 된다. 중앙집권의 방식이 "지식적 집권이어야 한다 (Knowledge must be centralized.)"고 한 밀(J. S. Mill)의 주장은 바로 중앙집권이 관리의 전문화를 도모할 수 있다는 것을 말한다.

다섯째, 전국적 또는 광역적 규모의 사무, 즉 고속도로의 건설, 대하천의 개발, 항공관리 등과 우편, 철도 등의 사무 처리에 적합하다. 또한 소규모 신설 조직에 적합하며, 최고관리층의 정책과 결정을 효과적으로 수행할 수 있는 장점도 있다.

2) 중앙집권의 단점

첫째, 행정의 지방적 다양성이나 특수성이 무시됨으로써 일어나는 획일성의 폐해가 문제점으로 지적된다.

둘째, 지방자치단체의 창의성을 약화시키고, 나아가 주민의 자발적인 지역 개발에 대한 참여와 의욕을 저하시킨다.

셋째, 자치의식이 약해지고 주민에 대한 정치적 훈련이 약화될 수 있으며, 민주적 통제의 약화로 전제적 경향이 조장되며 이로 인한 지역민주주의의 기초가 약화된다.

2 지방분권의 장 · 단점

1) 지방분권의 장점

첫째, 각 지방의 특수성과 자기 실정에 맞는 개별적 행정을 할 수 있다. 즉 지방분권은 중앙정부에 의해 일방적으로 행해지는 하향적 · 획일적 행정의 폐해를 줄이고, 지역의 행정 수요에 부응할 수 있는 행정이다.

둘째, 기계적 능률이 아닌 사회적 능률을 확보할 수 있다. 지방분권은 정치적 측면에서 풀뿌리민주주의(grass roots democracy)를 실현시킴으로써 민주와 능률의 요구를 동시에 충족시킬 수 있다.

셋째, 지역주민과 밀접한 문제를 지방정치에 반영함으로써 지방정치와 행정에 대한 민중통제를 강화하고 행정의 민주화를 실현할 수 있다. 지방 주민의 다양한 참여가 보장되어 주민들의 정치적 욕구를 충족시키고 사기를 앙양하며, 나아가 주체의식 및 자주정신을 함양할 수 있다.

넷째, 지방공무원을 창의적인 관리자로 양성할 수 있다. 지방분권 체제에서는 지방자치단체가 자치권을 가지므로 지방공무원이 정책결정과 집행에 직접 관여해 풍부한 경험을 갖게 되므로 넓은 안목과 고도의 판단력, 식견을 가진 능력 있는 관리자로 양성할 수 있다.

다섯째, 지방자치단체의 개발계획이나 사업계획을 수립 · 집행할 때 주민을 참여시킴으로써 주민의 새로운 아이디어와 소망을 수렴 · 반영해 그들의 요구를 충족시키는 동시에 지방정부의 시책 내지 지방 개발에 솔선해 협조하게 할 수 있다.

여섯째, 행정 처리가 신속해진다. 중앙집권하에서는 사소한 행정 사항일지라도 중앙정부의 장으로부터 승인을 받아야 하는 번잡한 절차(red-tape)로 인해 행정의 지체를 초래하게 된다. 그러나 지방분권하에서는 지방자치단체가 자기 기관의 책임하에 모든 행정 사항을 자주적으로 결정 · 집행하므로 복잡한 결재나 승인이 불필요해 행정의 신속한 처리가 가능해진다.

2) 지방분권의 단점

중앙집권의 장점을 반대로 해석하면 된다. 즉 경제적 능률과 정치적 통일성을 저해할 우려가 있으며, 전국적 또는 광역적 규모의 사무 처리에는 부적합하다. 또한 행정관리의 분산으로 전문성이 약해질 수 있다.

제 3 절 지방분권의 유형

1 자치적 분권

자치적 분권이란 일정한 구역 내에서 분권화된 단체자치를 실시하거나 일정한 범위 내에서 지방 주민이 자신들의 의사와 책임하에 주민자치를 실시하는 유형을 말하며, 이를 좁은 의미의 지방분권이라 한다.

1) 포괄적 수권형(포괄적 위임주의)

포괄적 수권형(universality principle)이란 법률에 특별히 금지하고 있는 사항이나 중앙정부의 전문적 관할에 속하는 사항을 제외하고는 지방자치단체가 주민의 일반적 이익을 위해 어떠한 사무라도 처리할 수 있도록 헌법이나 법률에 일괄적으로 권한을 부여하는 규정을 두는 유형을 말한다. 단체자치를 채택하는 유럽 대륙의 여러 국가가 이 유형을 따르고 있으며 한국도 과거에는 그러했다.

장점으로는 첫째, 지방자치단체의 사무배분에 신축성을 부여함으로써 행정 수요와 지방재정력이 다양한 각 자치단체로 하여금 행정 수요와 재정력에 적합한 행정을 할 수 있다. 둘째, 광역자치단체 및 기초자치단체의 사무조정이 가능하다. 셋째, 지방자치단체에 대한 권한 배분의 방법이 간편하다.

단점으로는 첫째, 지방자치단체와 중앙정부가 처리해야 할 사무 구분을 불분명하게 한다. 둘째, 지방자치단체의 권한으로 규정해야 할 사항을 중앙정부의 권한 사항으로 규정함으로써 자치단체의 권한을 본질적으로 침해할 염려가 있다.

2) 개별적 수권형(개별적 지정주의)

개별적 수권형이란 지방자치단체가 처리할 수 있는 행정 권한과 사무를 사무의 종류별 · 자치단체별로 필요할 때마다 국가의 특별법에 의해 개별적으로 위탁하는 유형을 의미하며, 주민자치를 채택하는 영국형 국가에서 주로 취하는 보편적 형태이다.

장점으로는 첫째, 중앙정부와 지방자치단체 간, 광역자치단체와 기초자치단체 간의 사무배분과 한계를 명확히 한다. 둘째, 지방자치단체의 특수성과 개별성에 적합한 자치행정의 실시가 가능하다.

단점으로는 첫째, 중앙정부가 사무의 종류마다 특별법을 제정해 개별적으로 권한을 부여한다는 것은 많은 법률의 제정이 필요하므로 업무량의 폭주로 인한 혼란을 야기할 가능성이 크다. 둘째, 시대 상황과 환경 변화에 법이 충분히 대처하지 못할 경우 행정 수요에 신속히 대처하지 못할 우려가 있다.

3) 절충형

절충형이란 자치단체가 처리할 수 있는 행정사무를 법률에 포괄적으로 열거해 놓고, 이러한 권한과 기능을 수행할 수 있는 기준에 도달한 자치단체에 대해 법규명령을 발함으로써 개별적으로 권한을 부여하는 유형을 의미한다. 즉 절충형은 포괄적 수권형과 개별적 수권형의 장점만을 결합해 보려는 데에 특징이 있으며, 지방자치제도 발달의 초보적 단계에 있는 후진국과 아프리카 국가에서 채택하고 있다.

장점으로는 첫째, 각 자치단체의 권한과 처리할 수 있는 사무가 명확하다. 둘째, 각 자치단체의 행 · 재정 능력의 차이에 따라 그에 상응하는 권한을 부여할 수 있으므로 융통성을 부여할 수 있다.

단점으로는 첫째, 중앙정부의 사무를 법률로 강화할 경우 자치단체의 사무 범위는 약화될 수밖에 없다. 둘째, 지방자치의 기초가 약한 개도국이나 후진국이 이 유형을 채택할 때에는 자치행정이 허구에 그칠 우려가 있다.

4) 계약형

계약형(contract system)이란 중앙정부와 지방정부 간, 또는 지방정부 상호간의 계약에 의해 한 정부가 다른 정부에 관할구역 내 주민들에 대한 일정한 사무 처리를 위탁하고 그 대가를 지불하는 유형을 말한다. 즉 국가와 자치단체의 관계를 상 · 하 관계로 볼 때 권한의 위임이나 위양이 아닌 계약 관계가 성립하게 되는데, 계약주의에 의한 권한 부여 방식이란 바로 중앙정부와 지방단체 간의 계약에 의해 특정 사무의 처리를 자치단체에 위탁하는 방식을 말한다. 이 방식은 자치단체의 자주성이나 개별성을 존중한다는 장점이 있는 반면에, 권한 부여의 절차가 복잡한 단점이 있다.

2 기관별 분권(특수적 분권)

이 유형은 일정한 공공기관에 법인격을 부여함으로써 일정한 자치권을 행사하도록 하는 방식으로, 지역적 분권과 그 대상이 다르다. 즉, 특수한 행정사무를 처리하거나 또는 행정사무의 공동 처리를 위해 특별지방자치단체를 설치하는 것이다. 우리나라 현행법으로는 지방자치단체조합(지방자치법 제149조~제154조)이 있다.

3 행정적 분권

행정적 분권이란 지방에서 처리를 요하는 행정사무를 담당하기 위해 중앙정부와 계층적 지휘·감독 관계에 있는 지방행정기관을 설치하고, 그 기관에 행정 기능과 통치 권력을 위임해 행사하게 하는 분권 방식인데, 이러한 분권 방식은 다음과 같은 두 가지 형태로 나타난다.

첫째, 중앙정부의 하급기관에 대한 위임으로, 중앙정부가 그 지방행정 관서를 설치하고 지역적으로 처리를 요하는 행정사무를 그에게 위임해 집행하는 방식이다.

둘째, 지방자치단체의 집행기관에 대한 위임으로, 국가의 지방행정사무를 처리하기 위해 별도로 국가의 지방행정 관서를 설치하지 아니하고, 지방자치단체의 집행기관에 위임해 처리하게 하는 방식이다.

4 협력적 분권

협력적 분권이란 공공단체가 아닌 사적 단체나 법인에게 정부의 기능과 권한을 위임해 행사하는 경우인데, 예를 들면 특허의 경우와 사법인에 대한 보조금 지급의 경우가 여기에 해당한다.

제 4 절 지방자치의 현대적 경향

19세기 근대 입법국가 시대에는 국가·사회 이원론의 영향으로 지방자치가 크게 발달했지만, 20세기로 접어들면서 자본주의 및 화폐경제의 발달로 인해 중앙정부의 권한이 급격히 확대되었다. 이는 곧 지방자치의 약화를 의미한다. 고도로 발달된 자본주의로 말미암아 사회가 복잡화·다양화됨에 따라 국가는 기획과 조정에 관한 중요한 문제들을 전국적·종합적 견지에서 통일적·능률적으로 처리하지 않을 수 없게 되었다. 프랑스나 독일에서는 일찍이 지방자치의 위기론이 대두되었고, 영·미에서는 지방자치가 신중앙집권화의 경향을 띠는 반면, 과거 중앙집권 체제를 가지고 있던 프랑스와 독일에서는 신지방분권화로 나아가는 상반된 양상을 보이고 있다.

1 지방자치의 위기론과 개편론

1) 지방자치의 위기론

오늘날 지방자치의 위기 문제가 대두되는 이유는 다음과 같다.

(1) 국가·사회 일원론의 대두

국가와 사회의 이원적 대립 원리를 전제로 하던 지방자치이론이 오늘날 민주국가로 대치됨으로써 역사적 기반을 상실하게 되었다. 즉 비민주 세력인 군주에 저항, 투쟁의 산물로 이해되던 것이 민주적 통일국가의 성립이 전제된 현대에는 그러한 논리가 성립되지 않게 되었다.

(2) 자치제도의 정신적 기초 상실

지방자치단체가 공민단체의 성격에서 주민단체의 성격으로 변화됨에 따라 향토애와 공동체 의식이 약화됨으로써 자치제도의 정신적 기초도 약화되었다. 특히 영국계의 기초자치단체는 공동사회적 자치를 기반으로 했기에 지역공동체로서 향토애 의식이 지방자치를 공동사회(Gemeinschaft)와는 전혀 관계가 없는 이익사회(Gesellschaft), 2차 집단으로 전환시킬 수밖에 없었다. 이러한 시대적 상황의 변화로 말미암아 지방자치의 정신적 기초가 약화됨으로써 마침내 지방자치는 위기를 맞게 되었다.

(3) 지방재정의 빈약

지방재정자립도의 약화 및 불균형으로 말미암아 중앙정부의 보조금에 많은 부분 의존하게 되었으며, 자치행정에 대한 중앙정부의 통제나 감독이 증대되었다. 주민 부담으로 지방재정 수요에 필요한 재정수입이 충당되느냐 하는 것은 지방자치의 성패를 좌우하는 가장 기본적 문제이며, 지방자치가 법제도상으로 완벽하게 갖추어져 있어도 지방재정이 확립되지 않으면 지방자치는 한낱 망상에 불과하기 때문이다.

(4) 중앙정당의 개입

지방자치는 지역문제를 결정할 때 독립성과 자주성이 보장되어야 하는데 중앙정당이 개입함으로써 지방자치의 정치적 중립성은 침해되고 지방자치 본래의 가치인 지역적 특수성과 개별성에 맞는 행정이 불가능하게 되었다. 지방자치에 중앙정당의 개입 여부는 그것이 지닌 장·단점으로 인해 학자들 사이에 이론이 분분하지만 중앙정당의 개입은 부정적인 측면으로 이해해야 할 것이다.

(5) 광역행정 수요의 증가

과거에 비해 오늘날은 교통·통신의 발달과 기계문명의 발전으로 인해 행정 수요가 고도로 복잡화, 전문화, 다양화되고 있다. 이의 효율적 처리를 위해서는 개개의 자치단체가 행정을 행하는 데 많은 한계를 가지게 되었으며, 이로써 중앙정부의 권한이 강화되었다. 따라서 지방자치행정의 범위 축소로 자치의 위기를 초래할 수 있다.

2) 지방자치 개편론

소극적 국가를 지향하던 시대가 가고 국가의 기획과 조정에 의한 복지행정의 중요한 문제들을 전국적이고 종합적 견지에서 통일적이며 능률적으로 처리해야 할 적극적 행정국가의 등장은 자치의 개편을 불가피하게 했다.

지방자치 개편론은 정치권력이 소규모 자치단체의 단위로부터 대규모 상급자치단체나 중앙정부로 이행하는 이른바 신중앙집권화 경향으로 변모할 것이다. 또한 주 및 지방정부가 연방정부의 재정에 의존하는 경향이 현저해지고 있는 실정이므로 적극적 대안이 요청되는데, 이의 일환으로 미국에서는 신연방주의가 등장했다.

2 신중앙집권과 신지방분권

1) 신중앙집권

(1) 신중앙집권화의 의의

신중앙집권화(new centralization)란 현대 국가의 새로운 경향으로 지방자치제도를 발전시켜 온 근대 민주국가에서 사회 발전과 행정 기능의 확대·강화에 따라 행정의 민주화와 능률화를 조화시키기 위해 중앙정부가 지방정부에 대해 기술적·재정적 지원을 증대하고 새로운 협력 관계로서 중앙통제가 강화되는 현상을 말한다.

신중앙집권은 절대군주 국가에서와 같이 지방자치를 말살시키는 중앙집권과는 성격이 다른 것임을 유의할 필요가 있다. 즉 절대군주 국가에서의 중앙집권은 권력적, 관료적, 지배적인 것이었는데 비해 신중앙집권은 협력적, 지식·기술적, 지도적인 것임을 특징으로 한다.

밀(J. S. Mill)은 행정 원리에 관한 이해와 지식은 중앙정부에 집중되어야 하며 행정 기능의 수행은 지방정부에 분권화해야 한다고 했다. 그것은 밀이 중앙집권을 권력화로 변질시켜서는 안 되며, 또한 지방자치와 민주적 통제를 부인하는 것으로 이해해서도 안 됨을 강조한 것이다. 참고로 지식적 집권이란 밀은 그의 저서 『대의정치론』에서 기능의 구체화에서는 지방자치단체가 월등하지만 그 원칙을 이해하려면 중앙정부가 훨씬 유능하다고 말하면서 권력을 지방으로 분산해야 하지만 지식은 중앙에 집중되어야 한다고 주장한다. 권력적 집권에 대해 래스키(Harold J. Laski)는 강력한 지방정부 체제의 민주적 효과를 강조하면서 동시에 지역을 초월해 누적되고 있는 많은 문화적·사회적 문제의 처리를 위해서는 중앙통제가 필요하다고 주장한다.

(2) 신중앙집권화의 형태

오늘날 신중앙집권화는 다양한 형태로 나타나고 있으며, 국가마다 신중앙집권화의 형태가 복합적으로 나타나고 있다.

첫째, 사무(권한)의 상향적 이관이다. 이는 기초자치단체의 사무가 광역자치단체의 사무로, 광역자치단체의 사무가 국가의 사무로 흡수되고 있는 실정이다.

둘째, 사무의 전국적 이해관계화이다. 많은 행정사무가 중앙정부와 지방자치단체 사이의 공통사무로 되어가고 있는데, 현대 국가에서는 대부분의 사무가 지방적 이해관계를 가지는 동시에 국가적 이해관계를 가지는 것으로 변화하고 있기 때문이다.

셋째, 중앙정부의 하급기관 증설이다. 중앙정부의 일선기관인 특별지방행정관서 또는 중앙정부의 외곽단체의 성격을 갖는 특수법인이 늘어나고 있으며, 이에 따라 지방자치단체의 권한 사항이 이러한 기관의 권한 사항으로 이관되는 경향이 늘고 있다.

넷째, 위임사무의 증대이다. 중앙정부가 지방자치단체에 위임하거나 지방자치단체의 기관에 위임하는 위임사무가 증가해, 지방자치단체의 사무 가운데 고유사무보다는 이러한 위임사무의 비중이 날로 커지고 있다.

다섯째, 지역경제 및 지역 개발에 대한 광역적 접근의 확대로 중앙정부의 계획 기능이 증가됨으로써 중앙집권적인 행정 운영이 강화되고 있다.

여섯째, 중앙정부의 관여 내지 통제가 강화되고 있다. 다만, 후견적 · 권력적 감독보다는 재정 · 기술의 원조 등 비권력적 지도의 폭이 확대되는 것이 특징이다.

일곱째, 지방자치단체의 구역이 재편성되고 있다. 소규모 자치단체의 통 · 폐합, 중심도시와 주변부의 통합, 광역행정 체제의 발전 등 구역 확대 현상이 일반적이다.

(3) 신중앙집권의 촉진 요인

첫째, 현대에는 과학 · 기술이 고도로 발달함에 따라 행정사무 처리의 과학화 · 신속화가 요청되며, 각종 행정통계의 집중관리와 전문적 지식의 활용 등이 행정 각 분야에서 활발히 추진되고 있다. 그러나 지방자치단체는 고도의 전문지식과 기술을 보유하는 데는 많은 한계가 있기 때문에 중앙집권화의 등장이 필수불가결하게 되었다.

둘째, 교통 · 통신 수단의 발달은 중앙과 지방 간 또는 지방 상호간에 거리감을 단축시켰을 뿐만 아니라 신속한 의사소통과 즉각적인 지시 · 통제를 가능하게 해 중앙정부의 권한을 강화시키는 결과를 초래하게 되었다.

셋째, 자본주의의 발달로 대량생산 · 대량소비가 진전됨에 따라 국민의 생활권과 경제권이 확대 · 강화되었다. 따라서 특정의 사회 · 경제적인 문제나 행정을 통해 해결되어야 할 사항도 더 이상 지방적 규모에서만 한정시킬 수 없게 되었으며, 이러한 해결은 전국적 · 광역적인 규모에서만 실효성이 있게 되었다.

넷째, 국제 정세의 불안정과 긴장 고조로 국가가 상당한 위기에 처했을 때 이에 대한 신속한 대처를 위해 중앙정부의 권한이 강화되지 않을 수 없었다.

다섯째, 지방재정의 부족으로 중앙재정에 의존하지 않을 수 없게 되었으며, 지방자치단체 간에는 재정 능력 · 행정 수요 등에서 불균형이 존재하기 때문에 중앙정부의 통제 내지 조정이 요청된다.

여섯째, 현대 국가는 물가 안정, 고용 기회 증대, 국제수지 개선, 경제 성장 유지,

인플레이션 억제 등이 공공재정의 계획적 운영이 없이는 불가능하다. 즉 공공재정은 국가재정과 지방재정의 공동보조 속에서 운영되어야 하므로, 중앙정부는 이에 국가 전체의 견지에서 지방자치단체들의 재정을 조정하지 않을 수 없게 됨으로써 국가의 지방재정에 대한 관여가 확대되어 가고 있는 실정이다.

(4) 신중앙집권의 한계

오늘날 선·후진국을 막론하고 중앙집권화 경향을 보이지만 지방자치를 말살하는 정도까지 국가가 강한 집권을 하지 않아야 한다.

첫째, 신중앙집권이 지방자치를 존중하는 범위 안에서 이뤄져야 하며 자치의 본질을 해치는 범위까지 허용되어서는 안 된다. 다시 말하면 지방자치의 본질적 권능을 침해하는 범위로 허용되어서는 안 된다는 것이다.

둘째, 지방자치단체에 대한 중앙정부의 통제가 강제적·권력적이 아닌 비권력적·협조적이어야 한다.

셋째, 국가적 통일성을 저해하지 않는 범위 내에서 지방정부의 자주성이 인정되어 할 것이며, 획일성과 자주성이 균형을 이뤄야 한다.

넷째, 지방자치단체의 구역을 기계적·인위적으로 무제한 확대한다고 하더라도 지방 주민의 자치의식과 생활 편의라는 지역적 범위를 고려해서 이뤄져야 한다.

다섯째, 중앙정부의 관료를 일방적으로 지방정부에 전보해서는 곤란하다. 중앙집권화는 중앙에 우수한 공무원을 흡수시키는 경향이 있으므로 지방공무원의 질적 향상에 노력하고 무능한 중앙공무원의 지방 전입을 억제해야 한다.

(5) 우리나라의 방향

우리나라는 전통적으로 강력한 중앙집권 형태를 취해 왔었다. 형식적으로는 지방분권이 인정되고 있으면서도 실제적으로는 중앙집권 형태를 취하고 있기 때문에 지역주민의 자치의식을 함양하고 행정에 대한 주민통제를 가능하게 하기 위해 지방분권이 실현되어야 한다. 다만, 오늘날의 중앙집권 추세를 감안하여 능률성과 민주성을 동시에 실현하는 방향에서 점차적인 지방분권이 제도화되어야 할 것이다.

2) 신지방분권

(1) 신지방분권의 의의

과거 중앙집권 체제를 가지고 있었던 프랑스·독일에서는 현대 국가의 중앙집권화 현상과는 대조적으로 신지방분권화로 나아가고 있다. 중앙집권제의 폐해를 사전에 예방하거나 제거하기 위한 노력이 부단히 전개되고 있다. 즉 지방분권화는 상급단체의 하급지방자치단체에 대한 감독의 대폭 완화 및 지방재정제도의 개혁 등을 통해 지방자치단체의 권리와 자유를 확보하는 데 주안점을 둔다. 즉 신지방분권화는 상급단체의 하급지방자치단체에 대한 감독의 대폭 완화 및 지방재정제도의 개혁 등을 통해 지방자치단체의 권리와 자유를 확보하는 데 주안점을 두고 있다.

신지방분권화의 출현 근거는 획일행정, 관료행정의 폐해 극복, 사무의 광역화, 중앙 이관화에 대한 반작용으로 여전히 지방사무는 존재하는 점, 대량화, 표준화, 획일화, 집중화에 대한 반동으로 개별화, 다양화, 특수화, 분권화에 대한 요청 등이다.

(2) 신지방분권의 성격

신지방분권화는 19세기 자유방임국가 시대에 고도로 발달했던 지방자치(지방분권)와는 성격이 다르다. 과거 방임주의 국가에서의 지방분권이 절대적 분권인데 반해 오늘날은 상대적 분권이며, 과거의 분권이 항거적 분권이었는데 비해 참여적 분권이며, 과거의 그것이 배타적 분권이었다고 한다면 오늘날은 협조적 분권이며, 과거의 분권이 중앙정부로부터 도피를 지향하는 소극적 분권이었다면 오늘날은 국가 발전에의 동참을 지향하는 적극적 분권이라는 특징이 있다.

(3) 신지방분권화의 촉진 요인

첫째, 지나친 중앙집권의 한계이다. 중앙집권적 국정 운영은 전국적·총량적 성과는 달성했으나 형평·배분적 정의를 상실해 산업 간의 불균형 성장, 지역 간 불균형 발전, 개인 간 소득 격차를 발생시키고, 인구와 산업과 자본과 기회를 중앙으로 집중시켜 밀집의 폐해를 유발시켰으며, 이로 인해 지방(특히 농촌)은 이른바 과소의 폐해가 심해 지역사회 파괴의 현상을 초래하게 되었다. 즉 중앙정부는 업무의 과중에 시달리게 되는 반면, 지방정부는 자주적 권한을 상실하고 창의성이나 책임성 없이 모든 것을 중앙정부에 의존하는 경향이 심해 이러한 폐해들을 시정하기 위해 신지방분권화를 도모하게 된다.

둘째, 오늘날 대중사회에서의 획일화에 대한 인간의 염증이 심화되고 있다. 즉 대량생산·대량소비·대중매체 등에 의해 개인의 개성과 지역사회의 특수성 등 사회 각 부문의 고유한 가치가 거대화와 표준화에 밀려 모두 상실되고, 하나의 기준치를 통해 모든 현상을 비교하는 이른바 비교의 비극이 산출되고 있는 것이 대중문명의 특징이다. 이러한 경향으로 인간은 자신의 독자적 판단과 선택에 의해 행동하기보다는 대중매체가 주는 암시에 따라 타율적으로 판단하고 대량생산이 제공하는 바에 따라 피동적으로 선택하게 되며, 이는 인간의 비인격화·소외화·무력화를 초래한다. 이러한 문제점들을 극복하기 위한 노력으로 인간이 자신의 고유가치성과 개성 그리고 자주성을 추구하는 심리가 나타나며, 이러한 심리 상태가 지역사회의 고유성·자주성을 중시하는 지방분권화 추구의 정신적 기초가 된다.

셋째, 국제화·세계화의 대두이다. 산업의 발달 및 국제 질서의 재편에 따라 각국이 상호 경쟁을 벌이는 시대이며, 과거와 같이 국가가 외교·안보 장벽만을 강조해 자국의 국민과 기업 및 지역사회를 보호하고만 있을 수 없기 때문에 지역사회는 직접 세계시장의 경쟁 대열에서 스스로 경쟁하지 않을 수 없게 된다. 국민과 기업과 지역사회는 중앙정부의 지시나 지도가 행해지기 전에 스스로를 개발해 직접 세계시장에 참여하지 않을 수 없게 되었다. 이러한 노력의 일환으로 개인의 의식 수준이 높아지고, 민간 부문의 자율성이 신장되고, 지역사회의 자주성이 향상되지 않으면 안 되게 되었으며, 이러한 요인이 지방분권화를 촉진하게 되었다.

넷째, 도시화의 가속이다. 현대 사회에서 도시화가 계속 진전함에 따라 인간의 정주 패턴이 바뀌고 있다. 도시의 발달이 메트로폴리스(metropolis) 단계에서 메갈로폴리스(megalopolis) 단계를 지나 종국에는 에큐메노폴리스(ecumenopolis, 세계도시) 단계에 이르게 된다. 현재 우리가 메트로폴리스 단계에 있기 때문에 인구·산업·자본이 하나의 거점도시에 집중되고 있지만, 도시 발전이 진행되면 이러한 인구·산업·자본이 분산하면서 도시와 도시가 연접하는 메갈로폴리스를 형성하고, 그것이 더 진전되면 전세계가 모두 도시로 되는 에큐메노폴리스 시대가 될 것으로 전망된다. 현재에도 이미 인간의 정주 패턴이 대도시의 도심에서 교외지역으로 분산화되는 현상을 보이고 있으며, 앞으로는 더욱 더 분산화되는 경향을 보이게 될 것이다.

다섯째, 컴퓨터의 발달로 인간의 직장 근무 양상이 바뀌고 있다. 직장 근무가 과거에는 모두 직접적인 대면이나 수작업을 통해 이뤄졌으나, 이제는 모든 직원이 각자 컴퓨터 터미널 하나씩을 가지고 입력 작업으로 모든 것을 대신하게 되었다. 이러한 터미널 근무 방식은 곧 재택 근무를 가능하게 하는바, 이러한 재택 근무 현상은 곧 인간의 지방 분산을 가능하게 한다. 즉 재택 근무를 할 바에는 공기 좋은 전원지역에 정주해 건강하고 쾌적한 삶을 누리려는 경향이 늘어나게 된다. 이러한 정보화의 진전이 지역사회의 정주를 가능하게 하여 지방분권화를 촉진한다고 하겠다.

(4) 각국의 신지방분권화 경향

프랑스는 1982년 미테랑 정부 집권 이후 개혁 조치를 통해 지방분권화·민주화 과정을 밟고 있다. 1982년의 지방행정 주요 개혁 내용을 보면, 지방자치단체의 권리와 자유의 확보, 국가 임명 도지사제의 폐지(장은 지방의회에서 선출), 상급단체의 하급 지방자치단체에 대한 감독의 대폭 완화, 국가와 지방간의 권한 재분배, 지방공무원의 신분 규정 정비, 지방재정제도의 개혁 등이다.

독일은 일찍이 통일국가를 형성한 프랑스와는 달리 19세기 후반에야 겨우 통일국가를 이뤘는데 각지에 지방의 중심도시가 발달해 지방자치가 강하다고 하는 독일의 전통에서 유래되었다. 또한 독일의 연방헌법 제28조는 "각 주헌법은 공화 · 민주 · 사회적 법치국가의 원칙에 일치해야 한다"고 했고, 또 "각 지방자치단체의 지방자치권을 보장해야 한다"고 규정하고 있다. 이와 같은 연방헌법에 입각해 각 주(州)는 1950년부터 1956년 사이에 지방자치에 관한 규정을 각각 제정했다. 주에 따라 다소 차이는 있으나 대체로 자치단체는 주의 단순한 행정구역으로서가 아니라 지방자치단체로서 스스로의 책임에 따라 그 지역 안의 모든 지방행정을 처리하게 하고 있으며, 지방주민의 지방행정에의 적극적 참여를 보장하고 있다.

미국은 자치헌장운동(Home Rule Movement)과 신연방주의를 통한 신지방분권화를 지향하고 있다. 먼저, 자치헌장운동은 주(州)의회의 도시에 대한 권리 남용에서 도시 자신의 자치 발전을 획득하려는 분권화운동으로 자치단체의 완전자치를 위한 입법적 통제에 대한 항거였으며, 1875년 미주리 주(州)에서 처음 성공했으며 1936년까지 18개 주에서 채택되었다. 제2차 세계대전 당시에는 41개 주에서 이를 채택하고 있으며, 이 운동은 처음부터 큰 반향을 일으켰다. 현행 헌법상 '자치헌장' 규정을 가지고 있는 주는 거의 과반수 이상이며, 이것을 헌법적 자치헌장제도라고도 한다.

또한 신연방주의는 1982년에 레이건 대통령이 발표한 분권화정책의 하나로서, 그 내용은 연방 소관의 교육, 지역 개발, 교통, 사회복지 등 43개의 사무 종목을 주(州) 정부에 반환하며, 이에 따라 세원, 회계 등의 재조정을 행한다.

일본은 지방화 시대 선언을 통해 신지방분권을 제창하고 있다. 관료적 · 전제적 전통을 갖고 있는 일본은 제2차 세계대전 이후 영 · 미 사조의 도입과 더불어 민주적 헌법을 제정하고 지방자치단체의 장을 주민이 선거하고, 지방자치단체에 대한 국가의 감독권을 축소시키고, 지방 주민의 지방행정에의 직접 참여제도, 즉 조례발안, 의회 해산, 의원과 자치단체의 장의 해직 요구 등을 채택했으며, 국가와 지방자치단체간 권한의 재분배, 지방재정의 확충 등 지방분권화를 위해 많은 노력을 하고 있다.

3 현대 지방자치의 새로운 경향

앞으로 지방자치의 발전적 방향은 신중앙집권화적 경향과 자치 존중이라는 상반된 요구를 조화해 가는 방향으로 전개되어야 한다(정세욱, 1998: 102).

1) 소극적인 지방정치에서 적극적인 주민복지행정으로의 전환

과거와 달리 지방선거를 통해 기관을 구성하는 정도의 정치적 욕구의 충족으로 이해되어서는 안 되며, 주민 편의와 복지를 증진하고 생활의 질(quality of life)을 향상시키는 실질적인 행정 기능을 수행하는 데 중점을 두는 적극적 방향이 필요하다.

2) 생활행정(소극행정)에서 지도행정(적극행정)으로 전환

지방자치는 과거와 같이 단순한 주민의 의·식·주와 관련된 생활행정을 소극적으로 해결하는 데에 그치는 것이 아니라, 주민들의 생업과 관련된 적극적 지도행정을 전개해야 한다. 특용작물 생산, 보건·의료시설 확대 등이 대표적 예이다.

3) 안정 위주 행정에서 개발 위주 행정으로 전환

지역사회의 안정자로서의 단순한 소극적 기능에만 한정할 것이 아니라 좀 더 적극적으로 그 지역사회를 개발·육성해 생활환경을 개선하고 지역경제를 활성화시킬 수 있는 적극적 기능을 수행해야 한다.

4) 물질 위주 행정에서 정신 위주 행정으로 전환

지방자치는 단순한 지역경제의 성장 및 물리적 부의 향상에서 탈피해 좀더 고도의 질적·가치적 문제에 역점을 두어야 한다. 주민들의 바람직한 가치관과 생활 태도의 향상을 통한 건전한 국민정신을 고양하는 데 중점적 역할이 있다.

제 3 장 자치권의 성격과 내용

제 1 절 자치단체 권능의 성격

지방자치단체가 법인격을 가진 지역적 단체로서 그 구역과 주민을 지배하고, 소관 사무를 자기의 창의와 책임하에 처리할 수 있는 법률적 능력을 지방자치단체의 권능이라고 하는바, 이러한 권능의 문제는 국가로부터 주어지고 인정받은 한도 내에서 자치권과 표리를 이루고 있는데, 이의 성격은 다음과 같은 세 가지로 집약할 수 있다.

1 보편성

보편성(universal principle)은 지방자치단체 자치권의 제일 특성으로서 포괄성 또는 일반성으로도 지칭된다. 지방자치단체의 권능, 즉 자치권의 일반성은 권능의 지배를 받는 사람의 범위에 관한 것이다. 이 범위에는 당해 지방자치단체 구역 내에 주소를 가진 자는 물론 거소를 가진 자, 일시 체재하는 자, 기타 재산을 소유하거나 영업소를 가지는 자 모두가 포함된다. 그리고 당해 단체가 처리하는 공공사무의 범위에서 나타나는 바, 여기에는 지방적 이해관계 사항과 지방 주민의 공통적 관심사와 같은 지방적 성격을 가진 모든 사무가 포함되는데, 이는 공공단체의 권능과 구별되는 중요한 바로미터이다.

2 자주성

자주성(autonomy)은 독립성 또는 자기책임성이라고도 지칭되는 것으로 국가로부터의 독립성 정도에 관한 특성이다. 자주성은 지방자치단체가 그 사무에 관해 그 구역 내의 주민을 구속하는 법규, 기타의 규율을 제정하는 자치입법권에서 모색할 수 있는데, 기관의 자기 선임 원칙, 즉 지방의회의 의원 및 자치단체의 주요 기관은 주민이 직접 선거하는 것으로 되어 있다.

이 밖에도 자치단체는 자신의 재산을 가지며 조세・수수료 기타의 부담을 주민에게 과하는 자주재정권을 보유하는데, 이러한 특색은 국가의 하급관청과 자치단체를 구별하게 하는 기준이 된다.

3 배분성

배분성(distribution of powers and functions)은 지방자치단체가 처리할 수 있는 공공사무의 범위가 국법에 의해 국가와 지방자치단체 간에 배분・결정된다는 특성을 말한다. 이러한 자치단체에 대한 사무배분은 "법률에 의해 특히 금지되거나 다른 단체에 위임된 경우를 제외하고는 자치단체는 주민의 복리를 위해 필요하다고 인정할 때에는 무엇이든지 자유롭게 할 수 있다"는 원칙과 "법률에 의해 특히 권한이 부여되지 않는 한 지방정부는 무엇이든지 하지 못한다"라는 두 가지 원칙이 대립되어 왔는데, 전자는 프랑스와 독일 등 유럽 대륙과 미국에서, 후자는 영국에 기원을 두고 캐나다・오스트리아와 북구의 일부 국가에서 채택하고 있다.

이러한 자치단체 권능의 배분성은 그것이 국가로부터 부여된 것으로서, 단체의 존립・유지를 직접적 목적으로 하는 자치조직권과 자치재정권 이외에 주민의 복지 증진을 목적으로 하는 사업의 경영, 시설의 관리, 서비스의 제공 등과 같은 비권력적 작용, 그리고 주민의 권리를 제한・규제・침해하거나 업무를 부과하는 권력적 작용 등이 모두 포함된다.

제 2 절 자치입법권

지방자치단체는 그 자치권의 한 작용으로서 자주법을 정립하는 기능을 갖고 있는데, 이것이 바로 자치입법권이다. 우리의 헌법 제117조 제 1항에서도 이러한 자치입법권에 관해 규정하고 있는데, 지방자치단체는 법령의 범위 내에서 자치에 관한 규정을 제정할 수 있다고 하는 것이 그것이다. 여기서 말하는 자치에 관한 규정이란 지방자치단체의 집행기관이 제정하는 자주적 규칙을 의미하는데, 설명하면 다음과 같다.

1 조 례

1) 조례의 의의

(1) 개념

조례(條例)는 지방자치단체가 법령의 범위 안에서 그 권한에 속하는 사무에 대해 지방의회의 의결로써 제정하는 법규이다. 지방자체단체가 조례를 제정할 수 있는 것은 헌법이 이것을 보장한 데에 그 근거를 두고 있으므로, 그것이 자치권의 범위에 속하는 한 조례에 의해 주민의 권리 의무에 관한 법규를 제정하는 데 별도 법률의 수권을 필요로 하지 아니한다고 보아야 한다. 이런 점에서 법률의 위임에 의하지 아니하고는 법규를 제정할 수 없는 대통령령·부령 등과 차원이 다르다.

(2) 분류

첫째, 효력을 기준으로 주민의 권리·의무에 관한 조례, 지방자치단체의 내부조직·운영에 관한 조례 등으로 나눈다.

둘째, 제정 근거를 기준으로 위임조례(조례 제정의 근거가 법령의 위임에 있는 것), 직권조례 등으로 나눈다.

셋째, 제정 의무를 기준으로 필수조례(지방자치단체가 반드시 제정해야 하는 조례), 임의조례 등으로 나눈다.

넷째, 규정 사항을 기준으로 조례로써만 규정될 수 있는 사항에 관한 조례, 규칙으로도 규정될 수 있는 사항에 관한 조례로 나눈다.

(3) 조례로써 규정할 수 있는 사항

① 주민의 권리를 제한하거나 의무를 부과하는 것

- 벌칙에 관한 조례
- 과태료에 관한 조례 등

② 자치단체의 내부조직이나 일반적인 사무 처리에 관한 것

- 시·군 및 구·읍·면사무소의 주소지에 관한 조례(자치법 제6조)
- 동리의 명칭과 구역에 관한 조례(동법 제4조 제3항)
- 동리의 하부조직의 설치에 관한 조례(동법 제4조 제6항) 등

③ 주민의 재정적 부담을 규정하는 것

- 지방세의 부과·징수에 관한 조례(지방세법 제3조 제1항)
- 사용료·수수료·분담금의 정수에 관한 조례(자치법 제130조)
- 과세 면제 등을 위한 조례(지방세법 제9조) 등

④ 공공시설의 설치·관리를 위한 조례

- 수도의 설치·관리에 관한 조례(수도법 제17조)
- 하수도의 설치·관리에 관한 조례(하수도법 제18조)
- 공원의 보호 및 공원시설의 유지·관리에 관한 조례(공원법 제49조)

⑤ 개개의 행정 내용에 관한 것

- 지방문화재의 지정·관리·보호에 관한 조례(문화재보호법 제54조 2항)
- 장학금 대여에 관한 조례(대여장학금법 제14조 제1항) 등

2) 조례제정권의 한계

지방자치법 제9조에 예시된 사무 범위 내에서 조례를 제정할 수 있기에 지방자치법 제11조(국가사무)에 규정된 사항은 조례로 제정할 수 없다. 다만, 동법 제9조 제2항의 단서가 "다만, 법률에 이와 다른 규정이 있은 경우에는 그러하지 아니하다"고 규정하고 있어 57개로 예시된 사무 중에서도 조례로 규정할 수 없는 사무가 있을 수 있으며, 여기에 규정되어 있지 않은 사무도 조례의 대상은 될 수 있다.

첫째, 법령에 위반되지 않는 사항을 규정하는 것으로서 헌법이나 법률 및 대통령령 등 국가가 정립하는 법 형식에 위반되지 않아야 된다. 즉 조례가 이의 범위를 벗어났을 때는 위법한 것으로서 무효 또는 취소할 수 있으며, 주민소송의 대상이 된다.

둘째, 조례는 지방자치법 제9조의 규정에 의한 사무, 즉 고유사무와 단체위임사무에 관한 사항만 규정할 수 있고, 동법 제156조의 규정에 의한 기관위임사무에 관해서는 제정할 수 없다.

셋째, 시·군의 조례는 도의 조례나 도지사가 제정하는 규칙에 위반되지 않아야 한다. 이는 구체적으로는 도가 단체위임의 형식으로 시·군에 위임한 도의 자치사무에 대해 시·군이 조례를 제정하는 경우 해당하는 것으로 해석된다.

넷째, 주민의 권리 의무에 관한 사항이나 벌칙을 조례로써 규정할 때에는 개별적인 법률 위임이 있어야 한다는 중대한 제약이 있다. 현행 지방자치법은 벌칙에 관한 규정을 삭제하고 조례 위반에 대한 과태료 규정으로 대체하고 있다.

3) 조례의 제정 절차

조례의 제정 및 개폐는 지방의회의 의결을 필요로 한다.

(1) 발의

지방자치단체의 장이나 재적의원 5분의 1 이상 또는 의원 10인 이상의 연서로, 지방의회의 위원회도 조례안을 발의한다. 또한 19세 이상 주민 총수의 20분의 1 범위 안에서 연서로써 자치단체장에게 조례의 제정이나 개폐를 청구할 수 있다. 다만, 지방자치단체의 장이 제출하는 조례안은 사전에 집행부의 간부들로 구성되는 조례·규칙심의회의 심의를 거친다.

(2) 의결

조례안은 원칙적으로 재적의원 과반수의 출석과 출석의원 과반수의 찬성으로 의결된다. 가부 동수인 때에는 그 조례안은 폐기된다. 다만, 특별 다수의 찬성을 조례안의 의결 요건으로 하는 경우가 있다. 위원회에서 본회의에 부의할 필요가 없다고 결정된 조례안은 원칙적으로 본회의에 부의되지 않고 폐기된다.

(3) 조례안의 이송 및 공포 절차

조례안이 지방의회에서 의결된 때에는 의장은 5일 이내에 그 자치단체의 장에게 이송해야 한다. 지방자치단체의 장이 조례안을 이송받으면 이의가 없을 때에는 20일 이내에 이를 공포해야 한다. 조례안을 공포할 때에도 조례·규칙심의회의 의결을 거친다. 그러나 이의가 있을 때에는 20일 이내에 이유를 붙여 지방의회로 환송하고 재의를 요구할 수 있다. 이때 장은 조례안의 일부에 대해 또는 조례안을 수정해 재의를 요구할 수는 없다. 이러한 재의 요구가 있을 때에는 지방의회는 재의에 부쳐 재적의원 과반수의 출석과 출석의원 3분의 2 이상의 찬성으로 의결을 하면 그 조례안은 조례로 확정된다.

지방자치단체장이 조례안을 이송받은 후 20일 이내에 지방의회가 폐회되더라도 재의를 요구할 수 있으며, 의회 폐회 중에 제출된 재의는 회기 계속의 원칙에 따라 차기 의회에 계속된다. 지방자치단체의 장은 재의에 부쳐 재적의원 과반수의 출석과 출석의원 3분의 2 이상의 찬성으로 의결·확정된 조례와 20일 이내에 공포나 재의 요구를 하지 아니하여 확정된 조례를 지체없이 공포해야 한다. 지방자치단체의 장이 의회로부터 확정된 조례안을 5일이 지나도록 공포하지 아니할 때에는 지방의회 의장이 이를 공포하도록 규정되어 있다.

지방의회에서 의결된 조례안이 법령에 위반되거나 공익을 현저히 해한다고 판단될 때에는 시·도 조례안에 대해서는 안전행정부 장관이, 시·군·자치구 조례안에 대해서는 시·도지사가 재의를 요구하게 할 수 있다. 이때에 재의 요구를 받은 지방자치단체의 장은 지방의회에 이유를 붙여 재의를 요구해야 한다. 이 요구에 대해 재의 결과 재적의원 과반수의 출석과 출석의원 3분의 2 이상의 찬성으로 같은 의결을 하면 조례안은 확정된다. 재의결된 사항이 위법하다고 판단될 때에는 지방자치단체의 장은 재의결된 날로부터 20일 이내에 대법원에 소(訴)를 제기할 수 있다. 이 경우 필요하다고 인정될 때에는 그 의결의 집행을 정지하게 하는 집행정지 결정을 신청할 수 있다.

절차	세부 사항	보충
발의 의결	• 재적의원 1/5 이상 또는 의원 연서 • 지방자치단체의 장, 위원회 • 재적 과반수의 출석과 출석 과반수의 찬성	• 가부 동수 의결 - 조례안 폐기 • 피전 홀(Pigeon hole) - 위원회의 조례안(안) 폐기 • 위원회 해임: 7일 이내 의장, 의원 1/3 이상 요구(지방자치법 제61조) • 회기 계속의 원칙: 폐회시에도 재의 요구 가능 • 재의결 위법 - 지자체장이 대법원에 제소 • 재의결된 후 지자체장이 공포하지 않으면 의장이 공포
이송 공포 재의 요구 재의 의결 및 공포	• 의결 후 5일 이내(의장→자치단체장) • 20일 이내 • 20일 이내 이유 첨부, 재의 요구 • 재적의원 과반수 출석과 출석의원 2/3의 찬성 • 조례로 확정 • 5일 이내	
효력 발생	• 특별한 규정이 없는 한 공포한 날로부터 20일	

(4) 조례의 효력 발생

조례는 특별한 규정이 없는 한 공포한 날로부터 20일을 경과함으로써 효력을 발생한다. 다만 지방자치단체장이 의회로부터 이송받은 조례안을 20일 이내에 공포도 하지 않고 재의 요구도 하지 아니하는 경우에는 그 조례안은 조례로서 확정된다. 따라서 주민에게 이해관계가 없고, 다만 자치단체의 기관 내부 사항을 규율하는 조례는 공포 기일(20일)과 효력 발생 기일(20일)이 경과함으로써 당연히 효력을 발생한다. 그러나 주민의 권리·의무 또는 이해관계에 관한 조례는 공포되어야만 주민들이 알 수 있으므로 반드시 공포해야 하며, 자치단체의 장이 공포하지 않으면 지방의회 의장의 공포로 효력을 발생한다.

2 규 칙

1) 규칙의 의의

(1) 개념

규칙(規則)이란 지방자치단체의 장이 법령 또는 조례가 위임한 범위 내에서 그 권한에 속하는 사항에 관해 제정하는 자주법으로서, 고유사무와 단체위임사무뿐만 아니라 기관위임사무까지도 규율 대상에 포함된다.

(2) 분류

첫째, 효력을 기준으로 법규적인 것, 단순히 행정규칙적인 것으로 나눈다.

둘째, 제정 근거를 기준으로 법령 또는 조례의 위임에 의해 제정되는 것, 직권에 의해 제정되는 것(직권 규칙)으로 나눈다.

셋째, 제정 의무를 기준으로 제정을 필수적으로 하는 것, 제정을 임의로 하는 것으로 나눈다.

넷째, 규정 사항을 기준으로 규칙으로서만 제정될 수 있는 사항에 관한 것, 조례로서도 제정될 수 있는 사항에 관한 것으로 나눈다.

다섯째, 대상사무를 기준으로 단체의 사무(고유사무와 단체위임사무 포함)에 관한 것, 기관위임사무에 관한 것으로 나눈다.

(3) **규칙으로서 제정할 수 있는 사항**

① 주민의 권리 또는 자유를 제한하는 것

② 지방자치단체의 내부조직이나 사무 처리에 관한 것

③ 개개의 행정 내용에 관한 것

2) 규칙의 한계

첫째, 규칙은 벌칙을 인정치 않고 있다. 규칙이 위법 또는 부당하다고 인정할 때 감독관청은 이를 취소 또는 정지할 수 있다. 둘째, 규칙은 법령 또는 조례의 개별적인 위임이 없는 한 주민의 권리 의무에 관한 사항을 제정할 수 없다. 셋째, 시장·군수가 제정하는 규칙은 도의 조례나 도지사가 제정하는 규칙에 위반해서는 안 된다. 넷째, 규칙은 법령 및 그 제정을 위임한 조례에 위반해서는 안 된다.

3) 규칙의 제정 절차

① 제안 → ② 심사(대상 . 범위 . 방법의 결정) → ③ 심의(관계 기관과의 이견 조정) → ④ 서명(제정권자의 서명, 직인·일자 명기) → ⑤ 보고(공포 예정 15일 전) → ⑥ 공포(관보 또는 신문에 게재) → ⑦ 효력 발생(공포일로부터 20일 경과)

3 조례와 규칙의 관계

조례와 규칙은 일반적 의미에서 효력이 동등하다. 하지만, 양자의 내용이 서로 저촉될 때에는 조례가 우선한다. 조례로 규정할 사항인지, 규칙으로 규정할 사항인지가 명확하지 않을 때는 어느 것으로도 규정이 가능하다. 조례로 규정할 사항을 규칙으로 규정한다든지, 규칙으로 규정할 사항을 조례로 규정하면 무효이다.

4 자치법규 효력의 한계

1) 시간적 한계

조례와 규칙은 특별한 규정이 없으면 공포한 날로부터 20일을 경과함으로써 효력을 발생하며, 공포라 함은 당해 자치단체의 공보나 신문에 게재 또는 게시하는 행위를 말한다. 자치법규도 소급 금지의 원칙과 신법 우선의 원칙이 성립한다.

2) 지역적 · 대인적 한계

자치법규의 효력은 지방자치단체의 구역 안에서만 인정된다. 속지주의 원칙으로 그 지역 안의 모든 사람에게 적용되고 자치단체의 구역 안에 주소를 가진 주민은 물론 그 구역 내에 거소를 가진 자, 일시 체류하는 자, 재산을 소유하거나 영업소를 가진 자에 한해서만 효력을 가진다.

3) 기초자치단체의 조례 · 규칙의 한계

지방자치법은 시 · 군 및 자치구의 조례나 규칙은 시 · 도의 조례나 규칙에 위반해서는 안 된다고 규정하고 있다. 그러나 이것은 지금까지 지방자치가 실시되지 않은 상황 속에서 시 · 군을 도의 하급기관으로 잘못 인식해 입법한 것으로 자칫 기초자치단체의 자치입법권을 침해할 위험성이 있다.

제 3 절 자치조직권

지방자치단체가 자기의 조직을 자주적으로 정하는 권능으로서 광의의 자치행정권에 포함되는 자치권의 일종이다. 이러한 자치조직권은 지방자치의 전통이 오래된 영 · 미 등 국가에서는 비교적 폭넓게 인정되어 있지만, 대륙계의 대표국인 프랑스와 같은 국가에서는 상당히 제한된 범위에서만 이를 인정한다.

지방자치의 역사가 짧은 우리나라의 경우에도 중앙정부에 의한 통제의 과다성으로 인해 자치조직권은 매우 협소한 실정에 있다. 그러나 1994년 개정된 지방자치법에서는 자치조직권의 범위가 다소 확대되었으며, 현재 인정되고 있는 자치조직권의 대표적인 예를 들면 다음과 같다.

1 지방자치법상 규정 사항

1) 조례 사항

① 조례로 정하는 사항 : 리(里)구역의 변경과 폐치 · 분합, 행정리 · 동의 설치 및 하부조직, 지방의회 위원회의 설치 · 운영 · 사무처. 국의 설치 및 소속 직원의 정수

② 대통령령이 정하는 바에 의해 조례로 정하는 사항: 도지사 2인 중 지방정무직 또는 별정직 부지사의 자격 기준, 자치단체 행정기구(보조기관)의 설치, 지방공무원의 정원, 직속기관 · 사업소 및 출장소의 설치

③ 감독관청의 승인을 얻어 조례로 정하는 사항 : 자치구가 아닌 구와 읍 · 면 · 동의 구역 변경 및 폐치 · 분합과 하부행정기구의 설치, 자치단체의 사무소 소재지 변경

④ 법령 또는 조례로 정하는 사항 : 지방자치단체에 두는 합의제 행정기관의 설치 및 운영

2) 조례 또는 규칙 사항

사무의 위임, 위임사무의 재위임, 공무원의 임면 · 복무 등 하급행정기구의 설치

3) 회의규칙 사항

지방의회 의원의 징계에 관한 사항, 방청인에 대한 단속, 의회의 운영에 관한 사항

2 지방교육자치법상 규정 사항

1) 조례 사항

① 조례로 정하는 사항: 교육위원회 사무국의 설치 및 사무국 직원의 정원

② 대통령령이 정하는 바에 의해 조례로 정하는 사항: 교육위원 활동비 지급 기준

2) 교육조례 또는 규칙 사항

교육감의 보조기관과 교육기관 및 하급교육행정기관에 두는 지방공무원의 정원

3) 교육위원회 회의규칙 사항

교육위원의 징계에 관한 사항, 교육위원회의 회의에 관한 사항

3 기타 규정 사항

지방자치단체의 구역을 변경하거나 폐치·분합할 때에는 법률로 정하고, 시·군·자치구의 경계를 변경할 때에는 대통령령으로 정하되, 이때에는 관계 지방의회의 의견을 들어야 한다. 지방자치단체 분쟁조정위원회의 구성 및 운영에 관해 필요한 사항은 대통령령 또는 조례로 정하고, 지방자치단체의 공공시설 설치·운영에 관한 법령에 규정이 없는 경우에는 조례로 정한다.

제 4 절 자치행정권

1 의 의

자치행정권이란 지방자치단체가 자기의 독자적 사무를 가지고 원칙적으로 국가의 관여 없이 그 사무를 자주적으로 처리할 수 있는 권능을 말한다. 여기에서 자치단체의 독자적 사무란 바로 자치사무를 의미한다. 지방자치단체가 구체적으로 수행할 사무에 대해서는 자치단체가 그 재량으로 결정함이 원칙이나 때로는 법률상으로 사무처리의 의무가 부과되는 경우도 있다. 전자를 수의적 자치사무라 하고, 후자를 필요적 자치사무라고 한다.

2 사무 구분

수의적 사무를 예로 들어 보면 도서관, 초등학교 이외의 각종 학교의 설치·운영, 농가 부업 장려 등이 있으며, 필요적 사무를 보면 초등학교, 오물처리 사무, 하천관리

사무, 소방사무, 상·하수도 사무, 예방접종 사무 등이다.

제 5 절 자치재정권

1 의 의

지방자치단체가 자기 사무를 수행하는 데 필요한 경비를 충당하기 위해 중앙정부의 간섭을 받지 않고 자주적으로 그 재원을 조달·관리하는 기능을 의미하며, 자치재정권이란 자치단체가 필요로 하는 재원을 스스로 확보해 자주적인 판단과 결정으로 그것을 사용할 수 있는 것을 말한다. 지방자치의 실질을 보장하기 위한 핵심적 요건으로 그 성질에 따라 크게 재정 권력작용과 재정 관리작용으로 나눌 수 있다.

2 재정 권력작용

1) 의의

지방자치단체가 독립적 행정 주체로서의 권능을 보장하는 데 뒷받침되는 재원을 획득하기 위해 자치권에 의거해 주민에게 명령·강제하는 권력적 기능을 말한다.

2) 구체적인 내용

지방세의 부과징수권, 사용료·수수료 등의 결정 징수권, 기타 재정하명, 재정 강제, 즉 지방세 체납처분과 같은 재정상의 강제집행과 재정상의 즉시강제, 재정벌(과료 벌금), 작위·부작위 또는 수인 의무 명령권 등을 들 수 있다.

3 재정 관리작용

1) 의의

자치단체가 비권력적 수단으로 재산의 관리(물가회계)와 수입 · 지출의 관리(예산 및 현금회계)를 담당해야 함을 의미한다.

2) 내용

자치단체의 독자적 예산편성권, 자치단체가 국가와의 관계에서 적정한 사무배분을 기초로 하여 적정한 경비 부담의 구분이나 재원 배분을 보장받을 권리, 지방세 조례에 의한 자주적 과세권, 자주적 기채권, 자치단체의 재산관리권, 공기업경영권, 기금 설치권 등이 있다.

제3편

지방자치와 주민

제1장 주민참여
제2장 주민통제
제3장 대민홍보
제4장 주민에 대한 행정지도

제 1 장 주민참여

제 1 절 주민참여의 의의 및 필요성

1 주민참여의 개념 및 특성

1) 주민참여의 개념

1960년대 초반에 이르러서 참여(participation)라는 용어는 보편적이고 일반적인 정치어의 하나가 되었는데, 영국에서 참여의 이념은 기획에 관한 스케핑턴위원회(Skeffington Committee)의 보고서에 의해 공식적 권위를 부여받았으며, 프랑스에서 참여는 드골이 국민통합을 위해 부르짖은 최후의 외침의 하나였다. 미국에서도 연방정부는 참여를 위해 빈곤퇴치계획에 관련자의 가능한 최대의 참여를 보장하기 위한 규정을 포함시켰다.

2) 주민참여에 관한 학자들의 견해

앨퍼드(R. R. Alford)는 참여란 정치결정에 미치는 영향력의 정도를 가리키는 개념이라고 했으며(1969: 9), 버바(S. Verba)는 주민참여를 공권력이 부여되지 않은 일반시민이 정책결정 과정에 참여하고, 공적 권한이 주어진 사람들의 행위에 영향을 끼칠 의도로 정책결정 과정에 참여하는 것이라고 정의한다(Verba & Nie, 1972: 1972:

2-3). 아른슈타인(S. R. Arnstein)은 주민참여를 영향이라기보다는 완전한 관리적 통제 측면을 강조하고 있는데(1969: 216), 주민참여를 정보의 배분, 목표와 정책의 형성, 자원의 배분과 사업의 집행 등을 어떻게 할 것인가를 결정하는 과정에 참여하지 못한 사람들을 위한 한 전략이라고 규정하고 있다. 벤스(C. Bens)는 버바와 아른슈타인의 중간 견해를 취해 주민참여란 정책결정에 어떤 통제를 가하기 위해 지역사회의 선거인단과 비선거인단을 초청하여 민주주의 과정에 참여하는 한 구성 요소라고 정의를 내리고 있는데 주민참여에 대한 이들의 견해는 매우 유사한 것으로 볼 수 있다. 영국의 스케핑턴 위원회의 보고서에서는 참여한 정책이나 제안의 형성에 관여하는 행위라고 정의하고 있다. 아일랜드(L. C. Irland)는 주민참여를 "갈등관리를 위한 도구"로서 의사결정에서 주민관여(citizen involvement)를 실현하기 위한 대체적 구조로 파악하고 있다. 커닝햄(J. V. Cunningham)은 주민참여의 3요소로 일반 소인(common amateur), 권력(power), 결정(decision)을 들고 있다(1972: 595).

3) 주민참여의 특성

첫째, 주민참여란 행정의 정책결정 과정에 대해 영향을 미치고 관여하는 행위이다.

둘째, 주민참여는 정책결정 과정에 대한 명백하고도 직접적인 접근을 의미한다.

셋째, 주민참여는 추종이나 맹종 및 포섭이 아닌 자율적 참여이며, 주민이 주체성을 가지고 참여하는 것이다.

넷째, 정책결정자에 대한 참여자의 접근·영향의 정도가 높아질수록 정책결정에 대한 참여자의 관계가 확대되고, 공동결정이 이뤄질 가능성이 많아지는 특성이 있다.

2 주민참여의 필요성

행정수요와 배분의 결정 과정에 주민을 참여시킴으로써 그들의 협조와 지지를 받아 지방자치행정의 효율적 집행을 도모할 필요성이 높아지고 있다.

첫째, 행정의 전문화·재량권의 확대 등으로 입·사법통제가 약화되어 행정의 주민통제가 어렵게 됨으로써 주민참여의 필요성이 높아졌다.

둘째, 의회는 주민에 대한 공약의 실현을 위해 전문가집단인 관료제에 의존할 수밖에 없으며, 이로 인해 주민대표성보다는 권력에의 포획 현상이 야기되었다.

셋째, 급격한 사회 변동과 함께 일반 주민은 시급한 사회문제의 해결이의 필요했으며, 이러한 과정에서 주민 이익의 보장을 위해서는 참여가 불가피해졌다.

넷째, 지역주민의 소외감을 극복하고 주체성을 회복하며, 나아가서 행정의 사회적 형평성을 확보할 필요가 있으며, 자치단체는 지역 개발을 추진할 때 이에 직·간접으로 관계되는 주민들을 참여시킬 필요가 있다.

다섯째, 정부의 일방적인 규제 방식으로 환경 보호·공해 방지 등을 추진하기보다는 이의 직접 영향을 받는 지역주민을 문제 해결에 참여시킴으로써 이들의 이해와 협력·지원 등을 받고 또한 압력단체의 역할을 하게 할 필요가 있다.

행정기관 입장에서 주민참여의 필요성	주민 입장에서 주민참여의 필요성
① 주민 협조의 확보	① 주민 주체적 행정통제의 실현
② 행정 수요의 정확한 파악	② 행정의 책임성 확보
③ 정책의 질 향상	③ 주민 이해의 조정과 주민 협동의 증진

3 주민참여의 한계

첫째, 주민참여는 기존 정책구조의 변동을 초래하게 되므로 행정기관 내부로부터 저항을 받게 된다.

둘째, 진정한 민의를 파악하기 위해 소극적·잠재적인 참여자도 고려되어야 하는데, 그렇지 못한 경우가 많아서 오히려 공평성·대표성을 약화시키고 있다.

셋째, 주민참여는 일반적으로 반대나 저항 등 부정적 입장에 그치고 적극적으로 정책대안을 제시하지 못하는 이른바 행정의 전문화에는 기여하지 못한다.

넷째, 무관심과 과도한 활성화가 동시에 초래됨으로써 지도에 공백을 빚기 쉽다.

다섯째, 주민참여는 권력·자원의 재분배를 위한 효과적 수단이 될 수 있으므로 불리한 입장의 계층은 반발하게 되며 곧 지역이기주의(NIMBY)로 이어질 수 있다.

여섯째, 대부분의 주민은 투표권 행사 이상으로 공공정책의 형성 과정에 적극적으로 참여하기를 원치 않는 이른바 심리적 요인도 큰 한계로 지적된다.

제 2 절 주민참여의 기능과 단계

1 행정관리적 기능

1) 정보 기능

정보 전달은 자치단체의 계획 수립 과정에 주민이 그들의 의사와 요구를 관철시킬 수 있는 기회를 갖게 하며, 자치단체의 예정된 계획 과정을 주민에게 홍보할 수 있게 한다. 정보 확산을 위해 유용한 주민참여의 방법은 공청회, 시정(군정)보고서, 대중전달 매체(mass media)의 이용 등을 들 수 있다.

정보 수집은 주민의 정확한 여론 파악에 기여하며 정책이나 계획을 수립하는 데 매우 중요한 기능을 한다. 정보는 대체로 주민의 반응과 태도, 요구 사항, 불만 등을 조사하는데, 정보 수집의 방법에는 여론조사, 자문회의, 각종 위원회, 공청회, 현지조사 등 다양한 방법이 사용된다.

2) 주민의 이견 및 이해 조정 기능

단순히 행정 주체와 주민 간의 문제를 해결하는 데에만 유용성이 있는 것이 아니고, 주민 간의 이해관계나 의견의 상충 · 대립을 조정하는데 그 중요성이 있다. 도시화가 급속히 진전되고 사회 · 경제의 발달로 지역사회가 점차로 복잡화 · 이질화 · 다양화함에 따라 이해관계나 의견 대립이 날로 심각해지고 있으며, 이는 곧 지역이기주의로 연결됨으로써 조정이 매우 곤란하게 되었다. 따라서 지방자치단체가 주민의 적극적인 참여를 통한 문제 해결에 그 터전을 마련하는 역할이 모색되어야 한다.

3) 주민에의 접근 기능

주민에의 접근은 자치단체가 개별적 · 체계적으로 주민과 주민조직에 접근해 주민이 지방자치단체와의 접촉에서 갖는 물리적 사회 · 심리적인 장애 요인을 정확히 파악해 문제점을 해결해 가는 데 취지가 있다. 또한 주민과 지방자치단체 간의 상호작용 빈도가 많아지고, 규칙적인 대화를 통해 행정 서비스의 질을 향상시킬 수 있는 기회도 제공하는 기능을 한다.

4) 결정에의 관여 기능

지방자치단체의 계획 및 정책결정 과정에 주민 및 주민조직의 참여를 원활하게 하기 위해서는 모든 정책결정에 주민의 참여의 길을 열어 놓아야 한다. 다시 말하면 관여기능을 통해 지역사회의 발전에 직·간접적으로 영향을 미치는 정책결정, 목표·수단의 연쇄 체계의 작성 및 새로운 계획의 입안이나 폐기 과정에 주민이 관여할 수 있는 배려가 필요하다. 관여 기능은 지역계획에 대한 주민의 승인 및 동의를 통해 행정 과정을 합리적으로 이끌어내기 위한 지지 확보를 위해 꼭 필요하다. 또한 과정에 대한 지지를 확보하는 데도 필요하다.

2 정치적 기능

1) 간접민주주의제도의 보완 기능

주민참여는 주민투표·주민발안·주민소환제도와 같은 직접청구제도와 다르다. 즉 주민대표성을 가진 간접민주제하에서는 주민의 권리가 침해될 경우 이를 보완할 수 있는 제도인데 반해, 주민참여는 언제든 직접 실현할 수 있는 것이다. 그러나 양자는 모두 간접민주주의의 기능이나 역할이 약화되었을 때 보완적 기능을 수행한다는 의미에서는 유사점이 있다. 다시 말하면, 민주주의 정치제도하에서 주민참여는 간접민주제가 그 기능을 제대로 수행하지 못한다고 할지라도 이에 대체하고 그러한 제도를 폐지할 수 있다는 의미가 아닌 간접민주제를 보완 내지 시정함으로써 그 기능을 좀 더 효율적으로 수행할 수 있게 하려는 데에 목적이 있다.

2) 행정책임 기능

행정책임은 주민들이 지방자치단체의 행정 서비스 제공에 대해 어느 정도 만족하고 있는지를 측정·평가하고, 주민과 지방자치단체 간의 약속과 그 이행 결과가 일치하는가를 말한다. 행정책임을 보장하기 위해서는 정책·계획의 집행과 그 운용이 지역사회 전체에 미치는 영향을 정확히 측정·평가하는 수단이 마련되어 있어야 한다. 행정책임 기능은 행정기관 내부의 사무 처리가 계획대로 지켜지도록 함과 동시에 외부 주민참여의 필요성을 인식시키는 데 이용될 수 있다.

3) 행정의 독선화 방지 기능

이것은 행정이 고도로 전문화 · 기술화 · 복잡화가 진행됨에 따라 지방행정의 독선화 내지 반주민의사화(反住民意思化) 경향이 심화되는 것을 막자는 억제 기능을 말한다. 이는 지역사회가 복잡화 · 이질화 · 다양화함에 따라 행정의 질적 변화와 양적 확대는 행정 수요를 변화시키고 이것으로 인해 행정의 전문화 · 기술화가 촉진된다. 그러나 일반 주민은 이에 대한 전문지식이나 기술을 가지고 있지 못하기 때문에 행정을 이해할 수 있는 능력이 부족했으나 주민참여로 인해 일반 주민일지라도 행정의 전문 분야에 관심을 갖도록 하고 계속해서 공무원과 대화하며 교섭해서 고도의 전문적 지식이나 이론을 이해할 수 있으며 터득할 가능성이 있기 때문이다.

3 주민참여의 단계

주민이 정책결정 과정에 참여하는 과정은 정책결정 자체가 각 단계의 과정을 중시하기 때문에 주민의 참여 내용과 방법도 다양하다. 주민참여의 단계를 연구한 대표적인 것으로 아른슈타인(S. R. Arnstein)의 모형을 들 수 있다(1969: 216-224).

아른슈타인은 주민참여의 형태를 미국 도시사회의 현실적 분석을 토대로 여덟 가지 단계로 나누어 설명하고 있는데, 그러한 구분은 여러 가지 사실의 단순화에 지나지 않지만, 주민참여 단계를 설명하는 데에 유용하다.

1) 비참여 단계

① 조작(manipulation), ② 치료(therapy) 단계는 주민참여가 이뤄지지 않은 단계를 보여 준다. 이 두 단계의 목표는 계획 입안이나 실행에 주민을 참여시키는 데 있는 것이 아니라 주민을 계몽 · 교도 · 치료하는 데 있다.

2) 명목상 참여 단계

③ 정보 제공(informing), ④ 상담(consultation), ⑤ 회유(placation)의 특징은 비록 주민의 의사가 표명 · 타진된다고 해도 정책결정이나 시행 여부의 최종적인 결정권은 행정 당국이 가지고 있어 실직적인 주민참여가 아닌 명목상의 단계라는 점이다.

3) 주민 권력 단계

⑥ 협동 관계(partnership), ⑦ 권한위임(delegated power), ⑧ 주민통제(citizen control)는 기존의 권력 보유자(또는 기관)와 협상하는 과정을 통해 주민들이 대부분의 정책결정을 할 수 있는 요직이나 지배권을 획득·행사하는 주민 주도의 단계이다.

아른슈타인은 이상의 8단계 각각에 대해 구체적 사례를 제시하며 설명한다.

첫째, 조작(manipulation) 단계이다. 행정과 주민 간의 협동 관계를 맺는다는 사실 자체에 의의를 인정할 수 있는 단계로서 관료들이 일방적으로 주민을 교육·설명·계도하거나 일방적인 지시나 전달을 할 뿐이고 주민은 초대에 응하고 참석하는 것만으로 만족하는 수준의 단계이다.

둘째, 치료(therapy) 단계이다. 이는 주민의 무력함을 주로 사회사업의 기술론적 접근을 통해 치료하려는 단계로 하급 아파트 주민들에게 '아동관리'나 '청소운동' 등을 전개하려는 것과 같이 행정의 일반적 지도에 끝나는 단계이다.

8단계의 주민참여 과정

⑧	주민통제(citizen control)	⇒ 주민 권력 단계 (degree of citizen power)
⑦	권리위임(delegated power)	
⑥	협동 관계(partnership)	
⑤	회유(placation)	⇒ 명목상 참여 단계 (degree of tokenism)
④	상담(consultation)	
③	정보 제공(informing)	
②	치료(therapy)	⇒ 비참여 단계 (non participation)
①	조작(manipulation)	

셋째, 정보 제공(informing) 단계이다. 정보 제공은 행정에서 주민으로 통하는 일방적인 것이며 환류나 협상 능력은 없다. 전달 수단은 일방적 제공 방법인 대중통신수단, 소책자·포스터·문의에 대한 단순 반응 등의 형태를 취한다.

넷째, 상담(consultation) 단계이다. 이는 주민의 의사 타진, 태도 조사, 공청회 등의 방법에 의해 주민에게 정보를 제공해서 행정에 참여토록 유도하고 있으나 행정 측면에서 본 성과는 많은 주민이 회합에 참석했고, 요구된 과정을 거쳤다는 명목상의 참여에 그치는 단계이다.

다섯째, 회유(placation) 단계이다. 아직 명목상의 참여임은 분명하지만, 이 단계에서는 주민이 약간의 영향력을 행사할 수 있다. 주민들의 광범한 참여가 각종 위원회를 통해 이뤄지고 의견의 제시가 권고되나 의견의 합법성과 실행가능성의 판단 권한은 행정기관에 있다. 이 단계에서 주민들은 광범위하게 참여하긴 하지만 행정측이 주민들을 회유하기 위해 결정한 것이기에 주민들은 혜택을 얻지 못한다.

여섯째, 협동 관계(partnership) 단계이다. 시의회가 최종 결정권을 가지고 있지만 주민은 필요하다고 판단될 경우 이에 맞서 그들의 주장을 협상으로 이끌어갈 만큼 충분히 강하다.

일곱째, 권한위임(delegated power) 단계이다. 주민의 권한이 계획 실시에 결정적으로 영향을 끼칠 만큼 강해 행정 당국은 문제 해결을 위해 주민을 협상으로 유도한다. 이러한 주민의 주도성은 미국 내 여러 도시에서의 도시건설 계획모형(model city planning)에서 찾아볼 수 있다.

여덟째, 주민통제(citizen control) 단계이다. 주민에 의한 완전자치를 뜻하는 것으로 주민은 그들의 권한이 단지 그들의 계획과 기관을 통제할 수 있는 정도이며, 외부세력이 그들 지역사회를 변모시키는 조건에 협상할 수 없다고 주장한다. 주민통제는 행정의 흑막을 없애고 선명하게 해 주긴 하지만 비용이 많이 들고 비능률적이며 전문화나 실적주의와 병행되기는 어렵다.

제 3 절 주민참여의 유형과 방법

1 주민참여의 유형

주민참여의 유형은 제도성의 유무에 따라서 비제도적 주민참여와 제도적 주민참여로 나눌 수 있고, 참여가 행정 과정 중 어느 과정에 참여하는 것인가에 따라서 행정과정에 따른 분류를 할 수 있으며, 참여의 주도권의 주체에 따라서도 분류할 수 있다. 또한 참여가 정치 과정에의 참여냐 행정 과정에의 참여냐에 따라서 행정 과정에의 참여와 정치 과정에의 참여로 나눌 수 있고, 참여의 대상인 사업의 종류에 따라서도 나눌 수 있다.

여기서는 이 중 제도성의 유무에 의한 구분을 주로 설명하고, 나머지는 간략히 서술하고자 한다.

1) 제도성에 의한 구분

행정정보의 공개, 주민과의 대화, 각종 간담회, 주민집회 등이 주로 행정적 측면을 중심으로 해서 규정된 주민참여 방식이라면, 정책형성이나 계획 결정에의 제언, 토의에의 참여, 정책의 실시를 위한 대화와 협력 등의 활동들이 주민적 측면에서 규정하는 주민참여 방식이다.

이 양자의 규정 방식에서 찾아볼 수 있는 특징은 행정적 측면이 주민참여를 제도의 문제로서 다루려는 것에 반해 주민적 측면은 운동의 문제로 인식하려 한다는 점이다. 주민참여라는 개념에는 제도와 운동의 양 측면이 포함되어 있다.

(1) 비제도적 주민참여(운동 형태에 의한 구분)

여기에는 '운동'과 '교섭'의 두 가지가 있다. 그러면 운동과 교섭의 차이점은 무엇인가? 아마도 어디까지나 비정형적인 데 비해 교섭은 쌍방의 대립이라고 하는 정형성을 띠는 것으로서 분리해 볼 수 있다. 운동의 경우는 상대방이 제시하는 가치와 관계없이 일방적으로 자기의 요구를 주장하는 것인데 비해, 교섭은 상대방이 제시하는 가치를 협상(bargain)을 통해 교환・거래하는 계산적 사고를 전제로 하는 점에서 다르다. 즉 운동과 교섭은 당사자 간의 이원적 대립 관계의 성립 유무와 교섭권의 제도적 보장의 유무에 따라 구별된다. 따라서 교섭은 제도화의 계기를 가지고 있다.

(2) 제도적 주민참여(영향력 정도에 의한 구분)

행정기관은 급격히 분출하고 있는 주민참여의 요구에 직면해 주민의 요구를 체제 내로 수렴하고 통합하기 위해 여러 가지 제도적인 장치를 강구해 대응책을 모색해오고 있지만, 실제적인 주민의 영향력의 정도는 여러 형태로 나타나고 있다.

이 중 기관기획참여(협조)와 자주관리(자치)는 기본형으로 제시될 수 있다. 기관기획참여는 주민대표가 기획담당기관에 직접 참여하는 것이며, 자주관리는 주민이 관리기구를 설치하여 운영하는 것이다. 주민참여가 제도화됨으로써 행정에 대해 좀 더 효과적인 통제를 기할 수 있으나 제도화된 주민참여는 주민 자신의 참여라는 성격을 잃게 된다.

버바(Sidney Verba)	① 비제도적 참여: 운동, 교섭 ② 제도적 참여: 협조, 자치(자주관리)

2) 주도권의 소재에 따른 구분

정책결정에 대한 영향력 또는 정책결정 절차와의 관계 등과는 별도로 주민과 행정과의 사이에 주도권(initiative)이 어느 편에 있는가에 따라서 분류할 수 있다.

(1) 주민 주도형

주민이 주도적인 역할을 담당하고 행정은 이를 받아들이는 모형으로, 참여문화가 발달한 일부 선진국에서 주로 보인다.

(2) 행정 주도형

전통적인 것으로 행정이 주도권을 행사하고 주민과는 수직적인 관계에 있는 모형으로, 후진국에서 주로 나타난다.

(3) 수평형

행정과 주민이 대등하고 수평적 관계에 있으면서 이상적인 의사소통이 이뤄지는 모형이다.

(4) 균형형

행정과 주민 간에 기업이나 의사회 등 제3의 집단이 개입해 서로 균형을 이루는 것으로, 가장 바람직한 모형이다.

3) 행정사업의 종류에 따른 구분

행정에 대한 주민참여는 제도성이나 주도권의 소재에 관계없이 그 참여 대상인 사업의 종류에 따라서 다음과 같이 나눌 수 있다.

(1) 장기계획 책정에 참여

지역의 장래상을 확정하고, 그 실현을 위한 모든 행·재정력을 결집하기 위한 지침으로 되는 장기계획에 주민이 참여하게 되는 형이다.

(2) 개발계획사업에 참여

개발계획은 지역사회에 커다란 변화를 가져오는 것이기 때문에 주민생활과 직결된다. 따라서 주민들이 납득할 결정을 얻기 위해 주민이 참여하게 되는 형이다.

(3) 특정 프로젝트에 참여

최근 많이 이용되는 지역사회 운영의 한 방식으로 특정 프로젝트에 주민을 참여시키는 형이다.

(4) 행정 감시활동에 참여

행정이 주민 다수의 의사와는 다른 방향으로 전개될 가능성이 있으므로 행정을 감시하기 위한 활동으로 주민이 참여하게 되는 형이다.

4) 행정 과정에 의한 구분

행정 과정의 어느 단계에서 참여하느냐에 따라 ① 정책 목표 설정에 참여, ② 사업계획 수립에 참여, ③ 사업계획 운영에 참여 등으로 나눌 수 있다.

5) 정치 · 행정 과정 참여에 의한 구분

이상에서 언급한 주민참여는 거의 모두가 행정 과정에의 참여이지만, 주민참여는 행정 과정에의 참여 외에도 정치 과정에의 참여가 있다. 정치 과정에의 참여는 주민총회제도 있었으나, 오늘날에는 의회제가 대부분이다.

6) 기타

(1) 랭턴의 참여 유형

랭턴(Stuart Langton)은 주민참여가 주민과 지방자치단체 중 어느 쪽에 의해 주도되고 통제되는가에 따라 주민 주도형과 행정 주도형의 주민참여로 대별하고, 이를 다

구분	내용
주민행동 (citizen action)	지방정부의 결정과 유권자의 결정에 영향을 미치고자 주민에 의해 주도되고 통제되는 방식으로 여러 형태의 주민운동이 이 유형에 속한다.
주민관여 (citizen involvement)	일정한 행정 목적을 달성하기 위해 지방자치단체에 의해 주도되고 통제되는 방식으로 공청회, 자문위원회, 여론조사 등이 여기에 속한다.
선거 참여 (electoral participation)	주민이 선거를 통 해 자치행정을 통제하는 방식으로 여기에는 대표의 선거와 특정 문제에 대한 주민투표가 포함된다.
의무적 참여 (obligatory participation)	법률에 의해 참여가 강제되고 있는 방식으로 납세, 배심, 종군의 의무 등이 이 유형에 속한다.

시 네 가지로 유형화했다.

(2) 자생적 참여와 의도적 참여

자생적 참여	의도적 참여
구조화, 조직화되지 않은 소규모 집단	다소 구조화, 조직화된 더 중요한 규모의 집단
은연중의 참여	의식적인 참여
비전문화된 참여	전문화된 참여
참여활동 자체가 목적	참여는 목적 실현을 위한 수단
참여자들을 인간으로 인식	직위에 부여된 역할을 따라 참여자 인식
자기통제의 미약	참여자의 자기통제
제약 없는 자유	자유에 대한 일정한 제약
공식화되지 않은 관습, 의식이 행동을 지배	관습과 의식은 규칙 또는 법령에 공식화
일정한 지도자가 없음	권한위임에 의한 지도자 존재

(3) 짐머만의 주민참여 유형

짐머만(J. F. Zimmerman)은 참여자의 자발성을 기준으로 주민참여를 수동적 참여(passive form)와 능동적 참여(active form)로 분류한다.

수동적 참여는 행정기관으로부터 정보를 제공받아 공직자 또는 정책에 대해 지지적인 입장을 갖는 등 소극적 행위 또는 태도를 취하는 것으로 정책홍보를 위한 모임에의 참가, 방송의 청취 등을 예로 들 수 있다.

반면 능동적 참여는 주민 스스로 능동적으로 행정, 정치 과정에 참여하는 것으로 공청회, 각종 위원회, 주민발의, 주민투표, 주민소환, 자원봉사 등이 대표적 예이다.

2 주민참여의 방법과 수단

1) 주민참여의 방법

(1) 직접참여

주민이 직접 참여하는 방법은 우선 지역적으로 하위 단위(neighborhood)나 지역의 공간적 범위(geographical area)가 한정되어 있는 소규모 농촌 마을에서만 가능한 방법이다. 영국의 Parish Meeting이나 스위스의 주민총회제도가 대표적 형태이다.

주민 모두가 쉽게 문제점에 접근할 수 있으며, 주민 개개인의 역할이 중요하며, 대표를 뽑아 간접 방식에 의해 참여하는 경우보다 쉽게 행동으로 옮길 수 있으며, 지역주민의 전체 참여를 유도할 수 있는 이슈로서 교육, 고용, 복지, 위락 등 주민의 일상생활과 직결되고 이해관계가 깊다는 장점이 있다. 하지만, 대도시나 인구 1,000명 이상의 도시 규모에는 비능률적이기 때문에 적용하기 곤란하며, 도시민의 주거지와 직장이 이원화됨에 따라 소규모의 자치단체에 속해 있으면서도 참여의식이 희박해져서 지역사회(community)에 대한 소속감이 약할 수 있다는 단점이 제기된다.

(2) **간접참여**

대표자를 선출해 간접 참여하는 방법은 지역의회나 각종 위원회 등이 있는데, 이것은 지역 단위가 크고 주민의 개인 참여가 불가능할 때 많이 활용된다. 이 방법을 채택할 경우의 문제점은 다음과 같다. 첫째, 주민대표자가 그들이 대표하는 주민단체를 어떻게 결정할 것인가의 문제이다. 지역 이익단체 가운데 어느 것이 주민들이 인정할 수 있는 공식집단이며, 대표자를 어떤 방법으로 선출하느냐 하는 문제들이 결국 간접참여의 효율성을 좌우할 수 있다. 둘째, 지역단체들이 전반적이고 포괄적인 목표에 합의할 수 있지만 막상 구체적인 문제에 돌입하면 대표와 지역집단 간에 마찰이 있을 수 있다. 셋째, 지역주민 중 무관심집단이나 서민계층을 대표로 뽑아 참여시킬 경우 문제가 발생할 수 있다. 이들 집단이 공식적으로 인정된 대표에게 불만과 반감의 표시로서 새로운 비공식집단을 조직해 스스로의 이익을 대표할지도 모른다.

(3) **공개참여**

지역주민들이 그들의 문제와 공동관심사를 원만하게 해결하기 위해 비공식적인 방법에 의해 모이는 것을 말한다. 이 방법은 처음 몇몇 주민에 의해 비공식적 절차를 밟아 시작되어 관심 있는 주민들만이 자발적으로 참여하는 형식으로 이뤄진다.

공개참여도 이슈가 분명하고 토론의 쟁점이 정당하다고 생각될 때는 당초의 비공식모임이 점차 공식적인 참여 방식으로 전환될 수도 있다. 이러한 사례는 흔히 볼 수 있는 것으로, 대도시 행정에서는 처음부터 하향식 공식집단(top-down organization)을 조직해 대표를 뽑아 참여시키는 것보다 이와 같은 상향적 조직(bottom-up formation)을 통해 주민을 참여시킴으로써 더욱 효과적으로 운영될 수가 있다.

그뿐만 아니라 이 공개참여 방식은 관심 있는 사람 모두에게 참여의 길이 열려 있고, 개개인 스스로 독자적인 행동을 할 수 있기 때문에 행동 결정이 쉽고, 문제 해결에 기민하게 대처할 수 있는 장점이 있다.

2) 주민참여의 수단

(1) 주민협조적 참여수단

① 민원모니터제도

민원모니터(monitor)제도는 주민의 의견과 애로를 수렴하기 위하여 실시되는 제도로 공개모집 또는 추천의 방식에 의해 모집된 민원모니터요원들이 주민의 광범위한 의견을 수집하여 시정에 제시하는 방식으로 참여하게 되는 것을 말한다. 모니터요원들은 서면, 전화, 방문, 면담 등을 통하여 주민의견, 불편 및 고충사항, 행정에 대한 건의, 조언, 설문조사 등을 담당하며, 주민들의 민원을 신속하게 반영하는 매개기능과 함께 잠재적인 민원을 적극적으로 발굴하는 창조적 기능을 가진다. 또한 주민들을 민원모니터에 임명함으로써 주민들 스스로 행정에 참여할 수 있는 기회를 제공함과 동시에 주민들이 행정을 경험하고 인식하는 학습기능을 지니고 있다는 점에서 주민자치 행정에 일조할 수 있는 제도이다.

② 주민 간담회

주민간담회는 일명 설명회라고도 하며, 시정(市政)의 방향설정과 정책추진에 앞서 주민들에게 그 취지를 설명하고 이해를 구하는 절차이다. 주민들과의 의견교환을 통해 행정에 대한 주민의 이해를 구하고, 나아가 주민들의 의견과 견해를 청취하여 행정에 반영하는 쌍방향 행정(two-way administration)의 수단이라 할 수 있다(이달곤 외, 2012: 101). 주민간담회 또한 일부 주민을 동원하는 측면과 지방자치단체의 실적을 홍보하는 기능에 한정되고 있다는 비판이 제기되기도 한다.

③ 주민 공청회

지방정부의 주요 정책현안에 대하여 주민의 다양한 의견을 수렴하기 위한 정책토론회의 일종인 공청회는 계획수립을 위한 방침과 기준 등을 논의하여 계획을 수립하는 것을 말한다. 공청회는 계획의 실효성을 확보함과 동시에, 계획이나 정책의 결정과정에서 이해관계 주민과 자치단체의 의견을 교환하여 적절한 대안을 제시해 주는 기능을 수행한다는 장점이 있다. 하지만 우리나라의 공청회는 정책의 골격을 형성한 다음 최종적으로 결정하기에 앞서 주민홍보 및 의견개진의 수단으로 이용되며, 주민의견의 반영여부는 전적으로 행정기관이 주도한다는 점, 공청회의 참여자격과 범위가 제한되어 있지는 않지만 장소의 협소성 등으로 인하여 이해관계 집단을 비롯한 일부 주민을 제외하고는 참여율이 저조한 것은 문제점이다.

④ 자원봉사제도

행정서비스의 제공에 있어서 자발조직(voluntarian organization)을 이용하는 것으로 자발적 주민조직의 협조를 받아 주민의 일상생활과 직결된 행정서비스를 제공하는 것을 말한다. 이를 통해 지방자치단체의 인적・재정적 부담을 감소시킴과 동시에 주민들의 참여와 경험을 통해 시정에 대한 이해를 높일 수 있는 장점이 있다. 나아가 주민들의 창의성과 학습능력을 높여 주민의식을 제고시킬 수 있으며, 특히 쓰레기 분리수거 등의 부문에서와 같이 자발적인 주민조직과 협동하여 공공서비스를 생산하는 공동생산(co-production)은 공공부문의 부담을 줄이면서 서비스제공의 경험을 주민에게 제공하는 적극적인 참여수단으로 평가되고 있다.

⑤ 기타 주민참여제도

이 외에도 다양한 방식이 존재 한다. 먼저, 자문위원회는 민선시장 이전부터 존재하던 제도로서 최근에 더욱 활성화되고 있는 추세이다. 해당 분야의 전문가, 교수, 주민단체, 주민대표 등으로 구성되는 자문위원회는 다양한 의견과 자문을 바탕으로 정책의 질을 제고함과 동시에 주민의 의견을 수렴하여 시정에 반영할 수 있다는 점에서 유력한 주민참여수단으로 간주된다. 위원들의 경우 대부분 지방자치단체장의 위촉에 의해 수동적으로 임명된 사람들이기 때문에 참여의 적극성이 낮으며, 지방정부의 정책에 비판적인 인사들이 배제될 수 있다는 단점이 있으며, 소수의 주민들만이 참여할 수 있어 간접적인 참여 이상의 효과를 기대하기 어려운 측면도 있다. 둘째, 주민제안제도는 주민들이 창의적인 제안을 공모하고 심사하여 우수제안을 선정함으로써 주민을 행정에 참여시키는 장치이다. 셋째, 오랜 역사를 가진 반상회제도는 반의 주민들이 모여 의견을 교환하고 제시된 의견을 자치단체에 전달하는 장치이다.

(2) 주민감시적 참여수단

① 주민옴부즈만 제도

우리나라의 일부 자치단체에서만 실시되는 주민참여프로그램이다. 경기도 부천시의 경우 전국 지방자치단체로는 처음으로 주민의 권리와 이익을 보호하고 시정을 민주적으로 통제하기 위하여 옴부즈만제도를 설치・운영하고 있다. 옴부즈만제도는 행정기관의 위법·부당한 행정처분에 대해 전문적인 지식과 행정경험을 지닌 민간인 옴부즈만이 판단하여 간편하고 신속한 절차에 의해서 위법・부당한 처분을 시정할 것을 해당부서에 권고하는 간접적 통제방안으로 주민의 이익과 권리를 보호하는 제도이다. 하지만 전직공무원을 민간옴부즈만으로 임명하고 있으며, 독립성과 자율성이 부족하며, 그리고 옴부즈만의 부서와 다른 실국간의 인사교류를 허용하고 있다는 점은 단점으로 지적된다.

② 주민참여예산제도

지방자치단체의 집행부가 독점적으로 행사해오던 예산편성권을 지역주민들이 참여하여 함께 결정하는 제도로 예산편성 과정에 해당 지역주민들의 직접참여를 보장하여 예산결정에 대한 주민들의 실질적 영향력을 증대시킬 수 있는 제도이다. 이 제도를 통해 예산규모와 내역의 투명한 공개, 예산의 우선순위 결정, 실현 가능한 예산안의 편성 등을 확보할 수 있으며, 예산편성과정에 주민참여를 확대함으로써 지방재정 운영의 투명성과 공정성 및 효율성을 제고함과 동시에, 궁극적으로 재정민주주의 이념을 구현하는데 목적이 있다. 지방재정법 제39조(지방예산편성과정에 주민참여)는 지방자치단체의 장은 대통령령이 정하는 바에 따라 지방예산편성과정에 주민이 참여할 수 있는 절차를 마련하여 시행할 수 있다고 규정하고 있다. 주민의 적극적인 참여를 유도하는 장점은 있지만, 지방의회의 예산심의기능을 약화시킬 우려가 있다는 점에서 대의민주주의와 상충될 수 있다.

③ 주민감사청구제

지방자치단체의 19세 이상의 주민은 시·도는 500명, 50만 이상 대도시는 300명, 그 밖의 시·군 및 자치구는 200명을 초과하지 아니하는 범위안에서 당해 지방자치단체의 조례가 정하는 19세 이상의 주민수 이상의 연서로 시·도에 있어서는 주무부장관에게, 시·군 및 자치구에 있어서는 시·도지사에게 당해 지방자치단체와 그 장의 권한에 속하는 사무의 처리가 법령에 위반되거나 공익을 현저히 해한다고 인정되는 경우에는 감사를 청구할 수 있다. 하지만, 수사 또는 재판에 관여하게 되는 사항, 개인의 사생활을 침해할 우려가 있는 사항, 다른 기관에서 감사하였거나 감사중인 사항은 감사할 수 없다. 다만, 다른 기관에서 감사한 사항이라도 새로운 사항이 발견되거나 중요사항이 감사에서 누락된 경우에는 그러하지 아니하다. 동일한 사항에 대하여 소송이 계속 중이거나 그 판결이 확정된 사항, 청구는 당해 사무처리가 있었던 날 또는 종료된 날부터 2년을 경과하면 제기할 수 없다.

주무부장관 또는 시·도지사는 감사청구를 수리한 날부터 60일 이내에 감사청구된 사항에 대하여 감사를 종료하여야 하며, 그 감사결과를 청구인의 대표자와 당해 지방자치단체의 장에게 서면으로 통지하고 이를 공표하여야 한다. 다만, 그 기간내에 감사를 종료하기가 어려운 정당한 사유가 있는 때에는 그 기간을 연장할 수 있다. 이 경우 이를 미리 청구인의 대표자와 당해 지방자치단체의 장에게 통지하고 공표하여야 한다.

주무부장관 또는 시·도지사는 주민감사청구를 처리함에 있어서 청구인의 대표자에게 반드시 증거제출 및 의견진술의 기회를 부여하여야 한다. 주무부장관 또는 시·도지사는 당해 지방자치단체의 장에게 감사결과에 따라 기간을 정하여 필요한 조치를 요구할 수 있다. 이 경우 당해 지방자치단체의 장은 이를 성실히 이행하여야 하고 그 조치결과를 지방의회와 주무부장관 또는 시·도지사에게 보고하여야 한다. 주무부장관 또는 시·도지사는 조치요구내용과 당해 지방자치단체의 장의 조치결과를 청구인의 대표자에게 서면으로 통지하고 이를 공표하여야 한다.

④ 주민소송제

공금의 지출에 관한 사항, 재산의 취득·관리·처분에 관한 사항, 해당 지방자치단체를 당사자로 하는 매매·임차·도급 계약이나 그 밖의 계약의 체결·이행에 관한 사항 또는 지방세·사용료·수수료·과태료 등 공금의 부과·징수를 게을리한 사항(위법한 재무행위)을 감사청구한 주민이 소송을 제기할 수 있다. 주민소송의 요건으로는, 주무부장관이나 시·도지사가 감사청구를 수리한 날부터 60일이 지나도 감사를 끝내지 아니한 경우, 감사결과 또는 주무부장관이나 시·도지사의 조치요구에 불복하는 경우, 주무부장관이나 시·도지사의 조치요구를 지방자치단체의 장이 이행하지 아니한 경우, 지방자치단체의 장의 이행 조치에 불복하는 경우 등이며 그 대상은 해당 지방자치단체의 장이다.

주민소송의 종류에는, 해당 행위를 계속하면 회복하기 곤란한 손해를 발생시킬 우려가 있는 경우에는 그 행위의 전부나 일부를 중지할 것을 요구하는 소송, 행정처분인 해당 행위의 취소 또는 변경을 요구하거나 그 행위의 효력 유무 또는 존재 여부의 확인을 요구하는 소송, 게을리한 사실의 위법 확인을 요구하는 소송, 해당 지방자치단체의 장 및 직원, 지방의회의원, 해당 행위와 관련이 있는 상대방에게 손해배상청구 또는 부당이득반환청구를 할 것을 요구하는 소송 등이다.

소송을 제기한 주민은 승소(일부 승소 포함)한 경우 그 지방자치단체에 대하여 변호사 보수 등의 소송비용, 감사청구절차의 진행 등을 위하여 사용된 여비, 그 밖에 실제로 든 비용을 보상할 것을 청구할 수 있다. 이 경우 지방자치단체는 청구된 금액의 범위에서 그 소송을 진행하는 데에 객관적으로 사용된 것으로 인정되는 금액을 지급하여야 한다.

(3) 주민권력적 참여수단

① 주민투표제

주민투표권자는 19세 이상의 주민으로 하고, 외국인도 일정한 자격을 갖춘 때에는 지방자치단체의 조례가 정하는 바에 따라 주민투표권을 부여하도록 하며, 사무는 관할 선거관리위원회가 담당하도록 한다.

주민투표의 대상은 주민에게 과도한 부담을 주거나 중대한 영향을 미치는 지방자치단체의 주요결정사항 중에서 '조례'로 정하도록 하되, 국가 또는 다른 지방자치단체의 권한 또는 사무에 속하는 사항, 예산 및 재산관리에 관한 사항, 조세에 관한 사항, 행정기구의 설치·변경에 관한 사항 등 주민투표에 부치기에 부적합한 사항은 대상에서 제외한다.

중앙행정기관의 장은 지방자치단체의 폐치·분합, 주요시설의 설치 등 국가정책의 수립에 대한 주민의 의견을 듣기 위하여 필요한 때에는 지방자치단체의 장에게 주민투표의 실시를 요구할 수 있도록 하였다.

주민은 주민투표청구권자 총수의 20분의 1 이상 5분의 1 이하의 범위 안에서 조례로 정하는 수 이상의 서명으로 주민투표의 실시를 청구할 수 있도록 하고, 지방의회는 재적의원 과반수 출석과 출석의원 3분의 2 이상의 찬성으로 주민투표의 실시를 청구할 수 있도록 하며, 지방자치단체의 장이 주민투표를 실시하고자 하는 때에는 미리 지방의회의 동의를 얻도록 하였다.

지역현안에 대한 정책의 선택이라는 주민투표의 특성을 감안하여 주민투표운동에 관한 제한을 최소화하는 한편, 주민투표운동의 명목으로 사실상 선거운동을 하는 등의 부작용을 방지하기 위하여 공직선거일 전 60일부터 선거일까지는 주민투표를 발의할 수 없도록 하였다.

주민투표는 지방자치단체의 관할구역 전체를 대상으로 실시하도록 하되, 특정지역 또는 특정주민에게만 이해관계가 있는 사항인 때에는 지방자치단체의 장이 지방의회의 동의를 얻어 관계 시·군·구 또는 읍·면·동을 대상으로 주민투표를 실시할 수 있도록 하였다.

주민투표에 부쳐진 사항은 주민투표권자 3분의 1 이상의 투표와 유효투표수 과반수의 득표로 확정하며, 지방자치단체는 확정된 내용에 따라 행정·재정상의 조치를 하도록 하였다. 지방자치단체의 장은 주민투표의 전부 또는 일부무효의 판결이 확정된 때에는 그 날부터 20일 이내에 무효로 된 투표구의 재투표를 실시하여야 한다. 이 경우 투표일은 늦어도 투표일 전 7일까지 공고하여야 한다.

② 주민발안제(조례의 제정 및 개폐 청구)

19세 이상의 주민으로서 다음 각 호의 어느 하나에 해당하는 사람은 시・도와 인구 50만 이상 대도시에서는 19세 이상 주민 총수의 100분의 1 이상 70분의 1 이하, 시・군 및 자치구에서는 19세 이상 주민 총수의 50분의 1 이상 20분의 1 이하의 범위에서 지방자치단체의 조례로 정하는 19세 이상의 주민 수 이상의 연서로 해당 지방자치단체의 장에게 조례를 제정하거나 개정하거나 폐지할 것을 청구할 수 있다.

1. 해당 지방자치단체의 관할 구역에 주민등록이 되어 있는 사람
2. 「재외동포의 출입국과 법적 지위에 관한 법률」 제6조 제1항에 따라 해당 지방자치단체의 국내거소신고인명부에 올라 있는 국민
3. 「출입국관리법」 제10조에 따른 영주의 체류자격 취득일 후 3년이 경과한 외국인으로서 같은 법 제34조에 따라 해당 지방자치단체의 외국인등록대장에 올라 있는 사람

청구제외대상으로는 법령을 위반하는 사항, 지방세・사용료・수수료・부담금의 부과・징수 또는 감면에 관한 사항, 행정기구의 설치・변경에 관한 사항 또는 공공시설의 설치를 반대하는 사항 등이다.

구 분	조례의 제정과 개폐 청구권	주민의 감사청구권
주 체	지방자치단체의 19세 이상의 주민 국내거주 외국인・재외국민	지방자치단체의 19세 이상의 주민
정족수	19세 이상 주민 총수 시・도(50만↑) → 1/100↑ 1/70↓ 시・군・자치구 → 1/50↑ 1/20↓ 지방자치단체의 조례	시・도는 500명↓ 50만 이상 대도시는 300명↓ 시・군 및 자치구는 200명↓ 지방자치단체의 조례
청구 대상	해당 지방자치단체의 장	시・도 → 주무부장관 시・군・자치구 → 시・도지사
제외 대상	① 법령을 위반하는 사항 ② 지방세・사용료・수수료・부담금의 부과・징수 또는 감면에 관한 사항 ③ 행정기구를 설치하거나 변경하는 것에 관한 사항이나 공공시설의 설치를 반대하는 사항	① 수사나 재판에 관여하게 되는 사항 ② 개인의 사생활을 침해할 우려가 있는 사항 ③ 다른 기관에서 감사하였거나 감사 중인 사항(새로운 사항이 발견되거나 중요 사항이 감사에서 누락된 경우와 주민소송의 대상이 되는 경우에는 가능) ④ 동일한 사항에 대하여 주민소송이 진행 중이거나 그 판결이 확정된 사항

③ 주민소환제

주민소환투표청구권자는 전년도 12월 31일 현재 주민등록표 및 외국인등록표에 등록된 당해 지방자치단체의 장과 지방의회의원에 대한 선거권이 있는 자로 한다.

주민소환투표의 대상은 선출직 지방공직자인 해당 지방자치단체의 장(교육감은 시·도지사에 관한 규정을 준용) 및 지방의회의원(교육위원은 지역선거구시·도의회의원에 관한 규정을 준용)을 대상으로 하되 비례대표시·도의원 및 비례대표자치구·시·군의원은 제외한다.

주민소환투표의 청구 서명인 수는 시·도지사는 당해 지방자치단체의 주민소환투표청구권자 총수의 100분의 10 이상, 시장·군수·자치구의 구청장은 당해 지방자치단체의 주민소환투표청구권자 총수의 100분의 15 이상, 지역구시·도의원 및 지역구자치구·시·군의원은 당해 지방의회의원의 선거구 안의 주민소환투표청구권자 총수의 100분의 20 이상으로 한다.

시·도지사에 대한 주민소환투표를 청구함에 있어서는 당해 지방자치단체 관할구역 안의 시·군·자치구 전체의 수가 3개 이상인 경우에는 3분의 1 이상의 시·군·자치구에서 각각 주민소환투표청구권자 총수의 10000분의 5 이상 1000분의 10 이하의 범위 안에서 대통령령이 정하는 수 이상의 서명을 받도록 하고, 시장·군수·자치구의 구청장 및 지역구지방의회의원에 대하여는 당해 시장·군수·자치구의 구청장 및 당해 지역구지방의회의원 선거구 안의 읍·면·동에서 시·도지사의 경우와 동일한 기준으로 서명을 받도록 한다.

선출직 지방공직자가 임기개시 일부터 1년이 경과하지 아니한 때, 선출직 지방공직자의 임기만료일부터 1년 미만인 때, 해당선출직 지방공직자에 대한 주민소환투표를 실시한 날부터 1년 이내인 때에는 주민소환투표의 실시를 청구할 수 없도록 한다(법 제8조).

주민소환투표권이 없는 자, 「고등교육법」 제14조 제1항 및 제2항의 규정에 따른 총장·학장·교수·부교수·조교·전임강사인 교원을 제외한 공무원, 해당선출직 지방공직자 선거의 입후보예정자·입후보예정자의 가족 및 이들이 설립·운영하고 있는 기관·단체·시설의 임·직원 등은 서명요청활동을 하거나 서명요청활동을 기획·주도하는 등 서명요청활동에 관여할 수 없도록 한다(법 제10조).

주민소환투표일은 주민소환투표 공고 일부터 20일 이상 30일 이내의 범위 안에서 관할선거관리위원회가 정하되, 주민소환투표대상자가 자진사퇴, 피선거권 상실 또는 사망 등으로 궐위된 때에는 주민소환투표를 실시하지 아니한다. 주민소환투표 공고

일 이후 90일 이내에 「주민투표법」에 의한 주민투표, 「공직선거법」에 의한 선거·재선거 및 보궐선거(대통령 및 국회의원선거는 제외), 동일 또는 다른 선출직 지방공직자에 대한 주민소환투표가 있는 때에는 주민소환투표를 그에 병합하거나 동시에 실시할 수 있도록 한다(법 제13조).

주민소환투표대상자는 주민소환투표인안을 공고한 때부터 주민소환투표결과를 공표할 때까지 그 권한행사가 정지되며, 지방자치단체의 장의 권한이 정지된 경우에는 부자치단체장이 그 권한을 대행하도록 한다(법 제21조).

주민소환은 주민소환투표권자 총수의 3분의 1 이상의 투표와 유효투표 총수 과반수의 찬성으로 확정된다(법 제22조). 주민소환이 확정된 때에는 주민소환투표대상자는 그 결과가 공표된 시점부터 그 직을 상실하며, 그 직을 상실한 자는 그로 인하여 실시하는 해당보궐선거에 후보자로 등록될 수 없도록 한다(법 제23조).

주민소환투표의 효력에 관하여 이의가 있는 해당 주민소환투표대상자 또는 주민소환투표권자는 주민소환투표 결과가 공표된 날부터 14일 이내에 관할선거관리위원회 위원장을 피소청인으로 하여 소청을 제기할 수 있고, 소청에 대한 결정에 관하여 불복이 있는 소청인은 관할선거관리위원회 위원장을 피고로 하여 그 결정서를 받은 날부터 10일 이내에 소(訴)를 제기할 수 있도록 한다(법 제24조).

제 4 절 주민참여의 변수와 실제

1 주민참여의 변수

1) 학자들의 견해

(1) 카레이(L. J. Carey)

주민측 변수에 착안해 기초지식과 배경, 결정능력, 행동력 등 3대 변수를 들고 있다.

(2) 벨러시(J. Bellush)와 한스네트(M. Haushnecht)

조직응집력, 참여 태도, 리더십(leadership), 쟁점과 해결 방안에 대한 인식 정도, 경험과 교육 정도 등 다섯 가지를 주요한 변수로 본다.

2) 주민참여에 영향을 미치는 일반적 요인

(1) 공무원

공무원의 주민참여에 대한 필요성의 인식 정도, 교육 수준 · 지향성 · 가치관 · 성격, 리더십 · 조직화 능력 및 성취지향도, 사기 등이다.

(2) 지방행정구조와 기능

지방행정의 공개 정도, 참여자의 범위, 참여 가능한 행정 과정과 분야, 참여 경로, 계획 · 정책의 난이도, 조직 내의 행정풍토 등이다.

(3) 주민

지식 · 이해력 · 능력 · 상황 인지의 정도, 관심 · 태도 · 참여 의사 · 의욕, 주민의 조직력, 리더십 · 영향력, 주민조직의 특성, 의식 수준 · 자치의식 · 가치관 등이다.

(4) 환경

중앙정부로부터의 자주성, 지역 개발의 정도, 민주주의 이념, 행정문화, 경제적 욕구, 매스컴의 발달 정도 등이다.

2 우리나라의 주민참여

1) 현황 및 문제점

지방자치행정에서 주민참여의 필요성이 높이 인정되고 있음에도 불구하고 실제적으로 개발도상 국가에서는 주민참여가 그리 활발하지 못하다. 우리나라에서도 주민참여가 별로 이용되지는 않았다. 주민참여의 한 형태인 시민운동만 보더라도 참여적 운동이었다기보다는 저항적 운동이 대부분이었다.

첫째, 지방자치단체에 근무하는 공무원이 주민참여의 필요성에 대한 인지도가 매우 낮기 때문이다. 지방공무원의 가치관과 사고방식이 아직도 권위주의적이고 폐쇄지향성을 나타내고 우월적 성향을 가지고 있다. 따라서 이들은 대민 관계에서 주민을 참여시킨다기보다는 지시 · 통보한다는 자세를 가지고 행정을 일방적으로 결정 · 시행하려는 경향을 나타낸다.

둘째, 지방자치단체의 행정기관이 정보를 공개 홍보하고 의견을 상호 교환하는 풍토가 아직 성숙되어 있지 못하다.

셋째, 계획 수립 과정에 참여 기회가 보장되어 있지 않다. 도시계획을 당초 이념인 공공복지를 증진해야 한다는 사실과 어떻게 조화시킬 것인가의 문제가 제기된다. 현재 우리나라의 계획 수립 과정을 보면 정책결정자와 전문가단체 등 소수 인사만이 참여해 주민의 욕구가 무시되다 보니 주민 이익의 손실이 발생하는 경우가 허다하다.

넷째, 지방지도자의 자질과 사명감은 물론 주민들의 관심도 부족하다.

그 밖에도 주민의 의식 수준이 비교적 낮아 주권자로서 주도적 역할을 담당하려는 적극적인 자세와 사고방식이 결여되어 있고, 전통적으로 중앙집권적 정치 형태를 견지해 왔으므로 중앙정부로부터의 자주성이 미흡하다는 점 등을 들 수 있다.

2) 앞으로의 과제

우리나라에서의 주민참여는 아직도 서구 민주국가의 개방 체제적인 정치·행정 체제의 경우와는 거리가 멀며, 정치·행정의 민주화를 지향하는 현 시점에서는 다음과 같은 주민참여의 효율화를 위한 과제가 달성되어야 한다,

첫째, 주민참여의 효율화를 위해 주민과 행정조직 구성원의 참여적 태도가 형성되어야 한다. 즉 전통적으로 내려오는 권위주의적이고 폐쇄적인 관료제에서 벗어나 상·하 전체 공무원이 국민의 공복(公僕)이라는 자세를 내면화해야 한다.

둘째, 주민참여의 통로를 다양화해야 하며 제도적으로 보장되어야 한다. 주민참여의 통로는 비공식적인 방법보다는 제도적으로 보장된 체계적이고 공식적인 방법에 의함이 바람직하다.

셋째, 지방행정의 정보를 공개할 수 있도록 제도화해야 한다, 이를 위해 정보에 접근하여 알 권리, 상담받고 제안하며 회답을 받을 권리, 동의권, 이의신청권 등이 실질적으로 보장되어야 한다.

넷째, 주민참여에 대한 행정기관의 적극적인 대응이 뒤따라야 한다. 현실적으로 주민참여의 성과는 지방행정기관의 자세 여하에 달려 있으므로 행정기관이 주민참여에 적극적으로 임하지 않으면 결국 주민참여의 효율성을 저해하는 요인이 될 것이다.

다섯째, 주민들의 참여 의식을 끊임없이 개발해야 하며 주민 위주의 지방자치가 실시되어야 한다. 공식적인 주민참여의 통로가 극히 제한되어 있는 우리의 현실에서는 주민의 높은 참여 의식 수준이야말로 주민참여를 촉진시키는 중요한 요건이다.

3 지역이기주의

1) 지역이기주의의 의의

(1) 개념

주민참여의 한 형태인 주민운동 중에서 가장 심각한 문제가 지역이기주의이다. 지역이기주의는 특정 지역에 대한 애착심 및 지역 의식을 토대로 국가 전체 또는 공동의 이익보다 그 지역의 이익만을 추구하는 것을 말한다.

개인에게서 개인의 존엄성과 개성의 차이를 중시하는 개인주의(individualism)와 개인의 이익만을 추구하는 이기주의(egoism)가 구별되듯 지역에서 지역주의(localism)와 지역이기주의(NIMBY)는 다르다. 지역에서 어떤 특정 지역이 지역의 특수성에 입각해 주민의 지역 향토애를 토대로 지역 발전을 도모하는 것을 지역주의라고 한다면, 지역이기주의는 전체나 공동의 이익보다는 그 지역의 이익만을 배타적으로 주장·관철하려는 것으로 지역주의의 부정적 측면을 말한다.

그러나 주민의 공동적 이익을 극대화하고 지역의 발전을 도모하기 위한 지역주의가 지나칠 경우에는 지역에의 혐오시설 설치를 기피하고(NIMBY) 선호시설을 유치하는(PIMFY) 등 지역이기주의로 변하기 쉽다. 이러한 측면에서 사실 지역주의와 지역이기주의는 현실적으로 명확하게 구분하기는 곤란하다는 한계가 있다.

참고로 BANANA(build absolutely nothing anywhere near anybody) 현상이란 '어디에든 아무것도 짓지 말라'라는 뜻이다. 쓰레기 매립지나 핵폐기물 처리장 등 환경오염 시설물 등은 자기 지역권 내에는 절대 설치 불가라는 지역이기주의의 한 현상으로 님비와 함께 자주 사용되는 용어이다.

(2) 특징

첫째, 문제의 심각성이다. 문제의 심각성은 지역이기주의의 가장 큰 특징으로 예컨대 쓰레기 매립장, 화장장, 납골당 등 혐오시설은 물론 고아원, 양로원 등 사회복지시설까지도 지역이기주의로 인해 부지를 제대로 선정하지 못하고 심각한 사회문제를 야기한다. 또한 이는 정부와 주민, 중앙과 지방, 지방 상호간의 갈등과 분쟁을 야기하고 물리적인 집단행동까지 만연시킴으로써 심각한 사회문제로 대두되고 있다.

둘째, 복잡성이다. 지역이기주의는 매우 복잡한 양상과 성질을 가진 것이 특징이다. 왜냐하면 이해당사자들이 다양하고, 이들이 서로 다른 유인에 의해 행동하기 때문이다. 그뿐만 아니라 지역이기주의의 원인도 다원적이고 이질적이어서 그것을 해결하는 방법 또한 복잡할 수밖에 없다. 또한 지역이기주의를 보는 시각도 부정적 시각과 긍정적 시각이 양분되어 그것에 대한 인식도 복잡하게 얽혀 있다.

셋째, 불확실성이다. 지역이기주의는 불확실성을 토대로 전개된다. 예를 들면 지역 내의 혐오시설이 인간의 건강에 얼마만큼 해악을 끼치는가에 대한 정보나 과학적 근거가 불확실한 속에서 지역이기주의적인 운동 내지 활동이 전개된다. 그 시설의 위해성 여부나 위해 정도에 대해 전문가들의 견해도 일치하지 아니할 뿐만 아니라, 그 위해시설을 관리하는 기관의 위해 방지 관리 능력 또한 불확실하므로 그에 대한 불안감에서 지역이기주의는 증폭될 수밖에 없다.

넷째, 해결 곤란성이다. 지역이기주의는 현대 사회가 당면하고 있는 문제들 중에서 특히 다루기 어려운 사회문제이다. 왜냐하면 이해당사자들도 다양하지만 그 원인도 다원적이고 이질적이며, 그것을 보는 시각도 상반되고, 문제가 모두 불확실성 속에서 전개되기 때문에 그 문제를 해결하기란 근본적으로 어렵다.

2) 지역이기주의의 형태

(1) 주장 주체에 의한 분류

주체에 따라 당해 지역주민이 다른 자치단체나 중앙정부에 대해 주장하는 것과, 지방 주민이 해당 자치단체나 중앙정부에 대해 주장하는 것으로 나눌 수 있다. 지방자치에서 문제가 되는 지역이기주의에는 전자도 물론 포함되지만 지역이기주의의 본질적 문제 양상은 후자에 있다. 그러나 앞으로는 전자도 중대한 문제가 될 것이다.

(2) 주장 성격에 의한 분류

주장의 성격에 따라 이를 기피적 지역이기주의와 유치적 지역이기주의로 나눌 수 있다. 전자를 NIMBY(never in my back yard)적 지역이기주의라 하고, 후자를 PIMFY(please in my front yard)적 지역이기주의라고도 한다.

기피적 지역이기주의는 지방자치단체 또는 지방 주민이 그 지역 내의 일정한 시설의 설치, 일정한 계획의 추진 등에 대해 반대하면서 전개되며, 우리나라에서 지금까지 대부분의 지역이기주의 현상은 바로 이러한 기피적 이기주의에 해당한다.

유치적 지역이기주의는 지방자치단체 또는 지방 주민이 자기 이익이 되는 조치나 시설의 설치를 적극 유치하면서 전개하는 지역이기주의이다. 우리나라에서는 이러한 유치적 지역이기주의는 활발히 전개되지 않고 있다. 도청 유치, 광역시 승격, 구역·

경계 변경 요구, 고속전철 유치, 국제 항만 유치 등의 몇 가지가 있었을 뿐이다.

3) 발생 요인

지역이기주의 현상 중 비선호시설을 중심으로 한 지역이기주의의 발생 요인을 살펴보면 다음과 같다.

(1) 비선호시설 특성상의 요인

비선호시설의 특성 자체에 내재해 있는 요인이다. 이는 지역이기주의의 필요조건으로서 그 자체로써는 지역이기주의를 발동시키지는 않으나 그 발동 요인을 잠재적으로 보유하고 있는 조건이다. 먼저, 인체에 대한 직접적인 위험이다. 쓰레기 매립장 등 혐오시설은 수질오염·대기오염·토양오염 등을 통해 매우 다양하게 인체에 해를 주고, 핵폐기물 처리장 등 위험시설은 인체에 치명적인 피해를 줄 우려가 있기 때문에 그러한 시설의 입지를 반대하게 된다.

(2) 입지 결정 과정상의 요인

지역이기주의의 필요조건에 이하와 같은 조건들이 충분조건으로 작용할 때에 지역이기주의가 발동하게 된다. 먼저, 입지 선정 절차상의 잘못으로 해당 지역의 주민이나 자치단체가 배제된 채 다분히 정책입안자 중심의 폐쇄적·하향적 결정 방식이 시행된 경우에 이에 소외되고 피해만 보는 해당 지역이 강하게 반대하게 된다. 또한 피해 보상의 미흡이다. 비선호시설의 설치로 해당 지역이 부담하는 비용과 피해가 막중하지만 이러한 비용과 피해에 대한 보상책이 충분하게 마련되어 있지 않은 상태에서 그 시설의 설치를 추진하는 경우에 그 지역의 반발을 사게 된다.

(3) 기타 간접적 요인

① 행정 체제상의 미비

첫째, 정부와 자치단체 간 기능·권한의 모호성이다. 중앙정부와 광역지방자치단체 간, 광역자치단체와 기초자치단체 간의 기능 배분 및 권한 범위가 명확치 못해 비선호시설의 입지 선정을 둘러싸고 정부와 자치단체 간에 갈등이 유발된다.

둘째, 갈등조정 활동의 저조이다. 정부와 자치단체 간의 갈등 또는 정부와 주민 간의 갈등을 적극적으로 조정하는 정부의 활동이 저조한 경우에 지역이기주의는 더욱 맹위를 떨치게 된다. 현재 지방자치단체 간 분쟁조정위원회제가 있으나 그 활동이 활발치 못한 것이 현실이며, 더구나 그것이 정부와 주민 간의 갈등조정기구는 아니다.

② 의식 · 행태상의 문제

첫째, 공동 의지의 미약이다. 제1차 집단을 우선시하고 전체의 공동체 의식이 미약해 배타주의가 팽배하고, 의무보다는 권리를 주장하는 사고가 만연해 지역이기주의는 더욱 강하게 발동된다.

둘째, 행정에 대한 불신이다. 권위주의적 정치 체제하에서 폐쇄적인 행정이 자행됨으로써 행정에 대한 불신 의식이 조성되어 이것이 지역이기주의로 발전하기도 한다.

셋째, 환경에 대한 관심의 고조이다. 산업 성장을 위한 개발 추구의 결과 심각한 환경문제가 대두됨에 따라 환경오염과 인체 위험에 대한 인식이 고조되어 혐오시설이나 위험시설에 대한 거부 심리가 강력해진다.

4) 지역이기주의의 극복 방안

(1) 극복 방안

지역이기주의의 극복 방안으로 제기된 것을 보면 비선호시설의 인체 유해성의 방지, 입지 선정의 합리화, 피해 보상 체제의 정비, 정부 간 기능 및 권한의 명확화, 갈등 조정 활동의 강화, 행정 체제의 정비, 의식 수준의 향상을 들 수 있다.

(2) 지역이기주의 극복을 위한 기본 문제

종래의 지역이기주의의 극복 방안에는 한계가 있기 때문에 이를 효율적으로 해결하기 위해서는 법적 강제력의 사용과 입지분쟁조정위원회의 설치가 제안되기도 한다. 비선호시설이 어느 지역에만 편중되지 않도록 형평성을 확보하고, 개별 시설 입지 선정 시에 참여와 협상 및 보상이 충분히 이뤄지도록 하는 전략을 적용해야 한다.

① 지역형평성의 확보

입지 선정 시에 지역적 형평성의 확보는 처리 기술의 발전, 입지 선정 권한의 합리화, 보상에 의한 해결에 앞서 가장 중요한 요소로 취급되어야 한다. 지역적 형평성이 확보되지 않는 한 입지 대상 지역의 반대는 끊이지 않을 것이다.

② 참여

비선호시설로 인해 영향을 받는 주민들의 참여는 지역 간 갈등을 예방하고 입지 결정의 질을 향상시키기 위해 중요한 요소라는 것은 재론의 여지가 없다.

③ 협상

지역문제와 관련된 다양한 형태의 갈등을 해결하기 위해 협상 방식이 많이 이용된다. 협상이란 갈등 당사자 간의 이해관계를 조절하기 위해 직접 교섭하는 것을 말하며, 그러한 뜻에서 제3자에 의한 중재와 구별된다.

④ 보상

비선호시설로 인한 피해에 대한 보상이 충분하지 않다는 데 있다. 물론 보상을 위한 재원의 부족으로 충분한 보상이 이뤄지지 않는 경우가 많지만 소수의 비용 부담과 피해 하에 다수가 혜택을 보는 경우 사회 정의의 확보를 위해서나 소수의 권리 보호를 위해서나 그 소수의 비용 부담 및 피해에 대한 충분한 보상은 반드시 필요하다.

제 2 장 주민통제

제 1 절 주민통제의 의의

1 주민의 개념과 요건

지방자치단체의 3대 구성 요소는 주민, 지역(구역), 자치권이다. 주민은 단순한 인적 구성 요소만을 의미하는 것이 아니라 지방자치단체의 주권자 내지 주인을 말한다.

우리나라 지방자치법은 "지방자치단체의 구역 내에 주소를 가진 자"를 자치단체의 주민으로 규정하고 있다(지방자치법 제12조). 따라서 시·군의 구역 내에 주소를 가진 자는 그 시·군의 주민이 되는 동시에 그 시·군을 포괄하는 도의 주민이 된다. 또한 그 지역 내에 주소만 가지고 있다면 별도의 행정행위나 등록과 같은 공증행위를 요하지 않고 법률상 당연히 주민의 자격을 가지는 것이 원칙이다.

1) 주민의 개념

주민이란 그 자치단체의 구역 안에 주소를 가지고 있는 모든 자를 의미하는 까닭에 국적·성·연령·행위 능력의 유무를 불문하며 자연인과 법인을 모두 포괄하는 개념이므로 공민과 구별된다. 공민(公民)이란 법인·외국인은 제외되며 공민권이 박탈된 주민(금치산 선고를 받은 자, 금고 이상 형의 선고를 받고 그 집행이 종료되지 아니한 자나 집행을 받지 않기로 확정되지 아니한 자 등)도 주민에 포함되지 않는다.

2) 주민의 요건

주민의 요건인 주소는 1인당 1개소임이 원칙이다. 자연인에게는 생활의 근거지이며, 법인에는 그 주된 사무소의 소재지 또는 본점의 소재지가 바로 주소이다.

2 주민통제의 의의 및 특징

1) 의의

주민통제(citizen control)라 함은 지방행정기관에서 근무하는 공무원이 주민과 약속한 행정책임을 성실히 이행하도록 보장하기 위한 과정을 말한다. 주민통제는 주로 자치행정의 합법성에 대한 요구와 지방행정에 대한 주민의 부풀어 오르는 기대와 욕망에 부응해야 하며 책임을 보장하려는 데 목적이 있다.

2) 특징

첫째, 지방행정의 민주성, 합법성을 보장하기 위해 자치행정기관 외부에서 행하는 외재적·민주적 통제이다. 따라서 지방행정의 능률성·효과성을 보장하기 위함이므로 기관 내부에서 행해지는 내재적 통제, 관리통제와는 구별된다.

둘째, 주민통제는 주민 다수에 의한 정치적 통제이다. 그러므로 전문적·기능적 통제의 성격을 가지는 관리통제와 본질적으로 구별된다.

주민통제와 중앙통제의 비교

구분	주민통제	중앙통제
의의	지역주민이 지방자치단체의 정책결정 및 행정 과정에 참여해 행하는 일체의 통제활동	중앙정부가 지방자치단체의 정책결정 및 지방행정 수행에 대해 행하는 일체의 통제활동
특징	① 외재적 민주통제 ② 비전문적·정치적 통제 ③ 상향적 통제 ④ 비공식적 통제	① 외재적·내재적 민주통제 ② 전문적·기능적 통제 ③ 하향적·계층적 통제 ④ 공식적 통제

셋째, 주민통제는 일반 주민에 의한 상향적 통제이다. 따라서 하향적인 통제인 관리통제나 수평적 통제인 지방의회에 의한 통제와 구별된다.

넷째, 주민통제는 민주통제에 속하면서도 비공식적 통제이다. 그러므로 공식적 통제의 성격을 갖는 입법통제, 사법통제, 옴부즈만에 의한 통제와 구별된다.

제 2 절 주민통제의 방법

1 간접통제 방법: 선거

주민은 선거권을 행사함으로써 자치행정을 간접적으로 통제할 수 있다. 지방의회 의원이나 집행기관의 공무원들이 법령을 위반하거나, 직권을 남용하거나, 책임을 완수하지 않으면 지방의회 의원이나 자치단체장의 입후보자가 다음 선거에 지지를 받지 못할 것이라는 일반적인 관념이 바로 간접적인 통제 기능을 수행하는 것이다.

2 직접통제 방법: 주민총회와 직접청구

주민이 지방자치와 행정에 참여해 통제하는 방법에는 선거에 의한 간접통제 방법 외에 주민이 자치단체의 행정을 직접 수행하는 이른바 직접통제 방법이 있다. 자치제도의 이념을 실현한다는 관점에서는 민주주의제도의 원형으로 간주되고 있는 직접참정제도가 보편적으로 채택되고 있다지만 현재에는 다소 실현 불가능하다고 하겠다.

간접참정제도 내지 간접통제 방법의 결함을 보완하고 주민자치의 바람직한 목적을 실현하기 위해 직접참정제도에 의한 직접통제 방법은 무엇보다도 중요한 방법이 될 수 있는데, 직접통제 방법은 주민총회에 의한 통제와 직접청구로 나눠 볼 수 있다.

1) 주민총회

주민총회란 유권자 전원으로 구성되는 합의기관으로서 모든 결정권을 가지고 있다. 예를 들어 스위스는 기초자치단체의 약 90%가 주민총회에서 자치단체의 조례,

예산 및 결산, 기채, 집행기관 구성원 지명에 대한 사항을 결정하며, 영국의 Parish Meeting과 미국의 Town Meeting 등도 이와 유사한 제도이다.

2) 직접청구

직접청구는 선거권자 중 일정한 수의 주민 연서에 의해 조례의 제정, 개폐, 사무감사, 의회의 해산, 지방의원·자치단체장 기타 주요 공무원의 해직을 청구하는 제도를 의미한다.

(1) 소극적 청구

지방자치에서 치자(治者)와 피치자(被治者)의 동질성 확보를 위한 주민 참정권 청구가 아닌, 입법, 행정행위로부터 주민을 보호하기 위한 청구를 말한다. 주민청원은 지방자치단체에 대해 주민이 일정한 사항에 관한 희망을 진술하는 것을 말하며, 주민소청이란 주민이 입법, 행정이 헌법이나 법률에 위반할 때 감독관청에 그 시정을 요구하는 것(현재는 선거에 관한 소청만 인정)이다.

주민감사청구는 주민이 자치단체장 및 공무원의 공금 및 재산관리에 관해 감사를 청구할 수 있는 것(일본에서 발달한 제도)으로 현행 지방자치법은 20세 이상의 주민 총수의 50분의 1 범위 안에서 조례가 정하는 주민 수 이상의 연서로 장의 권한에 속하는 사무의 처리가 법령에 위반되거나 공익을 현저히 해한다고 인정되는 경우에는 감사를 청구할 수 있다.

주민청구는 20세 이상의 주민은 주민 총수의 20분의 1 범위 안에서 대통령령이 정하는 주민 수 이상의 연서로 당해 자치단체의 장에게 조례 제정 및 개폐를 청구할 수 있다.

(2) 적극적 청구

지방자치에서 입법, 행정행위로부터의 주민 보호 차원을 넘어 치자와 피치자의 동질성 확보를 위한 적극적인 주민 참정적 청구이다. 여기에는 주민발안, 주민소환, 주민투표 등이 있다.

첫째, 주민발안(initiative)은 미국의 다수 도시, 일본, 독일, 케냐 등 다양한 국가에서 채택하고 있다.

둘째, 주민소환(recall)은 일정 수 이상의 연서에 의해 자치단체장, 지방의원, 기타 일정한 주요 간부공무원의 해직이나, 의회의 해산 등을 청구해서 주민투표(의회 동의)로써 결정하는 제도이다.

셋째, 주민투표(referendum)란 지방자치단체의 중요한 정책 사안에 대해 주민으로 하여금 결정권을 행사하도록 하는 것을 말한다. 대의적 민주제 속에서도 사안에 따라서는 주민 전체의 의사를 직접 확인하는 것이 필요한 경우가 있다.

지방자치에서 주민투표제는 대의제에 직접민주제를 가미해 대의제를 보완하려는 것으로서 대체로 다음과 같은 장점을 가진다.

첫째, 민주주의 기본 원리인 '자기 결정'이라는 대명제를 보장하는 제도적 장치이며, 주민의 참정 기회 확대에 따라 주민의 지방자치에 대한 관심을 높일 수 있다.

둘째, 주민의 투표행위를 통해 정치교육의 효과를 가져와 주민의 자치 능력 향상을 기할 수 있다.

셋째, 지방의회와 자치단체장의 대립 관계를 중립적 위치에서 해결해 주는 제도적 장치가 될 수 있다.

그러나 단점도 제기되는데 첫째, 종합적이고도 전문적인 판단을 필요로 하는 정책 문제를 찬·반 형태로 단순화해 주민의 판단을 받는 것은 주민의 피상적인 흑백의 논리에 맡기는 위험성을 내포한다.

둘째, 주민은 모두 조세를 덜 부담하고 서비스를 많이 받기 원하기 때문에, 주민투표가 자치단체의 세입에 차질을 주고 세출을 증대시키는 결정을 초래할 염려가 있다.

셋째, 투표에 다수자의 횡포가 일어나 진정으로 보호받아야 할 소수자의 의견이나 이익이 무시될 가능성이 크며, 지방의회가 곤란하거나 성가신 문제의 회피 수단으로 악용될 소지가 있고, 집행기관의 문제 처리의 정당화 수단으로 이용되기 쉽다.

직접참정의 방법

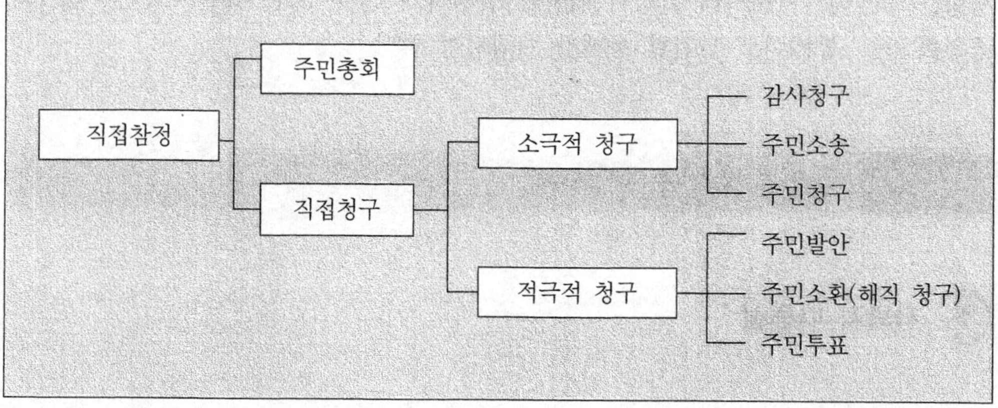

3 정당 · 이익집단에 의한 통제

일반적으로 정당과 이익집단은 자유민주주의 국가에서는 국민의 뜻과 의사를 체계적으로 집약하는 가장 대표적인 조직체로 볼 수 있다. 주민은 정당을 통해 간접적으로 지방행정기관에 압력과 통제를 가할 수도 있고, 정당에 가입함으로써 직접 또는 간접으로 통제할 수도 있다.

이익집단은 지방정치와 행정에 상당한 영향력을 행사하며 의회민주주의제도의 병리 현상을 시정 · 보완하는 역할을 담당한다. 그것은 기존의 민주정치기구나 대의제하에서는 자신들의 특수이익을 충분히 보호할 수 없기 때문이다. 키(V. O. Key)는 민주정치란 결국 다수결 원칙을 기초로 하기 때문에 이익집단의 역할이나 기능이 상당히 중요하다는 점을 강조한다.

4 여론과 매스컴에 의한 통제

지방자치는 주민에게 만족한 서비스 제공에 목적이 있으므로 여론이야말로 지방자치의 가장 중요한 부분으로 간주된다. 따라서 주민의 여론을 지방정치와 행정 과정에 반영해 주민의 이해 · 동의와 협조의 바탕 위에서 지방행정을 실시해야 한다.

여론 형성에는 매스컴의 역할이 무엇보다도 중요하다. 매스컴은 자치단체의 정책결정과 행정에 결정적인 영향력을 미치고, 그 통제와 비판 기능에 의해 그릇된 정책방향을 수정해 나가는 데 결정적 역할을 담당하게 된다. 또한 청원과 진정, 평가회, 공청회 등을 통해서도 건전한 통제가 이뤄져야 한다.

제 3 절 주민통제의 충족 요건

1 사회적 다원성

사회적 다원성이란 지역사회 내에 특정 지도력이나 통제력이 미치지 않는 사회집단 및 자율성을 가진 주민조직이 존재함을 의미한다. 이것이 전제되지 않는다면 분출하는 다양한 주민 욕구나 자치단체에 대한 비판은 제기될 여지가 없으며 지방자치의 일원인 주민 의사는 지방선거로써 지방정부에 흡수될 것이기 때문이다. 사회적 다원성은 대립적인 집단 간 이해의 상충을 조정하는 역할을 담당하게 됨은 물론이다.

2 기본적 합의

주민통제는 민주주의에 대한 기본적 합의 또는 동의가 전제되어야 한다. 다시 말해 이것은 자치단체와 주민 간의 수평성, 평등과 다수결 원칙, 이해관계의 상호 조정을 정치·행정의 기본 원리로 한다는 합의, 주민이면 누구든지 지방자치단체가 시행하고 있는 일을 알 권리와 그것을 비판할 권리를 가질 수 있다는 데 대한 합의 내지 동의가 이뤄져야 함을 의미한다.

3 사회적 교화

주민통제는 건전한 사회적 교화가 그 전제 조건이 되어야 한다. 사회적 교화란 안정되고 일정한 사회 체계를 유지하고 계승하는 데 꼭 필요한 윤리(ethics)·규범(norm)·관습(mores)·양식(sound judgement)을 가르치고 학습시키는 사회적 과정을 의미한다.

사회적 교화는 자치단체와 주민에게 모두 민주통제의 기능을 하게 한다. 먼저 사회적 교화는 자치단체가 일정한 정치·행정윤리에 벗어나는 행위를 하지 못하도록 하고, 사회 통념상 용인되는 행위만을 하게 하며, 민주정치와 민주행정의 정도를 이탈하면 반드시 그 대가를 치르게 된다(예: 지방행정책임을 이행하지 않거나 주어진 권력을 남용하면 다음 지방선거에서 낙선할 수도 있다는 것 등)는 인식을 갖게 한다.

다음으로 사회적 교화는 주민에게 자치단체가 행하는 행위에 대한 감시를 철저하게 하도록 하며, 중앙의 독재정치 출현을 방지하는 억제 능력을 보유하게 하며, 공무원의 부정·부패나 비윤리적 행태를 고발하는 시민정신을 갖게 하는 등 주민통제의 정신적 기초를 구현하게 하는 데 기여한다.

4 엘리트 순환과 주민참여

주민통제가 효과적으로 이뤄지려면 주민의 참여와 엘리트의 순환이 철저하게 보장되어야 실효성이 있다. 나아가 지방선거를 통한 엘리트의 발탁 과정을 통해 현재 지도층에 포함되어 있지 않은 주민이나 집단 중에서 참신한 엘리트를 발굴·등용하며, 기존 지도층의 인적 구성을 점진적으로 물갈이함으로써 진정한 민주통제의 실현이 가능해질 수 있다.

5 기 타

립셋(Seymour M. Lipset)은 주민통제의 요건으로 ① 주민들의 심리적 안정, ② 주민 간의 작은 소득 격차, ③ 교육의 보편화 등을 들고 있다.

제 3 장 대민홍보

지방자치의 기초는 주민이 정신적 사유 과정에서 우러나오는 자발적인 의사에 따라 지방자치행정을 통제하고 직 · 간접 또는 공식적 · 비공식적으로 지역문제에 참여하는 데 있다. 그런데 이러한 자발적인 의사 내지 자치 의식을 높이고 그것을 자치행정에 올바르게 반영해 건전한 여론을 주도 · 형성하는 데 대민홍보의 중요성이 있다.

제 1 절 PR의 개념 및 특성

1 PR의 개념 및 필요성

1) 개념

대민홍보 혹은 공중관계(public information, public relations)란 일반적으로 일반대중 혹은 공중의 태도와 반응을 평가하고, 이에 따라 행정정책 및 행정절차를 공익과 합치시키며 공중의 이해와 수용을 획득하기 위한 홍보 내지 활동계획을 수행하는 관리 기능을 의미한다. 흔히 이를 PR이라고 한다.

PR을 광의로 해석할 때에는 지방자치단체와 그 주민 간에 형성되는 포괄적 관계를 의미하며, PR은 지방정부를 홍보하는 일방적 · 편류적 관계가 아니라 지방자치단체와 주민 간의 상호 신뢰와 지지를 바탕으로 하는 쌍방적 · 교류적 관계(a two-way relationship)임을 특질로 한다.

2) PR의 필요성

지방자치행정은 민주주의를 그 이념으로 하므로 자치단체도 주민의 여론을 적극 수용하여 정보를 투입해야 하며, 이러한 과정에서 주민이 원하는 정책이나 계획 및 방침을 입안하고 집행해야 한다는 점에서 지방자치단체와 주민 간의 대민홍보가 중요하다. 지방자치행정은 대민홍보를 통해 지방행정의 민주화를 실현하고, 주민과의 상호 교류와 이해 속에서 지방행정의 합리화 및 효율화를 도모하며, 시민과 수혜자의 요구와 희망에 맞는 봉사를 할 수 있게 된다. 대민홍보의 필요성을 구체적으로 나열해 보면 다음과 같다.

(1) 자치단체의 임무

지방자치단체에 대한 주민의 잘못된 인식과 편견을 교정하는 것은 자치단체를 이끄는 관리자의 중요한 임무의 하나이다. 따라서 관리자는 주민이 자치단체에 대해 적극적인 지지와 협조를 할 수 있도록 여러 방법을 통해 주민에게 자치행정의 내용을 이해시키고 주지시키도록 노력해야 한다.

(2) 지방자치행정에 대한 잘못된 비판의 중화

지방자치단체는 자치행정이 당면한 실정을 주민에게 솔직히 알려 주민의 불만을 진정시키고 건전한 여론 형성을 유도하며 자치단체에 대한 그릇된 비판을 중화시켜야 한다.

(3) 주민의 신뢰 · 지지 획득

지방자치행정은 주민의 지지와 신뢰 없이는 수행될 수 없으므로 PR을 통해 주민의 지지를 획득하고 신뢰를 얻는 것은 PR이 존재해야 하는 가장 중요한 필요성이다.

(4) 지방자치단체와 주민 간 관계 긴밀화에 기여

대민홍보는 현대 국가에서 기능의 분화와 복잡화 · 다양화, 그리고 지방자치단체의 내적 · 외적 요인으로 지방자치단체와 주민 간의 관계가 다소 소원해지고, 나아가 정치적 무관심으로까지 나타날 수 있다. 따라서 주민과 자치단체의 관계를 개선하고 주민에게 다양하고 복잡한 자치단체의 기능을 이해시켜 주민의 적극적인 협조와 지지를 구하기 위해 오늘날에는 효과적인 대민홍보가 더욱 절실히 요구된다.

2 PR의 특성

대민홍보는 주민의 요구와 여론을 수렴해 행정 기능을 민주적으로 수행하고 자치단체의 정책 내용과 방향을 주민에게 주지시켜 주민의 이해와 협력을 얻는 민주적 성격을 갖고 있다. 대민홍보의 민주적 성격의 내용은 다음과 같이 다섯 가지로 정리할 수 있다.

1) 수평성

대민홍보는 지방자치단체와 주민 양자가 일방적이고 수직적인 관계가 아닌 대등한 수평적 지위를 가질 것을 전제로 한다. 즉 지배자와 피지배자라는 수직적 관계가 아니라 복종 대신 이해에 바탕을 둔 자발적 협조로 대민홍보를 유도해야 한다.

2) 의무성

민주주의 국가에서 대민홍보는 주민에 대한 자치단체의 당연한 의무임을 특질로 한다. 즉 주민은 지방자치단체가 처리하게 될 행정을 자세히 알 권리가 있으며, 또한 자치단체는 주민에게 알려 줄 의무가 있다.

3) 교류성

민주주의 국가의 대민홍보는 지방자치단체가 일방적으로 주민에게 알리는 편류성이 아니라, 주민의 의견이나 요구 사항을 듣고 이를 정책에 반영하는 교류성도 포함된다. 따라서 자치단체와 주민의 의사는 상호 교류되어야 한다.

4) 객관성(진실성)

지방자치단체는 업무의 성과나 시책에 관한 내용을 주민에게 진실되고 객관적으로 알려야 한다. 민간기업의 선전과 같이 왜곡 · 과장 · 은폐해서는 안 된다.

5) 교육성

대민홍보는 주민들에게 필요한 정보를 제공하고 이를 토대로 주민의 건전한 여론을 형성하는 데 기여한다. 이러한 역할을 통해 계몽적 · 교육적인 효과도 가지고 있다.

제 2 절 PR의 기능과 개선 방안

1 PR의 기능 및 본질

1) PR의 발달 요인

(1) 지방행정의 민주화에 대한 요구

지방행정은 민주정치의 당연한 요청으로 주권자인 주민에게 봉사하도록 요구된다. 이러한 요구 속에서 지방정부는 주민에게 어떠한 서비스를 받을 권리가 있는지를 알려 줄 의무가 있고, 주민은 이를 알 권리가 있다.

(2) 지방행정의 능률화에 대한 요구

지방행정이 합리적 의사결정과 능률적 집행을 하기 위해 지방자치단체와 주민 사이의 상호 의사소통 기능이 활성화되어야 한다. 즉 양자가 정보를 유효적절하게 교류한다면 행정의 능률성에 대한 방안이 모색될 수 있을 것이다.

(3) 지방행정의 인간화에 대한 요구

지방행정은 오늘날 법집행이나 기계적 · 소극적 행정보다는 온정적 · 인간적인 행정이 요청된다. 그러나 오늘날 지방행정이 다소 관료제화로 흐르는 경향이 있는데 이는 지방자치단체와 주민 간의 온정적 · 인간적인 면을 상실시키고 있다.

2) PR의 기능

(1) 주지 기능

대민홍보는 지방자치단체가 이룩한 행정 성과를 주민에게 올바르게 주지시켜 공공적 신임을 얻고 차기의 정책입안 및 집행을 효과적으로 지원하게 하는 기능이 있다.

(2) 안정 기능

지역사회가 위기에 처할 때 민심을 수습하고 불안을 감소시키며, 누적된 불만을 해소시켜 주민에게 바람직한 여론 형성을 유도하는 기능이 있다.

(3) 방어 기능

현대 행정국가에서 지방자치단체가 지방의회, 정당, 이익단체(압력단체), 언론기관 등과 대립 양상을 보이게 될 때 자치단체에 대한 반항과 공격을 중화시키고 지방정부의 정당성을 입증하는 기능을 말한다.

(4) 매개 기능

자치단체의 의도를 정확히 규명해 주민의 참여를 유발하는 등 지방정부와 주민과의 의사소통을 원활히 하는 연결고리 역할을 한다.

3) PR의 본질

행정 PR의 본질을 커뮤니케이션, 선전 및 행정책임과의 비교적인 관점에서 파악하면 다음과 같다.

(1) 공통점

행정 PR은 선전이나 커뮤니케이션 등과 마찬가지로 상대방의 동의와 협력을 추구하는 관리·기술적인 활동이란 관점에서는 공통성이 있다.

(2) 차이점

① 의사 전달과의 차이: 의사 전달이 조직 내에서 구성원 상호간의 관계에서 이뤄지는 대내적 커뮤니케이션인데 비해 행정 PR은 행정조직과 국민 간의 관계에서 일어나는 대외적 커뮤니케이션이다.

② 선전(propaganda)과의 관계: 행정 PR은 수평성, 의무성, 교류성, 객관성, 교육성의 특징을 갖는 점에서 일방적인 성향을 띠고 판매량 등 이윤에 치중하는 선전과는 차이가 있다.

구분	행정책임	행정 PR	선전	의사 전달
요구 주체	국민	정부부처	기업체	전달자
객체(대상)	공무원(정부)	공중(국민)	소비자	피전달자
목적	민주성(공익)	민주성(그 밖에도 체제 유지와 적응성, 사기 앙양 등)	이익의 추구 (판매량의 증진)	조정·합리적 정책결정
성질(특성)	재량권의 전제 행동의 결과 중심	수평성·교류성·객관성·의무성 등	수직성·일방성	내부 중심
시간		장기간·원시안적	단기간·근시안적	

③ 행정책임과의 관계: 행정책임이 국민에 대한 행정부의 의무와 책임을 말하나 PR은 행정부가 국민의 동의와 협력을 얻기 위한 활동이기에 주체와 대상에서 구분해야 한다.

결국 유사성(공통성)이 없지는 않으나 오히려 본질적으로 구분되는 성향이 강하며, 이는 위의 표와 같이 정리할 수 있다.

2 PR의 문제점 및 개선 방향

1) PR의 과정

대민홍보는 하나의 순환 과정으로 이해할 수 있는데, 지방자치단체가 주민에 대해 홍보를 하고 주민은 이에 대해 반응을 보이게 되어 이 반응이 지방정부에 영향을 주게 되며, 지방정부는 이를 다시 대민정책에 반영해 새로운 홍보를 하는 이른바 환류 과정을 밟게 된다.

이 과정을 4단계로 구분해 보면 다음과 같다.

첫째 의견 수렴 단계: 대민홍보 주체가 그 객체의 의견·태도를 파악한다.

둘째 개선 단계: 정책·서비스·계획·방침 등을 스스로 개선한다.

셋째 홍보 단계: 대민홍보의 객체인 주민을 설득한다.

넷째 반응 단계: 주민의 호의적인 이해에 기초한 신뢰와 협력을 확보한다. 여기서 '의견 수렴'과 '개선' 과정은 정보의 투입(input) 과정이며, '홍보'와 '반응' 과정은 정보의 산출(output) 과정이다.

2) PR의 문제점

민주국가에서 PR은 주체나 대상인 국민 간의 진실성과 상호교류성이 있어야 하는데, 매스미디어의 암시와 조작, 신뢰성과 책임성을 결한 선전적 형태, 국가 기밀을 강조한 나머지 지나치게 비공개성을 띤다는 문제점이 있다. 특히 우리나라에서 정부의 PR이 활성화되지 못한 이유는 다음과 같다.

첫째, 국민의 정부에 대한 불신이 문제이다. 조선·일제 시대와 해방 후의 역대 정권을 거치는 동안 관료적 지배와 불신이 뿌리깊게 박혀 있어 PR에 대한 피동적·소극적 반응이 일반적이었다.

둘째, 정보의 은폐 및 비공개 문제이다. 즉 정권 유지 중심적·권의주의적 PR로 인해 정보의 비공개 및 은폐가 비일비재했다.

셋째, 공공 관계를 정부의 선전으로 생각하는 경향이 있으며, 정부의 일방적 화재 경보적 PR에만 접해 왔기 때문에 공공 관계에 대한 정당한 인식이 부족하다.

넷째, 민의가 행정에 반영될 수 있도록 하는 공공 관계의 공청 기능이나 정보 투입 기능이 무시되어 왔다. 민의나 여론의 파악을 정보기관에 많이 의존해 진상의 은폐, 정부에 대한 불신 심화, 국민의 행정에 대한 비협조·무관심 등의 역기능을 초래했다.

다섯째, 각 부처에 공보관, 각 도에 공보실이 설치되어 있으나 공공 관계의 전문화는 미흡한 상태이다.

3) PR의 개선 방향

국가가 발전하려면 PR의 중요성이 지대한데, 국가 발전에 올바른 기능을 수행하기 위한 PR의 방향은 다음과 같다.

첫째, 공공 관계의 개선은 정치 발전과 관련되며 집권당의 이익과 구별되는 국가 이익 우선의 공공 관계가 확립되어야 한다.

둘째, 국민이 정부의 일을 좀더 명백하고 신속히 이해할 수 있도록 행정의 공개 원칙이 강화되어야 한다.

셋째, 민의를 수렴해 행정에 반영하는 공공 관계의 공청 기능이 개선·강화되어야 한다.

넷째, 집권 세력의 압력이나 간섭을 배제하여 언론기관의 중립화를 유지함으로써 국민이 정부의 정책과 계획을 사실대로 이해하고 협조할 수 있어야 한다.

다섯째, 대중매체의 보급을 더 높이고 매체에 대한 접근·이용의 제약이 없어야 한다.

여섯째, 최고관리층의 막료 기능인 공공 관계 기관이 전문화되어야 한다.

제 4 장 주민에 대한 행정지도

제 1 절 주민에 대한 행정지도의 의의

1 행정지도의 개념

주민에 대한 행정지도란 일반적으로 행정기관의 특정한 행정상의 목적을 실현하기 위해 행정 객체인 주민을 일정한 방향으로 유도하려는 법적 구속력이 없는 비권력적 사실행위라고 정의할 수 있다. 다시 말하면 행정지도는 행정기관의 행정상의 목적을 실현하는 데 관계되는 시책을 효율적으로 추진하기 위해 주민의 일상생활이나 직업에 관한 유익한 정보와 전문적 지지 및 기술을 전수 내지 교육해 주민의 이해와 지지·협조를 얻고 주민의 적극적 참여를 유발하려는 행위이다.

행정지도의 예로는 농촌진흥청의 영농지도, 지식경제부의 수출 진흥을 위한 지도·장려, 기획재정부·경제부처에 의한 물가 지도 등을 들 수 있다.

2 행정지도의 유형

1) 기능에 의한 분류

(1) 규제적 행정지도

특수한 행정 목적의 달성이나 공익을 증진하기 위해 행하는 행정지도로서 물가 억제(요금 규제), 공해 방지, 자연환경 보전 등을 위한 행정지도가 대표적인 예이다.

(2) 조정적 행정지도

개인 간 또는 단체 간의 이해관계의 대립이나 과다한 경쟁 등으로 인해 건전한 경제 질서에 위협이 된다든지, 행정 목적의 달성에 지장을 초래할 염려가 있을 때, 이를 조정하고 극복하기 위한 행정지도로서 노동쟁의의 조정, 대기업과 하도급 기업 간의 조정 등을 위한 행정지도가 대표적인 예이다.

(3) 보호적 행정지도

주민의 안전과 재산을 위해(危害)로부터 보호하며 약자의 권익을 옹호해 복된 삶을 도모하기 위한 행정지도로서 민방위, 소비자 보호 등의 보호적 사무와 아동, 노인, 장애인, 부녀자 등 생활 능력이 약한 주민의 복지와 보호가 대표적인 예이다.

(4) 조언 · 조성적 행정지도

특정 주민의 사익을 위해 하는 행정지도로서 농촌지도소 요원이 농민을 직접 만나서 시행하는 영농이나 농촌생활을 개선하는 데 필요한 새로운 기술 및 지식의 보급지도, 구직자에 대해 실시하는 직업지도, 공공직업훈련소가 기능 인력의 취업에 꼭 필요한 기능을 개발 · 향상시키기 위해 실시하는 직업훈련 등을 예로 들 수 있다.

2) 법령상 근거의 유무에 의한 분류

(1) 법령에 근거한 행정지도

규제적 · 조정적 행정지도에는 사실상 주민이 그 임의성 없이 따르는 것이 일반적이므로, 자치단체가 이를 공권력 행사의 탈법적 수단으로 이용하지 못하도록 법령이나 조례의 근거나 수권(受權)이 있을 때만 행사할 수 있게 함이 원칙이다.

(2) 법령에 근거하지 않은 행정지도

일정한 행정지도는 법령의 근거를 요하지 않는다. 이러한 행정지도로는 자치단체가 주민 각자에게 개별적 이익을 주기 위해 실시하는 조성적 행정지도가 있다.

제 2 절 행정지도의 방법

1 직·간접적 행정지도

1) 직접적 행정지도

(1) 개별적 방문·지도

담당공무원이 개별적으로 주민을 방문해 직접 면담으로 행정지도를 행하는 방법으로, 주민과의 직접 대화를 확대함으로써 주민의 참여와 협조를 유도하는 장점이 있지만 시간과 노력이 많이 소요되는 단점이 있다.

(2) 공무원의 현지 파견

관계 공무원을 직접 현지에 파견해 문제를 해결하고 지도하게 하는 방법이다.

(3) 현장답사·시찰

어떤 성과나 과정을 현장답사, 시찰 또는 시범을 통해 직접 보여 줌으로써 행하는 행정지도 방식을 말한다.

2) 간접적 행정지도

(1) 매스컴

매스컴은 민주정치의 기본 요건으로서 개인이나 집단의 의견과 여론을 형성·대변하는 동시에 자치단체가 주민에게 필요한 정보를 알리고 권고·조언하는 매체로도 이용된다. 따라서 행정지도에 매스컴을 활용하는 것은 대단히 중요하다.

(2) 간행물·회보

자치단체가 간행물·회보 등을 발행해 각종 시책 및 지도를 요하는 사항을 지역주민에게 전달하는 방법을 말한다.

(3) **여론지도자**

담당 공무원이 개별적으로 행정지도를 할 수 없다는 현실적 제약과 여론지도자가 발휘할 수 있는 특별한 역량 및 역할을 고려해, 지도기관이 여론지도자로 하여금 주민을 설득·이해시키고 자치행정에 자발적 참여와 촉진을 유도하는 방법이다.

2 개별적 행정지도와 단체적 행정지도

사안이 매우 중요하고 이에 관련된 주민의 수가 적으면 개별적 지도가 필요하지만 그 반대인 경우에 개별적 지도는 곤란하다. 일반적으로 개별적 지도는 상대방의 특별한 수요에 적합한 지도를 할 수 있는 장점이 있으나, 많은 시간과 경비가 소요되는 단점도 있다. 한편, 단체적 지도는 시간과 경비를 절약하면서 한 번에 많은 주민을 지도할 수 있는 이점은 있으나, 주민 개개인의 특수성을 무시하고 획일적으로 지도하게 되어 효율성이 떨어지는 단점이 있다.

3 공식적 행정지도와 비공식적 행정지도

공식적 행정지도의 예로는 특별시·구·동, 도·군·읍·면·동·리 및 주민조직의 공식적 경로를 통해 각종 행정 시책이나 정책을 주지하고 지도하는 것이며, 비공식적 행정지도로는 간담회·현장답사·매스컴 등에 의해 지도하는 것이 있다.

4 소극적 행정지도와 적극적 행정지도

소극적 행정지도는 주민으로부터 행정지도의 요구가 있을 때 지도하는 것을 말하며, 적극적 행정지도는 주민으로부터의 지도 요구가 있기 전에 행정 주체가 자발적·적극적으로 지도하는 것을 말한다. 따라서 조성적·조정적 행정지도는 소극적 지도 방법으로 이해될 수 있으며, 규제적 행정지도는 적극적 지도 방법에 의하는 것이 원칙이다.

제 3 절 행정지도의 문제점 및 실효성 제고 방안

1 주민에 대한 행정지도의 문제점

우리나라는 주민에 대한 행정지도를 행할 때 주민이나 조직의 개별적인 특수성을 무시하고 행정기관이 획일적·일률적으로 실시하고 있다. 즉, 주민 의사를 거의 무시하고 일방적 지시 위주로 행하는 데 큰 문제점이 있다. 주민 지도의 문제점을 크게 두 가지 측면에서 살펴보면 다음과 같다.

1) 행태적인 측면

(1) 행정 편의적 사고방식

권위의식을 가진 공무원의 업적 달성이나 능률 위주의 행정 풍토로 인해 지방행정기관은 주민의 입장과 이해관계를 무시하고 일방적인 복종을 강요하는 강압적 지도를 행하고 있다.

(2) 법치행정의 경시

자치단체가 주민의 자유와 권리를 제약하는 행위를 하려면 행정작용법상의 근거를 요하는 것은 법치주의 원리로서 당연한 것인데, 현실적으로 행정기관이 규제적 행정지도를 함에 공공 목적 내지 공익을 실현한다는 명분을 내세워 주민의 권리와 자유를 제약하거나 또는 행정지도에 따르도록 강요하는 예가 흔하다. 따라서 행정지도가 지방정부의 자의에 의한 직권 남용 수단이 된다.

(3) 일부 지방공무원의 자질 부족

행정지도는 권력적 행정행위가 아니므로 상대방인 주민의 이해와 자발적 협조를 유도해야 한다. 따라서 행정지도를 행하는 공무원은 충분한 지식과 경험을 갖고 주민을 지도해야 되는데 일부 공무원의 경험 부족, 전문지식이나 기술 부족 등으로 지도의 실효성이 없다는 점이 지적된다.

2) 제도적인 측면

(1) 행정책임의 불명확성

행정지도의 문제점은 크게 두 가지로 요약된다. 첫째, 행정지도가 문서로 행해지는 경우에는 별다른 문제가 없으나 구두로 행해지는 경우에는 불명확한 개연성이 많으며 행정기관은 행정지도를 한 책임을 용이하게 회피할 수 있게 된다는 점이다. 둘째, 행정지도를 할 수 있는 권한을 가진 행정기관이 법률상 특정되어 있는 경우도 있으나 그렇지 않은 경우(작용법상의 근거가 있는 경우)가 많다는 점이다.

(2) 사법적 구제의 불완전성

행정지도가 법이 정한 범위를 벗어나 주민의 권익을 침해했다고 할지라도 그것은 행정쟁송의 대상이 될 수 없다는 것이 일반적인 견해이다. 왜냐하면 행정지도는 비권력적 사실행위이기 때문에 법적 한계를 벗어났다고 하더라도 법률상의 권익 침해로 인정될 수 없다. 또한, 행정지도에 순응할 것인가의 여부는 적어도 법률상으로는 전적으로 주민의 임의성이 허용되는 것으로 간주되기 때문이다. 따라서 행정지도에 의해 상대방이 특별한 재산상의 손실을 입었을 경우에도 법령의 특별한 규정이 없는 한 손실 보상이나 손해 보상을 청구할 수 없다는 것이 통설로 되어 있다.

(3) 부작위에 대한 책임

특정 주민이 행정지도를 요청했거나 또는 행정지도의 필요성이 있음에도 불구하고 자치단체가 이를 행하지 않음으로써 손해를 입었거나 지역사회에 불이익을 초래했을 때의 행정책임 문제이다.

(4) 지방행정기관의 우위성 확보 문제

자치단체가 정보·지식·기술면에서 상대적 우위성을 확보하고 있어야 하지만 사기업이 발달하고 기술이 고도화됨에 따라 지방공무원의 자질이 상대적으로 저하되어 사기업이나 민간에 비해 반드시 그 우위성의 확보가 곤란하게 되었다는 것이다.

(5) 행정지도 체계의 다원성

행정지도 체계의 다원성으로 행정지도 과정에서 업무 한계의 불명확과 그에 따르는 지도 기능의 중복, 관계 기관 간의 조정과 상호 협조의 결여 등으로 차질을 초래하고 있다.

3) 주민적인 측면

첫째, 행정지도에 대한 주민의 소극적·부정적 수용 자세가 가장 큰 문제점으로 지적된다. 둘째, 행정지도를 받아들이는 주민의 의식 수준이 아직은 성숙되어 있지 못하다. 즉 지방행정기관 및 공무원에 대한 불신 풍조는 상당히 개선되어 가고 있지만 여전히 미흡한 것이 현실이다. 셋째, 주민의 행정에 대한 지나친 의타심도 문제점으로 지적된다.

2 행정지도의 실효성 제고 방안

일반적으로 조언·조성적 행정지도는 개별적 요청에 대한 서비스의 제공을 목적으로 하기 때문에 공익과는 직접적인 연관이 없으며, 그 실효성도 크게 문제가 되지 않는다. 그러나 규제적 행정지도는 공익의 실현을 목적으로 하므로 실효적일 것을 요한다. 따라서 그 실효성을 담보하는 것이 과연 무엇인가라는 문제가 이론상 제기된다.

1) 주민의 호의와 신뢰

자치단체의 상대적 우위성은 행정지도의 한 요건이므로 규제적 행정지도가 실효성 있게 하려면 자치단체와 공무원의 행정지도에 대한 주민이 신뢰가 그 기본 전제이다.

2) 여론 및 언론기관의 지지

지방의 언론이 그 행정지도를 지지하는 경우에는 행정지도의 실효성이 높아질 수 있다. 그 이유는 행정지도에 복종하지 않을 때에는 지방 여론의 비판이나 비난을 받게 되고 결국 복종하게 되기 때문이다.

3) 억제적 조치

억제적 조치란 지도 객체인 주민이 규제적 행정지도에 복종하지 않을 때에 불이익을 주는 조치를 말한다. 억제적 조치의 궁극적 목적은 과거의 불복종에 대한 제재에 있는 것이 아니라, 행정지도에 따르지 않는 경우에 이것을 억제하려는 데 있다.

억제적 조치의 방식으로는 징수, 영업의 정지 또는 취소, 불허가 처분, 공공시설의 이용 거부, 원자재 도입에 필요한 외화 할당의 삭감 등이 대표적인 예이다.

4) 장려적 조치

행정지도의 실효성을 보장받기 위해 행정기관은 규제적 지도에 따르는 자에 대해 일정한 이익을 부여하는 경우가 있는데 이를 장려적 조치라 한다. 장려적 조치의 제도화는 반드시 법률로만 행해지는 것은 아니며 조례나 규칙으로도 할 수 있다.

제 4 편

지방자치단체 개관

제 1 장 지방자치단체의 의의 및 조직

제 1 절 지방자치단체의 의의

1 지방자치단체의 개념

1) 개념

지방자치단체(local government, local public entities)란 일반적으로 국가 영토의 일부를 자기의 '구역'으로 하고, 그 구역 내의 모든 '주민'을 구성원으로 하여 국가로부터 독립해서 일정한 '자치권'을 가지는 법인격 있는 단체라고 자칭할 수 있는 법률상의 개념이다. 즉 사회적 실체인 지역사회를 기반으로 하여 당해 주민이 그들의 공통적 이해관계 사항을 스스로 처리하도록 국법에서 법인격을 부여한 공법인이다.

2) 지방자치단체의 구성 요소

지방자치단체는 장소적 요소인 구역(area), 인적 요소인 주민(population), 법제적 요소인 자치권(autonomy)을 구성 요소로 한다.

2 지방자치단체의 특성

지방자치단체는 다른 공공조직 또는 기관, 이 중에서도 특히 특별지방행정기관과 구별되는 몇 가지 기본적 특성을 갖고 있다. 즉 이는 국법의 범위 내에 존재하는 헌법상 기관으로서 행정 · 재정적 독립성이 보증되는 실질적 자치권을 향유하고 있고, 소송의 당사자 능력, 계약 체결 능력, 재산 소유 능력 등을 가진 공법인으로서 일정한 지역을 단위로 하는 지역적 통치단체로서의 성격을 갖고 있다.

1) 헌법상 기관으로서 자치단체

일반적인 공공단체는 일반 법률을 통해 권능을 부여받는 데 반해 지방자치단체는 개인의 기본권과 마찬가지로 헌법에 의해 기능을 부여받음으로써 헌법 개정에 의하지 아니하고는 그 권능을 제한 또는 폐지할 수 없는 그야말로 고도의 공공적 책임을 지니며 정치적 성격을 띠는 단체이다.

우리나라 헌법 제117조 제1항에서는 "지방자치단체는 주민의 복리에 관한 사무를 처리하고 재산을 관리하며, 법령의 범위 안에서 자치에 관한 규정을 제정할 수 있다"고 하여 국가로부터 독립한 별개의 공법인으로서 그 존재를 인정하고 있으며, 헌법 제117조 제2항에서는 "지방자치단체의 종류는 법률로 정한다"고 하여 국회에서 규정하는 법률 이외의 형식으로써 정하지 못하게 하고 있다. 또한 헌법 제118조에서는 "지방자치단체에 의회를 둔다. 지방의회의 조직 · 권한 · 의원선거와 지방자치단체의 장의 선임 방법, 기타 지방자치단체의 조직과 운영에 관한 사항은 법률로 정한다"고 하여 주민의 선거에 의해 선출된 대표자로 의회를 구성, 이들로 하여금 단체의사의 결정 기능을 담당케 함으로써 지방자치행정에 주민참여의 길을 터놓았다. 또한 지방의회와 지방자치단체의 장을 분리 · 독립시킨 기관분립형을 채택하고 있다.

2) 공법인으로서 자치단체

지방자치단체가 법인이라고 하는 것은 그 자신이 국가와 별개의 권리 · 의무의 주체라는 것을 의미하며, 국가가 그 행정집행의 편의를 위해 설치한 단순한 행정구역이 아님을 의미하는 것이다. 즉, 지방자치단체는 법인(corporate entity)으로서 각각 고유한 명칭과 스스로 재산을 취득 · 관리하고 사업을 경영하는 등 독자적 재정권의 주체이다. 소송의 제기 또는 소송의 객체가 되는 등 권리 의무의 주체로서, 또 그 권리를 향유하고 의무를 부담하는 기관으로서 법률의 명시적·묵시적 규정에 의해 금지된 경우를 제외하고는 스스로의 의사와 책임에 따라 어떠한 행위나 사업이라도 집행할 수 있는 기관이다.

특히 법률에 의해 공공적 사무, 즉 주민에게 봉사하기 위한 사무의 집행을 존립 목적으로 하고 있다는 점에서 사법인과 구별되며, 그 목적이나 설립, 공권력의 행사, 임의 해산의 금지 등과 같은 규정에서 나타나 있는 바와 같이 농후한 공공적 성격은 사법인, 즉 사단법인·재단법인이나 주식회사의 그것과 괄목할 만한 차이를 보여 준다.

3) 지역단체로서 지방자치단체

지방자치단체는 일정한 구역과 주민을 포괄하는 자치권 있는 자치단체라는 점에서 농업협동조합·토지개량조합 등의 사단법인적 성격을 갖는 공공조합과 구별되며, 석유개발공사나 한국은행·대한적십자사·광업진흥공사 등 재단법인적 성격을 갖는 이른바 영조물법인과 구별된다.

제 2 절 지방자치단체의 목적과 종류

1 지방자치단체의 목적과 성격

1) 지방자치단체의 목적

지방자치법은 지방자치단체의 조직과 운영에 관한 대강을 정한 기본법으로 이 법은 "지방자치단체의 종류와 그 조직 및 운영에 관한 사항을 정하고, 국가와 지방자치단체와의 기본적 관계를 정함으로써 지방자치행정의 민주성과 능률성을 도모하며 지방의 균형적 발전과 대한민국의 민주적 발전을 기함을 목적으로 한다"(법 제1조)고 규정해 그 목적과 성격을 규명하고 있다.

특히, 지방자치법이 지방의 균형적 발전과 국가 발전의 당면 목표인 민주 발전을 도모함을 명시한 것은 곧 민주화의 법률적 구현을 의미한다.

2) 지방자치단체의 성격

지방자치법은 그 성격상 지방자치단체의 조직 및 운영에 관한 기본법으로 헌법 규정에 근거하여 지방자치에 관한 여러 법률이 제정되어 있는데, 그 가운데에서 지방자치법은 지방자치행정의 기본 법전으로서 성격을 지니며, 그런 의미에서 지방자치법을 '헌법의 부속 법전'이라고도 한다.

2 지방자치단체의 종류

지방자치단체의 종류는 각국의 역사적 전통이나 정치 · 경제적 상황에 따라 다양하게 나타나지만 지방자치단체의 조직과 기능이 일반적 · 종합적 · 보편적 · 표준적인 것이냐의 여부에 따라 보통지방자치단체(general purpose authorities)와 특별지방자치단체(adhoc authorities)로 나눌 수 있다.

1) 보통지방자치단체

보통지방자치단체는 종합지방자치단체 또는 일반지방자치단체라고도 지칭되는 것으로 존립 목적과 구성 · 조직 · 권능 등이 일반적 성격을 가지고 있고, 지방자치단체로서 보편적 · 표준적 목적을 수행하는 것을 말한다. 우리나라의 경우에는 서울특별시와 광역시, 도와 시 · 군 자치구 등이 이에 해당한다.

2) 특별지방자치단체

(1) 의의

특별지방자치단체란 단일 목적 단체라고도 지칭되는 것으로서, 자치정책상의 견지에서 특정한 목적을 수행하기 위해 또는 행정사무를 공동 처리하기 위해 설치되는 지방자치단체이다. 이러한 특별지방자치단체는 구역이나 권능 · 조직이 특수하고 그 존재가 보편적이 아닌 예외적 자치단체라고 할 수 있는 것으로 주민을 구성원으로 하는 특별지방자치단체와 보통지방자치단체를 구성원으로 하는 특별지방자치단체 두 가지가 있다. 즉, 미국의 특별구(Special District), 스위스의 특별자치단체, 일본의 특별구 등은 전자의 예이고, 영국의 조인트 보드(Joint Board), 프랑스의 시 · 읍 · 면 조합, 독일의 특별자치단체, 일본의 지방공공단체의 조합과 지방개발사업단, 우리나라의 지방자치단체조합 등은 후자의 예에 속한다.

지방자치단체조합은 특별지방자치단체로서 고유의 구역, 사무, 기구 및 재산을 보유하고 독자적인 권능을 가지지만, 일반지방자치단체에 비해 이차적이고 편의적인 존재이다. 구성원이 주민이 아니라 조합에 참여하는 지방자치단체라는 점, 권능이 포괄적이 아니라 지방자치단체사무의 공동 처리를 위한 사무에 한정되는 점, 해산의 임의성 등에 그 특징이 있다.

우리나라 지방자치단체의 종류

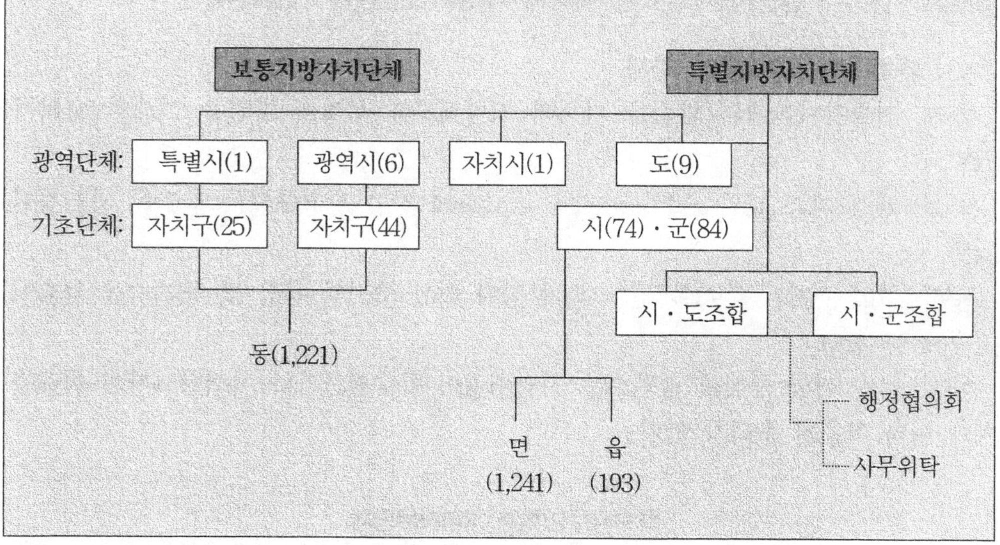

조합제도는 특정한 사무의 공동 처리를 위한 지방자치단체 상호간의 협력 방식이라는 점에서 행정협의회와 비슷하지만 지방자치단체조합은 독자적인 법인격을 가지는 특별지방자치단체라는 점에서 성격을 달리하며, 현행 제도상 적극적이고 확실한 사무의 공동 처리 방식이다.

(2) 특별지방자치단체의 필요성

특별지방자치단체를 설립하는 가장 일반적인 이유는 특정한 공공사무를 지역주민에게 좀 더 편리하게 제공하면서도 가장 효율적으로 수행하기 위해 별도의 관할구역과 행정조직을 필요로 한다. 특별지방자치단체의 필요성은 다음과 같다.

첫째, 지리적 고려이다. 주민의 편의를 도모하고 가장 효율적인 행정을 수행하는 구역을 결정하려는 데 그 필요성이 있다.

둘째, 규모에 대한 고려이다. 행정 서비스를 제공하는 데 규모의 경제를 실현하기 위해 필요하다.

셋째, 재정적·법적 고려이다. 특별자치단체는 헌법이나 법률에 의해 가해진 재정적·법적 제약 및 채무 한계로부터 벗어나기 위해 필요하다.

넷째, 정치적 고려이다. 교육 또는 경찰 기능 등을 지방정부 내 정치의 장으로부터 분리하고 정치적 중립으로부터 벗어나기 위해 필요하다.

그 밖에 지방자치단체에서 지역 및 인구 규모의 영세성, 인적·물적 자원의 부족, 행정의 기술적·전문적인 필요성 때문에 특별자치단체가 설립된다.

(3) 특별지방자치단체의 한계

첫째, 지방자치단체의 난립을 가져와 지방제도의 복잡과 혼란을 초래할 우려가 있다.

둘째, 행정 기능 간의 종합·조정을 곤란하게 하고 할거주의를 조장할 가능성이 있다.

셋째, 책임 소재가 불명확하고 지방행정에 대한 주민의 관심 및 통제력을 약화시킬 우려가 있다.

넷째, 특수 기능 중심의 정책으로 지방행정이 특수전문가나 이해당사자의 이해관계에 따라 좌우될 우려가 있다.

특수사무단체와 광역사무단체

구분	특수사무단체	광역사무단체
기능	특수전문행정 분야의 수행	광역적 협력에 관한 사무
구성원	지역주민을 대상	기존 일반지방자치단체
설립 근거	특수전문행정의 독자적인 행정 주체로 설립	기존 일반지방자치단체의 본래의 기능을 일부 또는 전부를 계승하여 설립
예	미국: 학교구 및 상수도구 등 특별구 일본: 특별구 및 재산구 스위스: 각종 특별지방자치단체	프랑스: 코뮌조합, 특별구 및 도 시공동체 영국: 합동이사회 독일: 목적조합, 게마인데연합 및 광역조합 우리나라: 지방자치단체조합 일본: 지방공공단체조합, 지방개발사업단

3 우리나라의 지방자치단체조합

1) 조합의 설립

설립 근거는 지방자치법 제149조에 의하며, 설립 주체는 시·도, 시·군·구이다. 설립 목적(법 제149조)은 2개 이상의 지방자치단체가 하나 또는 둘 이상의 사무를 공동으로 처리할 필요가 있을 경우이다. 설립 절차 중 임의 설립(법 제149조)은 하나 또는 둘 이상의 사무를 공동으로 처리할 필요가 있을 때에 규약을 정해 당해 지방의회의 의결을 거쳐 시·도는 안행부 장관의, 시·군 및 자치구는 시·도지사의 승인(다만, 조합의 구성원인 시·군 및 자치구가 2개 이상의 시·도에 걸치는 조합은 안행부 장관의 승인)을 얻어 설립할 수 있다. 강제 설립(법 제153조 제2항)은 공익상 필요한 경우 안행부 장관이 설립 명령을 할 수 있다.

2) 조합의 조직 및 운영(지방자치법 제150조, 제151조)

조합에는 조합회의와 조합장 및 사무직원을 두며, 이들은 조합의 규약에서 정한 바에 따라 선임한다. 집행기관으로 조합장을 두며 조합을 대표하며 조합의 사무를 통할하고 일부 사무직원을 둔다. 의결기관으로 조합회의가 있으며, 조합의 중요 사무를 심의·의결한다. 관계 지방자치단체의 의회 의원과 자치단체장은 조합회의의 위원 또는 조합장을 겸할 수 있다.

3) 조합의 규약(지방자치법 제152조)

조합규약에는 다음 사항이 포함되어야 한다(필요적 기재 사항).

① 조합의 명칭
② 조합을 구성하는 지방자치단체
③ 사무소의 위치
④ 조합의 사무
⑤ 조합회의의 조직 및 위원의 선임 방법
⑥ 집행기관의 조직 및 선임 방법
⑦ 조합의 운영 및 사무 처리에 필요한 경비의 부담 및 지출 방법
⑧ 기타 조합의 구성·운영에 관한 사항

4) 조합의 지도 · 감독(지방자치법 제153조)

시 · 도가 구성원인 조합은 안행부 장관의, 시 · 군 및 자치구가 구성원인 조합은 1차로 시 · 도지사, 2차로 안행부 장관의 지도 감독을 받는다. 다만, 조합의 구성원인 시 · 군 및 자치구가 두 개 이상의 시 · 도에 걸치는 조합은 안행부 장관의 지도 · 감독을 받는다.

5) 조합의 규약 변경 및 해산(지방자치법 제153조, 제154조)

안행부 장관은 공익상 필요한 경우에 조합의 해산 또는 규약의 변경을 명할 수 있다. 조합의 설립에 당해 의회의 의결을 거쳐 시 · 도는 안행부 장관의, 시 · 군 · 자치구에서는 시 · 도지사의 승인을 얻도록 하고 있는데 조합의 규약 변경이나 해산의 경우에도 같다.

제 3 절 지방자치단체의 계층구조

1 계층구조의 의의

1) 계층구조의 개념

지방자치단체는 일정 구역 내에 하나만 존재하는 단층제, 상하 계층구조를 가지며, 여러 개가 중첩해서 존재하는 다층제가 있다.

중층제에서는 주민들과 가장 직접적이며 근접해 있는 소구역을 기초로 하는 자치단체를 기초자치단체, 하급자치단체 또는 제1차적 자치단체라고 하며, 중앙정부와 기초자치단체의 중간에 위치하는 넓은 구역의 자치단체를 중간자치단체 또는 광역자치단체, 제2차적 자치단체, 상급자치단체, 보완 · 조정적 자치단체라고 한다. 중층제는 국가에 따라 다소 다른 양상을 보이나 대체로 2층제를 채택하는 나라가 많다.

2) 단층제의 장 · 단점

(1) 장점

첫째, 동일한 행정 기능을 두 개의 자치단체가 수행하는 이중 행정과 이중 감독의 폐단을 방지하고 신속한 행정을 할 수 있다.

둘째, 행정의 책임 소재를 명확하게 하며 행정비용의 낭비를 없애고 능률을 증진시킨다.

셋째, 주민의 의사와 여론을 중앙정부에 신속히 전달하고 중앙정부의 정책이나 계획을 주민에게 정확히 주지시킬 수 있다.

넷째, 다층제에 비해 각 기초단체의 자치권이나 지역의 개별성과 특수성을 더욱 존중할 수 있다.

(2) 단점

첫째, 국토가 넓고 인구가 많은 국가에서는 채택하기 곤란하다. 왜냐하면 소구역을 기초로 하는 기초자치단체와 전국토를 종합적으로 관할하는 중앙정부를 직결시키는 데는 한계가 있기 때문이다.

둘째, 소구역을 기초로 하는 자치단체만으로 단층제를 채택할 때에는 사실상 대규모사업이나 광역행정의 처리에는 부적합하다.

셋째, 중앙정부의 직접적인 지시와 감독으로부터 지방자치단체를 보호할 또 다른 장치가 없어 중앙집권화될 가능성이 있다.

3) 2층제의 장·단점

(1) 장점

첫째, 기초자치단체와 광역자치단체 간에 행정 기능이 분화를 이뤄 효율적인 처리가 가능하다. 주민들의 일상생활과 직결되는 기능, 주민에 대한 원조 및 직접 서비스 기능은 주민과 밀접한 관계를 가진 기초자치단체가 담당하고 대규모사업이나 광역적 행정사무는 광역자치단체가 담당할 수 있다.

둘째, 민주주의의 이념을 확산시킬 수 있다. 교통·통신의 미발달로 중앙정부가 전국을 직접 통치할 수 없어 중앙의 관리가 통치권을 행사하기 위한 국가의 통치구역에 불과했던 도가 중간자치단체로 된 것은 바로 민주주의 이념의 확산을 의미한다.

셋째, 국가의 감독 기능이 실효성을 가질 수 있다. 중앙정부는 모든 기초자치단체를 직접 감독할 수 없으므로 광역자치단체에 감독권을 부여해 국가기관의 지위에서 기초자치단체를 감독하도록 하고 있다.

넷째, 기초자치단체가 그들의 기능을 제대로 수행하지 못할 때에는 광역자치단체가 이를 보충하여 처리할 수 있기에 중간자치단체를 보완적 자치단체라고도 한다.

(2) 단점

첫째, 기초자치단체와 중간자치단체는 동일한 구역과 주민을 대상으로 행정을 전개하므로 양자 간 명확한 기능 배분이 이뤄져 있지 않으면 행정 기능의 중복 현상 또는 이중 행정의 문제점이 생긴다. 또한 기초자치단체는 중앙정부와 중간자치단체로부터 이중 감독을 받으므로 지시·감독 내용이 일치하지 않을 때는 기초자치단체에 혼란을 초래할 우려가 있다.

둘째, 중복행정으로 인해 행정의 지연과 경비의 낭비·비능률의 우려가 있다.

셋째, 중앙정부와 주민 간의 의사소통이 느리고 왜곡될 가능성이 높으며 책임 한계에 모호성이 따른다.

넷째, 중간자치단체가 각 기초단체를 무시하고 행정을 획일적으로 처리할 가능성이 많아져 각 지역의 개별성과 특수성에 맞는 행정이 어렵다.

2 각국의 계층구조

1) 영국

영국의 계층구조는 잉글랜드(England)나 웨일스(Wales)·스코틀랜드(Scotland)·북아일랜드(Northern Ireland) 등에서 서로 다른 형태를 보이고 있으므로 일률적으로 설명하기에는 어려운 점이 있다. 따라서 아래에서는 잉글랜드를 중심으로 살펴보기로 한다. 즉 이곳의 지방자치단체는 전역에 걸쳐 2층구조를 채택하고 있다.

잉글랜드는 런던 지역을 제외한 전역을 제1층 지방단체로서 메트로폴리탄 카운티(Non-Metropolitan County)로 구분했고, 이들 군을 다시 제2층 지방단체인 구(District)로 세분하고 있는데, 도시군의 구가 도시구(Metropolitan County)이고 비도시군의 구가 비도시구(Non-Metropolitan County)이다.

이에 비해 수도인 런던의 구역에는 광역적 자치단체로서 대런던 의회(the Greater London Council)와 기초적 자치단체로서 런던 버러(Metropolitan Boroughs), 그리고 특별시로서의 런던시(the Corporation of the City of London)가 있으므로, 다른 카운티 지역에서와 마찬가지로 계층구조로 되어 있다.

영국의 이러한 지방자치단체의 계층구조에서 특기할 사항은 이런 모든 지방단체가 법인이며, 군과 구를 법적으로 상호 대립하고 대등한 지위를 갖고 있으며 양자 간에

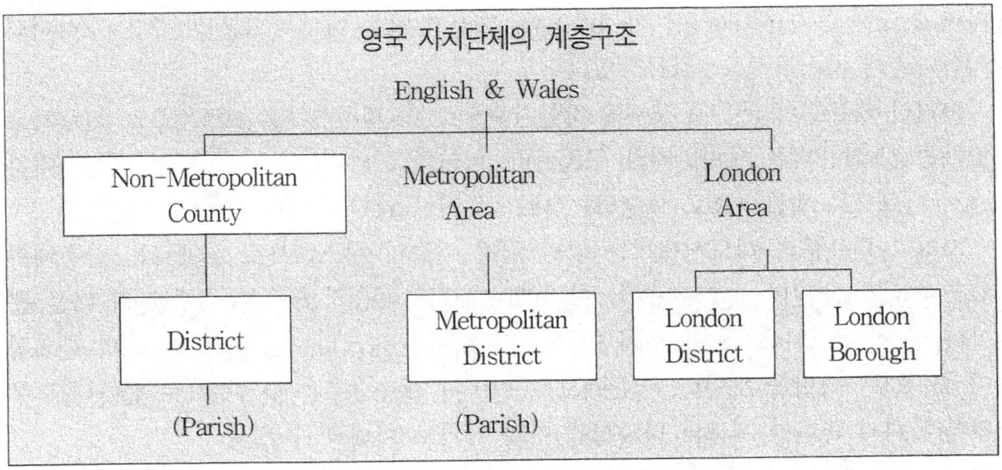

상・하 관계가 없다는 것이다.

2) 미국

미국에서는 일반적으로 아래 그림과 같이 도시지역은 이층제의 지방자치단체로 구성되어 있으며, 대도시 가운데서도 군(County)이라고 하는 상급단체를 가지고 있는 곳이 대부분이다. 그리고 농촌지역에는 자치단체화되지 않은 군을 유일한 기관으로

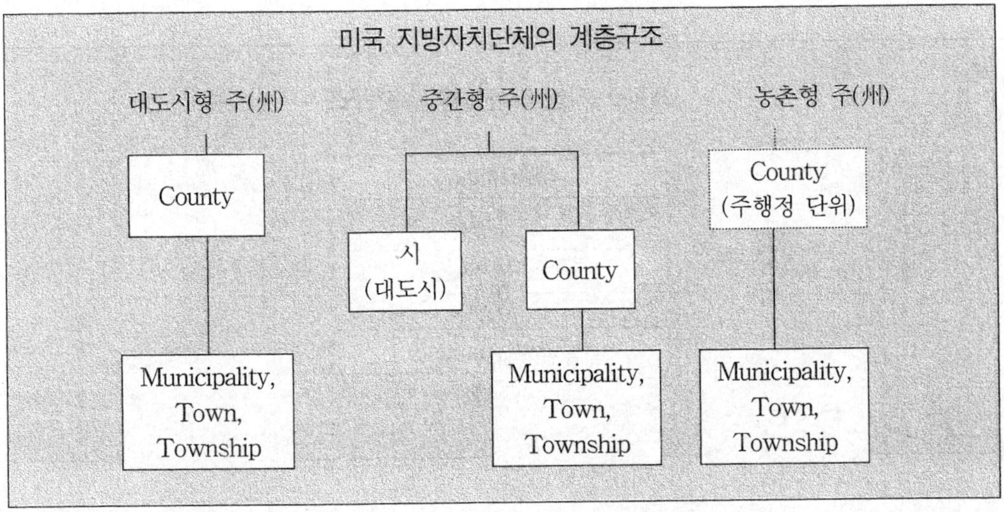

※ County: 주(州)의 사무를 집행하기 위해 설립한 주(州)의 일선기관임과 동시에 자주적 입법권을 갖고 주민 복지적 사무를 처리한다.

가지고 있는 주가 약 50%를 차지하는데, 그렇지 않은 나머지 50%의 주는 도시지역처럼 2층제 자치조직을 택하고 있다.

그러나 대부분의 군은 주정부의 직할기관으로 주 행정사무를 보조적으로 집행하고 있다는 점에서 다른 자치단체와 구별된다. 이러한 군의 성질과 기능은 각 주에 따라 서로 다르므로 일률적으로 설명하는 데는 무리가 많다.

그리고 대부분의 대도시에서는 군의 행정 기능이 협소하므로 실제로는 단층제와 같은 양상을 보인다. 그리고 미국 지방자치단체의 계층적 구조는 주에 따라 다를 뿐 아니라 같은 주 안에서도 지방에 따라 다른 경우가 많으나, 날이 갈수록 군의 중요성이 증가하는 경향을 보인다. 결론적으로 미국의 계층구조는 다양하므로 한마디로 무엇이라 하기 곤란한 제도의 다양성을 가진 국가로 이해될 수 있다.

3) 프랑스

프랑스의 지방자치단체는 아래 표에서 보는 바와 같이 군을 포함한 3층 구조로 되어 있다. 군은 과거에는 군의회를 가진 행정 단위였으나 1940년 10월 12일자의 법에 의해 군의회가 폐지되고 현재는 도의 하급행정기관으로서, 시·읍·면에 대한 감독 기능과 도와 시·읍·면 간의 연락 기능을 주로 담당한다.

또한 캉통(Canton)은 선거·사법·징병·징세 등의 사무를 위해 설정된 구역이기 때문에 엄밀한 의미에서는 지방자치 지역이 아닌 단순한 행정 단위로 보아야 한다.

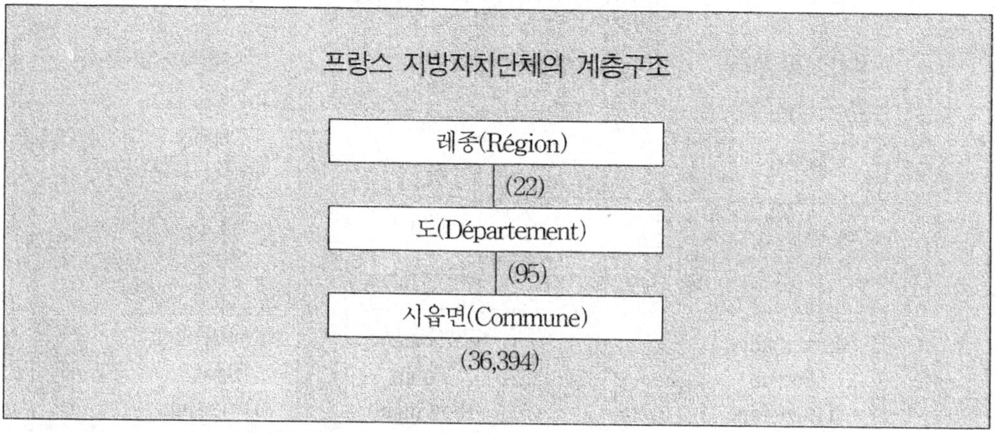

4) 독일

독일의 지방자치제도는 주에 따라 다르기 때문에 지방자치제도는 복잡하고 다양하며 지방 자치단체의 종류 역시 매우 복잡하다. 보통 독일의 행정구역은 연방 · 주 · 주행정관구(Regierungsbezirk) · 군(Kreis, Land Kreis)과 특별시(Kreisfreie Stadt) · 게마인데(Gemeinde, Kreisange-horige Grmeinde) 등 5단계로 구분되며, 군 · 특별시 · 게마인데로 구성되는 기초적 지방단체와 상급지방단체연합체(Gemeindeverband der hoheren Ebene), 게마인데 연합체(Gemeindever-band), 목적조합(Zweckver-band)으로 구성되는 특수적 지방단체가 있다. 기초적 지방단체 간의 구조는 원칙적으로 군과 게마인데로 구성되는 이층제이고, 특별시의 경우는 예외적으로 단층제이다.

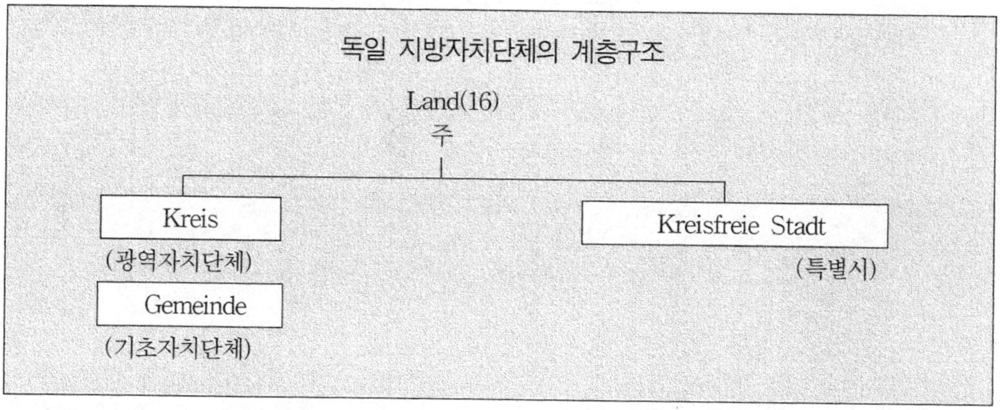

5) 일본

일본의 자치단체 계층구조는 도 · 도 · 부 · 현(都道府縣), 시 · 정 · 촌(市町村)의 2계층제로 되어 있다. 이들 지방자치단체는 원칙적으로 동등한 법적 지위를 가지며, 기능 배분 또한 명확하다. 도쿄(東京都)는 수도의 특수성을 감안하여 특별한 제도가 마련되어 있다. 도에는 특별구가 설치되어 있으며 특별지방자치단체이다.

이상 살펴본 바와 같이 각국 지방자치단체의 계층구조는 그 형태가 다종다기하게 나타나고 있으나 현대 지방행정의 추세로 보아 가장 바람직한 것은 지방자치행정 기능을 기초적 기능과 광역적 기능으로 분리시켜, 기초적 자치단체와 광역적 단체로 하여금 각각 분담하게 함으로써 민주적 요구와 능률적 요구를 조화롭게 충족시킬 수 있도록 하는 2층제가 적당하다고 볼 수 있다. 단, 이의 전제로서는 양계층 간 사무분배에 관한 원칙과 기준을 정립할 것이 요구된다.

일본 지방자치단체의 계층구조

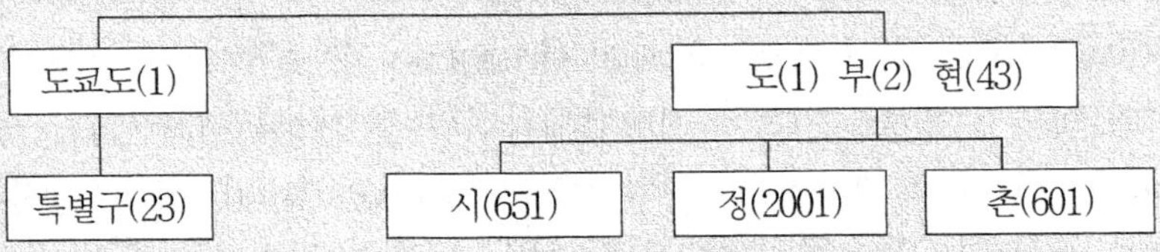

제 2 장 지방자치단체의 행정 기능

지방자치가 민주적 정치 원리의 지역적 구현에 의의가 있지만 실질적 의의는 지방자치단체가 그 지역 주민의 행정 수요를 정확히 파악하며 실효성 있는 기능을 수행해 편익을 제공하는 데 있다.

지방자치단체 사무는 자치사무(고유사무), 단체위임사무, 기관위임사무 등 크게 세 가지 영역으로 구분한다.

우리나라의 지방자치법은 지방자치단체는 그 관할구역의 자치사무와 법령에 의해 지방자치단체에 속하는 사무(단체위임사무)를 처리하고, 지방자치단체의 구역 내에서 시행하는 국가사무는 법령에 다른 규정이 없는 한, 시·도지사와 시장·군수 및 자치구의 구청장에게 위임(기관위임사무)하여 행하도록 규정하고 있다.

제 1 절 행정 기능(사무) 구분의 내용

1 자치사무

1) 개념

자치사무란 지방자치단체가 자기 책임과 부담하에 자주적으로 주민의 복리 증진을 위해 처리하는 사무를 말하며, 지방자치단체의 존립 목적을 위한 본래적 사무라는 의미에서 '고유사무', ' 본래사무'라고도 한다.

2) 내용

자치사무에 관해서는 해당 자치단체가 그 시행 여부를 자주적으로 결정할 수 있음이 원칙이다. 그러나 법령에 사무 처리의 의무가 부과되는 경우도 있는데 당해 자치단체가 그 시행 여부를 임의로 결정할 수 있는 수의적 자치사무와 법령에 의해 그 시행이 자치단체의 의무로 되어 있는 필요적 자치사무로 구분된다.

3) 특징

지방자치단체가 자치사무를 수행하는 데 소요되는 경비는 그 전액을 지방자치단체의 자주재원과 지방교부세로 충당함을 원칙으로 한다. 만약 국고보조금을 지급받는 경우에는 장려적 보조금의 성격을 띤다.

국가의 감독은 원칙적으로 합법성 감독이나 교정적·사후적 감독과 같은 소극적 감독에 그치며, 합목적성 감독이나 사전적·예방적 감독과 같은 적극적 감독은 배제된다.

4) 종류

자치사무는 지방자치단체의 존립·유지에 관한 사무(자치입법, 자치조직, 자치행정, 자주재정에 관한 사무 등)와 지방의 공동복리에 관한 사무(학교, 병원 및 도서관의 설치·관리, 도로의 건설 및 관리, 상·하수도사업, 주택사업의 경영, 쓰레기 등 오물 처리, 교통, 도시계획, 소방, 지역민방위 등)로 구분된다.

2 단체위임사무

1) 개념

단체위임사무는 지방자치단체의 본래의 사무는 아니지만 지방자치단체가 법령의 특별한 규정에 의해 국가 또는 다른 자치단체로부터 위임받아 처리하는 사무이다.

2) 특징

단체위임사무라도 일단 지방자치단체에 위임된 이상은 자치사무와 마찬가지로 자치단체의 사무로 취급되며, 법령상 중앙통제가 가해지고 경비의 일부를 국고에서 부담한다. 이 경우 국고보조금은 부담금의 성격을 띤다.

단체위임사무에 대한 국가의 감독은 합법성, 합목적성의 교정적 감독에 한정되며, 예방적 감독은 배제된다.

3) 종류

보건소의 운영, 각종 예방접종 사무, 시・군의 재해구호 사무, 생활보호 사무, 도의 국도 유지 및 수선 사무, 인접한 자치단체로부터 학력 아동의 업무교육을 위탁받은 사무, 조세 등 공과금 징수 위임사무 등이 대표적 형태의 단체위임사무로 볼 수 있다.

3 기관위임사무

1) 개념

지방적 이해관계가 없고 법령의 규정에 의해 국가 또는 상급자치단체로부터 지방자치단체의 장 및 기타 집행기관에게 위임되는 사무를 말한다. 우리나라에서 처리되는 지방자치단체사무 중에서 가장 많은 비중을 차지하는 것이 기관위임사무이다.

2) 특징

기관위임사무를 위임할 때에는 개별적인 법령의 근거를 요하지 않는 포괄적 수권주의이다. 기관위임사무의 주체는 자치단체가 아니라 자치단체의 집행기관이며, 수임사무 역시 지방자치단체의 사무가 아니므로 지방의회는 원칙적으로 그 처리에 관여할 수 없다. 이러한 특질로 중앙정부는 지방자치단체에 기관위임사무 형식으로 위임하고 실질적인 통제권을 강화하여 중앙집권화의 요인이 되고 있다.

기관위임사무의 처리에 필요한 경비는 원칙적으로 전액을 국고에서 부담한다. 이 경우 국고에서 지급되는 보조금은 교부금으로서의 성격을 띤다. 따라서 국가의 감독도 교정적 감독과 합법성의 감독만이 아니라 예방적 감독과 합목적성의 감독까지도 행하기에 중앙의 엄격한 감시나 통제를 받는다고 볼 수 있다.

3) 종류

병사사무, 경찰사무, 대통령이나 국회의원 선거사무, 전국적 통계, 도량형, 가족관계 기록사무 등이 대표적 예이다.

지방자치단체가 수행하는 사무의 성질별 분석

구분 / 법원	기관위임사무	단체위임사무	자치사무
	지방자치법 제93조	**개별 법령**	**지방자치법 제9조 제1항 · 제2항**
위임 방식 및 존재 양식	*법령이나 일반 통첩에 의해 위임되는 사무 *국가사무	*법령에 반드시 위임규정이 있어야 함 *국가와 지방의 이익이 동시에 미치는 사무	지방자치법이나 다른 법령에 정한 사무: 자치단체의 존립이나 지방복리사업
중앙정부 감독	적극적 감독(합목적 · 사전감독): 위법 부당 사항에 대해 지휘명령, 예방 감독	적극적 및 소극적 감독(합법성 사후감독): 위법 사항 중심	소극적 감독(합법성 사후감독): 위법 사항
비용 부담	전액국고보조: 보조금은 교부금 또는 위탁금 성격	일부 또는 전부를 국가가 부담: 보조금은 부담금 성격	*자치단체 부담 원칙 *법령에 규정이 없더라도 국가보조 가능: 보조금은 장려금적 성격
지방의회 관여	*불관여 원칙 *사무 수행에 필요한 경비 부담에 관한 사항은 관여	*지방의회의 의결 · 동의 *사무감독 · 행정조사 행정감독에 관여할 수 있음	지방의회
국정조사	국정조사 대상이 됨.	국정조사 대상이 됨	국정조사 대상에서 제외

제 2 절 중앙과 지방 간의 사무재분배

1 사무재분배의 의의 및 필요성

1) 사무재분배의 의의

오늘날 지방행정은 양적으로 확대되고 있을 뿐만 아니라 질적으로도 광역화 내지 대규모화·기술화되고 있다. 이러한 시대적 요청에 부응하여 지방자치단체 역시 그 관할구역을 확대하고 그 규모를 개편해 행·재정력의 강화를 도모해야 할 것이다.

이리하여 지방자치단체의 규모가 적정화되는 경우 많은 사무가 지방자치단체에 다시 분배될 수 있게 되므로 지방자치단체는 중앙정부의 지배로부터 자립할 수 있게 되고 또한 지방자치의 존립에 관한 보장이 좀 더 실질적으로 철저해질 수 있다.

이와 같은 지방자치의 재편성을 기하기 위한 방안의 하나로 대두된 것이 중앙정부와 지방자치단체 간의 사무재분배이다. 즉, 사무재분배는 기존 중앙정부가 관장하던 사무의 일부를 지방자치단체에 위양, 좀 더 자주적으로 당해 자치단체의 특수성에 부합하도록 행정사무의 수행을 도모케 하는 방식이다. 이는 행정구역의 개편이란 문제와 지방자치의 표리를 이루는 현대 지방행정의 특징이다.

2) 사무재분배의 필요성

사무재분배의 필요성을 살펴보면 다음 몇 가지로 요약된다.

첫째, 기관위임사무나 단체위임사무와 같은 이른바 위임사무가 지방자치단체의 고유사무보다 양적으로 크나큰 비중을 차지하고 있을 뿐만 아니라 자치사무로 처리할 수 있는 것까지도 이를 기관위임사무로 하여 사무 처리에 엄격한 지휘·감독을 행사하고 있다는 점이다.

둘째, 중앙정부가 지방자치단체의 행정에 대해 지나치게 불필요한 간섭을 하고 있다는 점이다.

셋째, 중앙정부와 각 지방자치단체 간에 사무의 중복으로 인해 책임과 권한의 소재가 불분명할 뿐만 아니라 사무의 비능률과 행정의 유실이 크다는 점이다.

넷째, 지방자치단체에 배치되어 있는 국가공무원에 대한 인사권을 국가에서 장악하고 있기에 고유사무에 대해 법령상 허용되지 않은 적극적 감독권까지 행사하게 하는 결과를 초래한다는 점이다.

이러한 이유로 지방자치단체는 독자적인 창의와 책임으로 처리할 수 있는 사무의 범위가 매우 협소하여, 지방자치는 명목상의 것에 그치고 지방자치단체는 국가의 일선기관이나 출장소 역할에 그치고 있어 사무재분배의 필요성이 더욱 요청된다.

2 사무재분배의 원칙과 기준

중앙정부와 지방자치단체 간의 사무를 어떠한 원칙에 입각해 재분배할 것이냐 하는 문제는 각국이 처한 상황이나 역사적·정치적 요인에 따라 다소 다르다.

여기서는 각국에서 이뤄지고 있는 사무재분배에 관류하고 있는 기본 원칙과 판별기준의 일반적인 것만을 살펴보기로 한다.

1) 사무재분배의 원칙

(1) '샤프사절단'의 원칙

① 행정책임 명확화의 원칙: 행정사무는 그 분류나 실현이 가능한 한 각 정부 단계별로 명백히 구분해서 기초자치단체·중간자치단제·중앙정부에 따라 각기 하나의 특정한 사무가 전적으로 할당되어야 한다는 것이다.

② 능률성의 원칙: 각 행정사무는 그것을 능률적으로 처리할 수 있도록 그 규모·능력·재원 등의 조건이 갖추어진 단계의 정부기관에 분배되어야 한다는 것이다.

③ 기초자치단체 우선의 원칙: 지방자치를 위해 가능한 한 많은 지방적 사무를 기초자치단체에 부여해야 하며, 그 다음의 우선권은 중간자치단체에 주고, 중앙정부는 자치단체에서 효율적으로 처리할 수 없는 사무만을 맡도록 해야 한다는 것(지방자치 존중 또는 기초자치단체 우선의 원칙) 등 세 가지를 제시하고 있다.

(2) 일본의 '임시행정조사회'의 사무배분에 관한 개혁 의견

① 현지성의 원칙: 이는 주민의 행정참여의 원칙, 지방자치 존중의 원칙, 시·군 우선의 원칙이라고도 할 수 있다. 지방행정을 민주적으로 수행하기 위해 주민참여와 주민통제를 쉽사리 할 수 있는 최저 단계의 정부 단위에 가능한 한 많은 사무를 배분해야 하고, 특히 주민생활에 밀착된 시행사무는 주민 편의의 관점에서 되도록 그 신변

에 가까운 단체에 배분할수록 좋다는 것이다.

② 종합성의 원칙: 이는 행정의 지역종합성 원칙이라고도 지칭되며, 행정사무는 행정의 종합 조정 기능이 발휘될 수 있는 지역종합행정 체제, 즉 서울특별시나 광역시·도, 시·군·구 등 지방자치단체에 되도록 많이 집중 배분해야 한다는것을 의미한다.

③ 경제성의 원칙: 이는 행정의 능률적 집행의 원칙이라고도 지칭되는데, 행정사무는 각 단체의 규모, 행정·재정 능력, 행정 대상의 수 등을 고려하여 각 사무를 최소의 경비로 최대의 효과를 도모할 수 있는 단계의 정부 단위에 분배해야 한다는 원칙이다.

주요 국가의 사무배분 원칙

국명	원칙
미국	·경제적 효율성의 원칙·재정적 책임성의 원칙 ·정치적 형평성의 원칙·행정적 효과성의 원칙
영국	·행정비용 절감의 원칙·행정 간소화의 원칙 ·기초자치단체 우선의 원칙 ·계층 간 갈등 제거의 원칙
일본	·행정책임 명확화의 원칙·능률의 원칙 ·기초자치단체 우선의 원칙·현지성의 원칙 ·종합성의 원칙·경제성의 원칙
프랑스	·전문성의 원칙·중복재정 금지의 원칙 ·동등한 보상의 원칙·감독 금지의 원칙 ·기존 단체의 이익 보장의 원칙
독일	·기초자치단체 우선의 원칙·보완성의 원칙 ·법적합성의 원칙·감독 금지의 원칙 ·자기책임성의 원칙

※ 자료: 한국지방행정연구원(1994: 87).

각 국가별 기능 배분 방식

국명	배분 방식
미국	헌장제도 방식
영국 캐나다	개별적 수권 방식
일본	예시적 포괄배정 방식
독일	포괄적 수권 방식

이상 살펴본 원칙은 어디까지나 원칙에 불과할 뿐 실제 운용면에서 항상 그 타당성이나 효율성이 입증되는 것은 아니므로, 각국이 처한 상황이나 특성에 신축성을 기해 사무재분배를 해야 할 것이다. 실제로 각 나라에서 사용하고 있는 기능 배분의 원칙은 앞에 제시한 표와 같다. 우리나라의 지방자치법은 불경합의 원칙과 기초자치단체 우선의 원칙을 규정하고 있다.

2) 사무재분배의 방식

국가와 지방자치단체 간 그리고 상급자치단체와 하급자치단체 간에 사무를 재분배하는 방식은 크게 개별적 지정 방식과 포괄적 위탁 방식, 절충식 등으로 나눈다.

(1) 개별적 지정 방식

행정사무를 개개의 지방자치단체별·사무 종목별로 개별적으로 지정해 배분하는 방식으로 영국을 비롯한 캐나다·호주·스웨덴 등에서 채택하고 있다(최창호, 2001: 288). 이 방식은 각 단계의 정부 단위 상호간에 사무배분이 명확하여 중복이 거의 없고 책임 한계가 명확해 자치행정 기능이 광범하다는 장점이 있다. 하지만 지나친 개별성과 특수성의 강조로 통일성이 저해되고 있다는 것과 개별법을 제정하는 데 각 자치단체나 의회에서 지나친 노력을 소모하고 있다는 것이 단점으로 지적된다.

(2) 포괄적 위탁 방식

행정사무를 지방자치단체의 구별 없이 포괄적으로 일괄해서 규정하는 방식이다. 법률로 금지한 사항이나 국가 또는 다른 단체에 배타적으로 주어진 사무를 제외하고는 어떠한 사무든지 처리할 수 있게 하는 사무배분 방식으로 프랑스와 독일을 비롯한 대륙계 국가에서 채택하고 있다. 이 방식은 융통성과 탄력성이 있다는 장점이 있으나 각 단계의 정부 단위 상호간에 사무배분이 모호할 뿐 아니라 지방자치단체가 담당하는 자치사무와 위임사무의 한계도 불명확하여 사무 처리의 중복이 상급단체의 무차별적인 통제·감독을 초래하기 쉽다는 단점을 내포한다.

(3) 절충식

이는 앞서의 개별적 지정 방식과 포괄적 위임 방식을 절충한 가장 적절한 방식으로 나이지리아의 동부와 서부지방에서 채택하고 있다.

예시적 포괄주의를 택하고 있는 일본은 각 지방자치단체별로 사무배분을 하고 있지는 않으나, 지방자치법에서 크게 광역적 자치단체와 기초적 자치단체로 대별하고 도·도·부·현지사가 처리할 기관위임사무, 시·정·촌이 처리할 사무, 시·정·촌장이 처리할 기관위임사무 등을 상세히 열거해 일괄 규정하고 있으므로 이른바 절충식에 해당한다. 그러나 이러한 방식 역시 어디까지나 이상적인 당위적인 것일 뿐 실제로 운용상 예상치 않은 단점과 상대적인 성격을 가지고 있다.

3) 사무재분배의 기준

중앙과 지방 간 사무재분배의 원칙론은 어디까지나 지방적 사무는 가능한 한 최대로 지방단체에 분배함으로써 자주적으로 처리할 수 있게 하고 지방단체가 능률적으로 처리할 수 없는 사무만을 중앙정부의 수준에서 해결해야 한다는 것이다.

(1) 배분 기준의 제시

중앙정부와 각급 지방자치단체 사이의 기능 배분에 관해 지금까지 이론상 보편적인 기준이 많이 제시되어 왔으나 최근 한국지방행정연구원은 중앙정부와 각급 자치단체 사이의 기능 배분 기준으로 영향의 범위, 사무의 성격, 사무 수행의 효율, 업무수행 능력 등 네 가지를 제시하고 있다.

첫째, 영향의 범위이다. 중앙정부와 지방자치단체 간의 기능 배분에서 일차적으로 가장 중요한 기준은 그 사무가 미치는 영향의 범위이다.

둘째, 사무의 성격이다. 사무가 정책 결정적 사무냐 정책 집행적 사무이냐에 따라 배분한다.

셋째, 사무 수행 효율성이다. 국가 전체적인 측면에서 일정한 사무를 어느 계층에서 수행하는 것이 효과적인가를 기준으로 배분하게 된다. 이 경우 사무 수행 용이성의 판단 요소로는 경비의 절약, 능률성의 제고, 주민의 편의, 행정의 편의 등이 있다.

넷째, 업무의 수행 능력이다. 특정한 사무를 효과적으로 처리하기 위해서는 그 사무를 처리할 수 있는 능력을 갖춘 정부 단위에서 처리해야 한다.

(2) 사무 기준의 규정

① 국가와 지방자치단체 간의 사무재분배

- 외교・국방・화폐제도・국세・전매사업・대통령 및 국회의원의 선거 등 국가의 존립 자체에 필요불가결한 사무
- 경제개발계획, 국토건설종합계획, 전국적 간선도로계획 등 전국적 종합계획의 수립사무
- 우편・전화・전파・관리・기상・철도・항공 등 전국적 또는 광역적 규모로 행하는 현업 또는 이에 유사한 사무
- 노동 기준의 설정이나 생활 보호 기준의 설정, 국세조사 전국적인 통계조사・측량・도량형・의사・약사의 면허시험 등 전국적으로 기준의 통일 또는 조정을 요하는 사무

- 대규모 시험연구 · 검사시설 · 원자력의 개발 이용 · 종합대학 등 지방자치단체가 가지는 기술로써는 그 목적을 달성하기 어려운 사무
- 대규모 하천 · 항만 · 국유 임야 · 대규모 토지개량사업 등 전국적 또는 광역적 규모를 가지거나 지방자치단체의 능력을 넘는 사무
- 물가통제나 양곡관리 · 수출입통제 · 전국적 법인의 지도 · 감독 및 최저 노동 조건 확보를 위한 감독, 공정거래의 확보, 중요 문화재의 보호 등 전국적 또는 광역적 견지에서 통일적으로 처리할 필요가 있는 사무
- 빈민구제나 실업대책 · 이재민구호 등 사회정책적 요구에서 나온 사무 등은 국가가 처리함이 원칙이다.

② 도나 시·군 상호간의 사무재분배

㉠ 시 · 도의 사무

- 사무 처리 결과가 여러 시 · 군 및 자치구에 영향을 미치는 광역적 사무
- 시 · 도 단위로 기준에 따라 처리되어야 할 성질의 사무
- 지역적 특색을 살리면서 시 · 도 단위로 통일성을 유지해야 할 사무
- 국가와 시 · 군 및 자치구 사이의 연락 · 조정 등의 사무
- 시 · 군 및 자치구가 독자적으로 처리하기에 부적당한 사무
- 여러 시 · 군 및 자치구가 공동으로 설치하는 것이 적당하다고 인정되는 규모의 시설 설치 및 관리에 관한 사무

㉡ 시 · 군 및 자치구의 사무: 시 · 군 자치구는 시 · 도가 처리하는 사무를 제외한 사무를 처리한다. 다만, 인구 50만 이상의 시에 대해서는 도가 처리하는 사무의 일부를 직접 처리하게 할 수 있고, 반대로 특별시 · 광역시에서 직접 처리하게 할 수 있다.

㉢ 시 · 도와 시 · 군 · 자치구의 공통사무

- 관할구역 안 행정구역의 조정 등에 관한 사무
- 조례 · 규칙의 제정 · 개폐 및 그 운영에 관한 사무
- 산하 행정기관 및 단체의 지도 · 감독 사무
- 소속 공무원의 인사 · 후생복지 및 교육에 관한 사무
- 지방세외수입의 부과 · 징수에 관한 사무
- 예산 · 회계 및 재산에 관한 사무
- 행정장비 및 행정관리 개선에 관한 사무
- 호적 및 주민등록에 관한 사무
- 지방자치단체의 조사 · 통계 사무

3 사무재배분의 문제점과 개선 방안

1) 문제점

(1) 행정적 측면

첫째, 사무 범위 예시의 모호성이다. 지방자치법 제9조에서는 지방자치단체의 사무 범위를 개괄적으로 예시하고 있어 실제로 어떤 특정 사무가 지방자치단체의 사무 범위 안에 속하는 것인지 모호하다. 또한 자치사무와 (단체)위임사무를 일괄하여 예시하고 있기 때문에 자치사무와 (단체)위임사무의 한계는 더욱 모호하다.

둘째, 사무배분 예시의 모호성이다. 지방자치법에서 예시하고 있는 사무를 동법 시행령이 그 별표를 통해 광역자치단체와 기초자치단체별로 배분함을 규정하고 있지만 그 배분사무도 개괄적 표현으로 규정하고 있어 어디까지가 광역자치단체의 사무이고 또한 기초자치단체의 사무인지 분명하지 않다.

셋째, 법령 규정 표현의 모호성이다. 각 개별 법령에 표현 방식과 용어가 통일되어 있지 않아, 구체적으로 해당 사무의 성질 및 처리 주체가 모호한 경우가 많다.

(2) 사무 범위 · 배분 예시 실효성의 증발

지방자치법 및 동법 시행령에서 지방자치단체 소관사무의 범위와 계층별 배분을 애써 규정하고 있지만 같은 조문들의 단서 규정에 의해 그 규정의 실효성이 증발하고 있다. 즉 동법 제9조 제1항 단서와 동법 시행령 제8조 단서가 "다른 법령에 이와 다른 규정이 있을 때에는 그러하지 아니하다"고 규정함으로써 사실상 사무배분의 실효성 관철을 포기하고 있으며, 실제 조사에서도 많은 배분사무가 각 개별 법령에 의해 저해되고 있는 것이 발견된다.

(3) 배분 원칙 선언 규정의 미흡

지방자치법 제10조 제3항이 기능 배분의 원칙으로서 불경합의 원칙과 기초자치단체 우선의 원칙을 규정하고 있지만 이러한 원칙만으로는 미흡하다. 종합성의 원칙이라든가 경제성의 원칙, 권한 · 책임 일치성의 원칙, 사무와 재원의 연계성 원칙 등이 보완되어야 한다.

또한 규정되어 있는 원칙도 준수되고 있지 않는 경우가 많다. 예를 들면 비경합의 원칙을 규정해 놓고도 시 · 도와 시 · 군 · 자치구 사이에 사무를 중복 배분하고 있는 실정이다. 기초자치단체 우선의 원칙을 규정해 놓았지만 기초자치단체에 배분된 사무 건수가 시·도에 배분된 사무에 비해 훨씬 미약한 것도 문제이다.

(4) 획일적 기능 배분

지방자치단체의 종류를 광역자치단체인 시·도와 기초자치단체인 시·군·자치구로 양분해 지방자치단체의 종류별 배분 기준에 의해 일률적으로 기능을 배분하고 있다. 물론 인구 50만 이상의 시와 자치구에 대한 특례는 두고 있지만, 근본적으로 지방자치단체별 행·재정 능력, 지역 특수성, 행정 수요 차이, 인구 규모 등을 고려하지 않음으로써 기능 배분의 적실성이 결여되어 있다.

(5) 중복적 배분

지방자치법시행령 별표에서 사무를 광역자치단체인 시·도와 기초자치단체인 시·군·자치구에 각각 303개와 340개씩 배분하고 있으나, 그 중 동일사무가 시·도의 사무인 동시에 시·군·자치구의 사무로 중복 배분되고 있는 것이 83개나 된다. 물론 중앙정부와 각급 지방자치단체는 상호 협력해야 하므로 경우에 따라서는 공관사무도 둘 수 있으나, 이러한 중복 배분이 그러한 상호 협력과 공관사무 설정의 의미를 가지는 것인지는 미지수이다.

(6) 기능 배분의 대통령령 사항

기능 배분의 기준은 지방자치법에서 규정하고 자치단체 종류별 배분은 동법 시행령에서 규정하고 있다. 이러한 대통령령에 의한 기능 배분은 상황 변동에 신속하게 적응한다는 측면에서 장점이 있는 것도 사실이지만, 오랜 중앙집권적 전통에 젖어 있는 관료문화와 행정문화에 비춰 볼 때에도 그것을 법률 규정 사항으로 하는 것에 비해 분권화를 후퇴시킬 우려도 있다. 참고로 일본에서는 배분 사항을 지방자치법에서 하나하나씩 구체적으로 규정하고 있다.

기능 배분을 대통령령 규정 사항으로 하는 경우의 또 하나의 문제점은 다른 개별법(법률)에 그와 다르게 규정하는 경우에 대통령령 규정이 이에 우월할 수 없다는 점이다.

2) 개선 방향

(1) 기본적 체제와 시각의 정립

중앙정부와 각급 자치단체 간의 기능 배분은 그 국가의 중앙집권과 지방분권의 기본적인 통치 체제 문제이며 국민에 대한 최대의 서비스를 보장하는 통치철학의 문제이다. 따라서 기능 배분은 구체적으로 각 계층 간에 사무를 배분하기 이전에 국가 통치의 기본 체제와 시각에 대한 합의가 선행되어야 한다. 이때에 중요한 과제는 공·사 부문 간의 역할 분담과 중앙·지방 간의 역할 분담의 설정이다. 전자는 행정 수비 범위의 문제이고, 후자는 정부 간 관계의 문제이다.

첫째, 행정 수비 범위의 설정이다. 먼저 공공 부문(public sector)과 민간 부문(private sector) 간의 역할 분담을 설정해 행정 영역을 한정해야 한다. 공·사 부문 간의 역할 구분 기준에서 다음과 같은 기능은 공공 부문이 담당해야 한다.

① 공권력성: 마약 단속, 범인 체포 등과 같이 권력의 행사를 요구하는 기능은 공공 부문이 담당한다.

② 안정성: 국민의 생존이나 생활과 직결되는 서비스로서 안정적 공급이 요구되는 기능은 공공 부문이 담당한다.

③ 외부효과성: 일정한 편익이 불특정 다수인에게 파급되는 이른바 외부효과가 큰 기능은 공공 부문이 담당한다.

④ 규모성: 대규모적인 사회적 수요에 민간이 그 능력이나 수익 지향성으로 인해 담당할 수 없는 기능은 공공 부문이 담당한다.

반면에, 이상과 같은 기능 이외에 경쟁성·선택성·응답성·비용·편익 계산성·가격성이 높은 기능은 민간 부문이 담당하는 것이 좋다.

둘째, 정부 간 관계의 정립이다. 공·사 부문 간의 역할 분담을 설정한 후에는 중앙정부와 각급 지방자치단체 간의 관계에 대한 기본적인 합의를 이뤄야 한다.

따라서 지방화 시대에는 중앙이 권한과 정보와 자원과 기술을 독점하고 있어서는 안 되며, 이들을 지방에 적극 분산시켜 지방이 자생력을 갖고 발전할 수 있도록 협력해야 한다.

(2) 기능 배분의 추진

지방자치란 본래 일정한 지역의 주민들이 그 지역 내의 사무를 자기 책임하에 스스로 처리하는 것이기 때문에 기본적으로 지방사무의 확대가 본질적으로 요청된다. 지방화 시대에 우리나라에서는 사무의 지방이관 사업을 꾸준히 추진해 많은 사무를 지방에 이관한 것은 바람직한 일이다.

(3) 제도의 개선

첫째, 사무 범위의 개괄적 예시주의는 불가피하다고 하더라도 자치사무와 (단체)위임사무를 구별하여 자치사무의 범위를 예시해 주어야 한다.

둘째, 각 개별 법령상의 사무 관장에 관한 규정의 표현 방식을 통일해 해당 사무의 성질 및 처리 주체를 명백히 하고, 각 개별 법령을 지방자치법상의 지방자치단체의 사무 범위 규정에 맞추어 조정해야 한다.

셋째, 지방자치법상의 지방자치단체의 사무 범위 및 사무배분 규정에 대한 단서 조항 "다른 법령에 이와 다른 규정이 있을 때에는 그러하지 아니하다"를 삭제하거나, 이를 "다른 법령에 이와 다른 규정이 있을 때에도 그러하다"로 변경할 필요가 있다.

넷째, 획일적인 사무배분을 지양하고 지방자치단체의 인구 규모, 행·재정 능력, 지역 특성 등을 반영한 적실적 배분을 이뤄야 한다.

다섯째, 지방자치법과 각 개별 법령에 흩어져 있는 사무·기능의 범위와 배분에 관한 규정을 하나의 법률로 모아 프랑스의 권한배분법과 같은 단일의 법률을 제정하는 방안이 적극 검토되어야 한다.

제 3 절 지방자치단체의 기능 및 국가의 지도·감독

1 우리나라의 기능 배분 방식

우리나라는 지방자치법상 처음으로 포괄적 위탁 방식에 의했지만 지방자치법 전면 개정(1988. 4. 6)에서 예시주의를 취하고 있다. 지방자치법은 지방에서 처리할 수 있는 사무 범위를 6개 기능 분야에 모두 57개로 규정하고 있다.

이를 분야별로 나눠 다음과 같이 예시하고 있다.

① 자치단체의 존립과 관련된 11개 사무

② 자치단체의 기본적·공공적 기능에 관련된 10개 사무

③ 자치단체의 경제 성장과 산업 발전에 관련된 15개 사무

④ 공공편익시설과 정신 계발과 지방문화의 창달을 위한 5개 사무

⑤ 민방위·소방 등의 지역 안전을 도모하기 위한 2개 사무 등

여기서 예시라고 하는 것은 본조에 규정하고 있는 사무와 동일 내지 유사한 것은 자치단체의 사무로 간주한다는 뜻이며, 열거라는 것은 본조에 정하고 있는 사무만을 말한다. 그러나 다른 법률에서 자치단체의 사무로 인정하지 않는 규정이 있을 때에는

그 법률에 따라야 한다. 결론적으로 우리나라의 지방분권(사무배분) 방식은 시・도는 제한적 열거주의를, 시・군은 예시주의를 채택하고 있다.

2 지방자치단체의 사무 범위

1) 지방자치단체의 구역, 조직 및 행정관리 등에 관한 사무

① 관할구역 안 행정구역의 명칭・위치 및 구역의 조정
② 조례・규칙의 제정・개폐 및 그 운영・관리
③ 산하 행정기관의 관리조직
④ 산하 행정기관 및 단체의 지도・감독
⑤ 소속 공무원의 인사・후생복지 및 교육
⑥ 지방세와 지방세외수입의 부과 및 징수
⑦ 예산의 편성・집행 및 회계감사와 재산관리
⑧ 행정장비관리・행정전산화 및 행정관리 개선
⑨ 공유재산관리
⑩ 호적 및 주민등록관리
⑪ 지방자치단체가 필요로 하는 각종 조사 및 통계의 작성

2) 주민의 복지 증진에 관한 사무

① 주민 복지에 관한 사업
② 사회복지시설의 설치・운영 및 관리
③ 생활 곤궁자의 보호 및 지원
④ 노인・아동・심신장애자・청소년 및 부녀의 보호와 복지 증진
⑤ 보건진료기관의 설치・운영
⑥ 전염병 및 기타 질병의 예방과 방역
⑦ 묘지・화장장 및 납골당의 운영・관리
⑧ 공중접객업소의 위생 개선을 위한 지도
⑨ 청소, 오물의 수거 및 처리
⑩ 지방공기업의 설치 및 운영

3) 농림·상공업 등 산업 진흥에 관한 사무

① 소류지(小溜池)·보(洑) 등 농업수용 시설의 설치 및 관리
② 농림·축·수산물의 생산 및 유통 지원
③ 농업자재의 관리
④ 복합영농의 운영·지도
⑤ 농가 소득사업의 육성·지도
⑥ 농가 부업의 장려
⑦ 공유림관리
⑧ 소규모 축산 개발 및 낙농 진흥사업
⑨ 가축 전염병 예방
⑩ 지역산업의 육성·지원
⑪ 소비자 보호 및 저축의 장려
⑫ 중소기업의 육성
⑬ 지역특화산업의 개발과 육성·지원
⑭ 우수 토산품 개발과 관광민예품 개발

4) 지역 개발 및 주민 생활환경시설의 설치·관리에 관한 사무

① 지역개발사업
② 지방 토목·건설사업의 시행
③ 도시계획사업의 시행
④ 지방도, 시·군도의 신설·개수 및 유지
⑤ 주거생활 환경 개선의 장려 및 지원
⑥ 농촌주택 개량 및 취락구조 개선
⑦ 지역 안의 자연보호 활동
⑧ 지방하천·준용하천 및 소하천의 관리
⑨ 상수도·하수도의 설치 및 관리
⑩ 간이급수시설의 설치 및 관리
⑪ 도립·군립 및 도시공원, 녹지 등 관광·휴양시설의 설치 및 관리
⑫ 지방궤도사업의 경영
⑬ 주차장·교통표지 등 편의시설의 설치 및 관리

⑭ 재해대책의 수립 및 집행
⑮ 지역경제의 육성 및 지원

5) 교육 · 체육 · 문화 · 예술의 진흥에 관한 사무

① 유아원 · 유치원 · 초등학교 · 중학교 · 고등학교 및 이에 준하는 각종 학교의 설치 · 운영 · 지도
② 도서관 · 운동장 · 광장 · 체육관 · 박물관 · 공연장 · 소극장 · 음악당 등 공공교육 · 체육 · 문화시설의 설치 및 관리
③ 지방문화재의 지정 · 보존 및 관리
④ 지방문화 · 예술의 진흥
⑤ 지방문화 · 예술단체의 육성

6) 지역민방위 및 소방에 관한 사무

① 지역 및 직장민방위 조직(의용소방대 포함)의 편성과 운영 및 지도 · 감독
② 화재 예방 및 소방

3 지방의 사무 처리에 대한 국가의 지도 및 감독

1) 지방자치단체의 사무에 대한 지도 및 지원

중앙행정기관의 장 또는 시 · 도지사는 지방자치단체의 사무에 관해 조언 또는 권고하거나 지도할 수 있으며, 이를 위해 필요시에는 자치단체에 대해 자료의 제출을 요구할 수 있다. 국가 또는 시 · 도는 자치단체가 사무를 처리할 때, 필요하다고 인정할 경우 재정 · 기술 지원을 할 수 있다.

2) 국가사무 또는 시 · 도 사무 처리의 지도 · 감독

지방자치단체 또는 그 장이 위임받아 처리하는 국가사무에 관해 시 · 도에서는 주무부 장관의, 시 · 군 및 자치구에서는 1차로 시 · 도지사의, 2차로 주무부 장관의 지도 · 감독을 받는다. 시 · 군 및 자치구 또는 그 장이 위임받아 처리하는 시 · 도의 사무에 관해서는 시 · 도지사의 지도 · 감독을 받는다. 단, 지방자치단체에 대한 회계검

사 및 직무감찰권은 감사원의 업무에 해당한다.

3) 위법 · 부당한 명령 · 처분의 시정

자치단체의 사무에 관한 장의 처분이나 명령이 법령에 위반되거나 현저히 부당해 공익을 해한다고 인정될 때는 시 · 도에 대해서는 주무부 장관이, 시 · 군 및 자치구에서는 시 · 도지사가 기간을 정해 서면으로 시정을 명하고, 그 기간 내에 이행하지 아니할 때에는 이를 취소하거나 정지할 수 있다. 이 경우 자치사무에 관한 명령이나 처분에서는 법령에 위반하는 것에 한한다. 자치단체의 장은 이의가 있으면 그 취소 또는 정지처분을 통보받은 날로부터 15일 이내에 대법원에 소를 제기할 수 있다.

4) 지방자치단체의 장에 대한 직무이행명령

지방자치단체의 장이 법령에 규정에 의해 그 의무에 속하는 국가위임사무 또는 시 · 도위임사무의 관리 및 집행을 명백히 게을리하고 있다고 인정되는 때에는 시 · 도에 대해서는 주무부 장관이, 시 · 군 및 자치구에 대해서는 시 · 도지사가 기간을 정해 서면으로 이행할 사항을 명령할 수 있다.

주무부 장관 또는 시 · 도지사는 당해 지방자치단체의 장이 위의 사항을 이행하지 아니할 때에는 당해 지방자치단체의 비용 부담으로 대집행하거나 행 · 재정상 필요한 조치를 할 수 있다. 이 경우 행정대집행에 관해서는 행정대집행법을 준용한다.

지방자치단체의 장은 위의 이행명령에 이의가 있는 때에는 이행명령서를 접수한 날로부터 15일 이내에 대법원에 소(訴)를 제기할 수 있다. 이 경우 지방자치단체의 장은 이행명령의 집행을 정지하게 하는 집행정지 결정을 신청할 수 있다.

5) 지방자치단체의 자치사무에 대한 감독

안전행정부 장관 또는 시 · 도지사는 지방자치단체의 자치사무에 관해 보고를 받거나 서류 · 장부 또는 회계를 감사할 수 있는데, 이 경우 감사는 법령 위반 사항에 한해 실시한다.

제 3 장 우리나라 지방자치제도의 전개 과정

우리나라의 지방행정제도는 고대로부터 근세의 일제 말기까지 중앙집권 체제를 유지해 왔으며, 1948년 현대적 민주정부의 수립 이후에도 1950년대와 1960년대 초에 일시적으로 지방자치가 실시되었을 뿐 계속적으로 중앙집권 체제를 유지해 오고 있다. 그러나 최근에 지방자치의 실시와 더불어 지방분권적 요소가 나타나고 있다. 우리나라에서 중앙집권 체제가 일찍이 성립하여 발달하게 된 데에는 다음과 같은 요인이 있었기 때문이다(이한빈, 1968).

첫째, 지정학적 요인으로 우리나라는 강대국들 사이에 위치해 강대국들과의 군사적 대결이 연속되었다.

둘째, 기후적 요인으로 몬순 기후성 집중 호우로 인한 홍수의 예방 등 대대적인 수리사업의 계속적인 실시로 왕권의 신장이 초래되었다.

셋째, 사상적 요인으로 사군이충(事君以忠), 사친이효(事親以孝) 등 수직적 윤리를 강조하는 사상 체계의 영향이 컸다.

넷째, 왕조적 요인으로 강대국들의 틈에서 변방의 동향에 민감히 대처하면서 왕실을 보호하려는 노력이 크게 작용했다.

그러나 중앙집권적 통치 체제의 역사 속에서 지방자치적 요소가 전혀 없었던 것은 아니며, 대체로 고려 시대 이래 자치기관의 성격을 지니고 있었던 것으로 보는 견해가 지배적이다.

이를 정리하면 다음과 같다.

제1절 제1공화국 이전의 지방자치제도

1 고려 시대

1) 자치제도

사심관제는 고려 초기에 시행된 제도인데, 고려왕조에서 건국공신들을 그들의 출신 지방에 보내어 지방 주민을 보호케 하는 동시에 관할지역을 통치케 한 제도로서 이는 봉건적 지방 호족에 의한 자치제도의 일종이다.

향직(鄕職)단체는 고려 초기에 지방 세력가인 지방 호족에게 일정한 직위를 주고 부역의 부과와 징수, 질서와 풍속의 유지를 위해 주·군·현에 두었던 소규모 조직이다. 한편, 기인(其人)제도는 향직단체가 지방행정의 권능을 부여받은 대신 국왕에 대한 충성 명목으로 자녀를 중앙의 인질로 보냈던 제도이다.

2) 지방제도

지방행정구획은 고려 초에 기내에 6개의 적현과 7개의 기현을 두고 기타 지방에 12목을 두었었다. 성종 때에 행정구역을 재조정하여 지방을 10도로 나누고 각도 밑에 주·부·군·현을 두었다. 총 580여 개에 달했다고 하는 주·부·군 현은 도의 관할 밑에 있는 동일한 행정 단위이고 단지 그에 취임하는 관직의 품계에 차이가 있을 뿐이었다.

그리고 국초(國初)의 12목은 이를 12주로 고쳤다. 그 후 현종 때에 이르러 여러 번의 변경이 있었음에도 불구하고 사대도 호부의 수와 양계, 8목은 변함이 없었다. 이외에도 15부·129군·335현·29진을 두었다.

고려 시대의 지방행정기관은 우선 도관찰사를 들 수 있다. 이는 관하 객주부군현의 관사를 감독하게 하기 위해 5도에 파견되는 지방관이며, 동서양계는 국경 수호의 책임이 매우 중요했다. 특히 병마사를 파견해 이를 통할하게 했다. 이외에도 4경에는 유수관, 8목에는 목사, 대도호부와 부에는 부사, 군에는 방어사 혹은 군지사, 현에는 현령관, 진에는 진장 등을 두어 관할하게 했다.

이러한 보통지방행정기관에 비해 역리·역졸·역마·역전과 조창·경창 등의 특별지방행정기관이 있었는데, 이는 특별한 목적을 위해 설치한 것이다.

2 조선 시대

1) 자치제도

(1) 향청(鄕廳)

향청의 조직은 좌수(또는 좌장)를 장으로 하고, 그를 보좌하는 임원으로 3인 내지 5인의 별감을 두었는데, 이들은 명예직이고 임기는 대개 2년이었지만 수령이 경질되면 개선될 수도 있었다. 좌수(座首)는 향내에서 가장 덕망이 높고 연장자로서 민선으로 선임되었다.

향청은 수령의 감영 다음가는 관아라 하여 이를 이아(貳衙)라고도 일컬었으며, 수령에 대한 자문, 아전 규찰, 관리 천거, 정령 전달, 민정 대변・풍속 교정 등의 기능을 수행했다. 향청이 비록 지방을 대표하는 기관이었다고 하지만 그 설치 목적이 지방민의 권익보다 지방 문벌과 세력가들의 지위와 권위를 지방관의 전횡으로부터 보호하자는 데 있었으므로, 오늘날의 지방자치 관념과는 거리가 멀었다. 그러나 그 조직이 민선제이고 명예직제였다는 점에서 주목할 만하다.

(2) 향약(鄕約)

자치규약으로서 행정기구의 일부는 아니지만 향교・향청 등과 관련해 선량한 자를 정부에 알리고 악행한 자를 처벌하는 강제력을 갖추고 있었다.

(3) 향회(鄕會)

1895년 고종 32년 11월 3일 반포된 향회조규 및 향약판무규정에 의해 채택된 향회제도는 지방 주민이 공공사무의 처리에 참여한 우리나라에서 근대적 의미의 지방자치의 효시이다. 주민으로 구성되는 군회・면회・의회(里會)를 두어 공공적 성질을 가진 사항을 의결하게 하고, 면・리의 집행기관인 집강 및 존위를 1년 임기로 하여 주민이 선출하도록 했다.

향회는 오늘날 지방의회와 비슷한 기능을 수행했는데, 군회를 대회(大會), 면회를 중회(中會), 이회를 소회(小會)라 지칭했다. 조직은 군회는 군수와 각 면의 집강 및 각 면에서 공선한 2인으로써 구성되고, 면회는 집강과 각 리의 존위 및 각 리에서 공선한 2인으로써 구성되며, 이회는 존위와 리(里) 안의 각 1인으로써 구성되었는데, 징역 또는 조세체납처분을 받은 자는 제외되었다.

향회제도는 자기 선임의 원칙, 임기제, 명예직제 등 근대적 지방자치제를 내용으로 하는 획기적인 제도였으나, 한·일합방과 더불어 폐지되었다.

2) 지방제도

조선의 지방행정구역은 중앙직할지로서 경도(京都)인 한성부, 별도인 개성부, 수원부, 강화부, 광주부 이외의 도·부·목·현 등의 2등급으로 되어 있었다.

조선 시대의 지방행정기관은 판윤·유수·관찰사·수령·향리·향청 등이 있다.

3 일제 시대

일본은 1910년 8월 29일을 기해 한국을 합병하여 조선총독부를 설치하고 본격적인 식민 통치에 착수하면서 지방제도의 개편을 단행했다.

1) 지방제도(지방행정조직)

1910년 칙령 제357호 '조선총독부 지방관제'로 도의 하부행정구역으로 부·군을 두며, 부·군에 면을 두도록 했다. 한편 동년 부령 제8호는 '면에 관한 규정'으로 종전의 면·방·사 기타 다양한 명칭의 행정구역을 '면'으로 통칭했다. 그리고 한성부를 경성부로 개칭함과 아울러 경기도 관할 아래 두었다.

1913년 부령 제111호로 도의 관할구역과 부·군·면·동·리의 명칭 및 관할지역을 대폭 조정했다. 이때에 조정된 각 지방행정구역의 명칭과 규모가 오늘날까지 이어져 오고 있다.

1915년에 도제(道制)가 실시되어 제주와 울릉의 2군이 도로 편성되었고, 1930년에 면 중의 이른바 지정면이 읍으로 개칭되었다. 각 구역의 지방행정기관으로서 도에 도지사, 부에 부윤, 군에 군수, 도에 도사, 읍에 읍장, 면에 면장을 두었다.

2) 자치제도

지방자치적 단위로서 1913년 '부제'에 의해 부가 최초로 법인격을 부여받았다. 1930년에는 전면적인 지방제도 개정이 단행되어 과거의 지정면이 읍으로 승격됨과 동시에 도와 읍이 공법인이 되었다. 도·부·읍에 의결기관(지방의회)인 도회, 부회, 읍회가 설치되고, 면에는 자문기관인 면협의회가 설치되어 나름대로 거의 전면적인 지방자치를 시행하게 되었다.

일제 시대의 지방제도는 도·부·읍을 법인으로 하여 독자적인 사무와 독자적인 재정권, 그리고 자치법에 해당하는 조례 및 규칙 재정권을 인정했다는 점, 도·부·읍의 조직을 집행기관과 의결기관으로 구분하여 의결기관인 도회·부회·읍회를 임기 4년의 공선된 명예직 의원으로 구성하게 한 점 등에서 형식상으로 지방자치의 골격을 갖춘 것같이 보였다.

그러나 첫째로 지방의회의 의결 사항이 법령에 의해 극히 제한되어 있었고, 둘째로 총독이나 도지사에게도 부·읍·면에 대한 예산 비목 및 금액의 증가 또는 삭감 명령권이 인정되어 있었으며, 셋째로 도·부·읍회의 의장을 도지사·부윤·읍장이 겸하고, 넷째로 더구나 도의회 의원의 3분의 1을 도지사가 임명했으며, 다섯째로 의원선거권을 납세액 5원 이상의 자에 한정해 부여했던 점 등으로 미뤄 보아 실제로는 관치를 위한 수단에 불과했다. 여섯째로 이러한 형식적인 자치제나마 1943년에 시행된 지방선거에서의 후보자추천제에 의해 완전히 관치(官治)의 도구로 변했다. 즉, 자유로운 의원 입후보를 금지하고 해당 단체의 의원 정수와 같은 수의 후보자를 행정당국에서 추천해 이들만이 입후보할 수 있었으며, 추천받은 후보자는 득표의 다과에 불구하고 모두 당선되었으므로, 주민의 자기 기관의 선임에 관한 원칙은 말살되고 말았다(최창호, 2001).

(1) 도회

20~50인의 의원으로 구성되며 그 정수의 3분의 2는 부회·읍회·면협의회에 의한 간접선거로 선출되었지만, 나머지는 도지사의 임명으로 선임되었으며, 도지사가 그 도의회의 의장이 되었다. 도회(道會)는 의결기관으로서 의결권, 선거권, 의견제시권, 회의규칙 제정권 등을 가졌지만 그 권한이 법령에 열거된 것에 한정되었다.

(2) 부회

12~30인의 의원으로 구성되는 전원 민선의 대표기관으로 부윤이 그 의장이 되었다. 부회 의원 선거권은 25세 이상의 남자로서 부세를 연 5원 이상 납부하는 자에 한정되었고 피선거권의 경우도 같았다. 부회(府會)는 의결기관으로서 의결권, 선거권, 의견제시권, 행정감사권, 회의규칙 제정권 등을 가졌다. 그러나 부회는 그 의결권이 한정되어 있었으며 부윤에게 사회권, 재의회부권, 재선거권, 의결취소권, 전결권이 부

여되어 있었다. 도지사에게 예산증감명령권이, 총독에게 해산권이 부여되는 등 문제가 상당히 많았다.

(3) **읍회와 면협의회**

각각 읍장과 면장이 그 의장이 되었으며, 선거권과 피선거권은 부회 의원의 경우와 같았다.

읍회(邑會)는 의결기관이었으나 그것은 명목상의 것에 불과했다. 즉 그 의결권이 법령에 의해 한정되어 있었을 뿐만 아니라 읍장이 그 의장이 되었고, 군수·도지사에게 정회권(停會權)이, 도지사에게는 예산증감권이, 총독에게는 해산권이 부여되어 있었던 것이다. 면협의회(面協議會)는 면장의 단순한 자문기관에 불과했다.

4 미군정 시대

1945년부터 1948년까지 3년간 군정을 실시하면서 서구식 자유민주주의 정치·행정제도가 도입되었으나 어디까지나 군정이기 때문에 그 정치·행정제도의 개혁은 필요한 최소한도에 그쳤다.

지방 제도상의 변화를 간단히 살펴보면, 서울시를 경기도의 관할에서 분리해 도와 동등한 지위로 승격시키고 서울특별시로 개칭했으며, 제주도를 전라남도의 관할에서 분리해 도로 승격시켰다. 도회·부회·읍회·면협의회를 해산했으며, 교육구와 교육위원회를 설치했다.

제 2 절 제1·2공화국의 지방자치제도

1 제1공화국의 자치제도

우리나라에 근대적 의미의 근대적 지방자치제도가 도입된 것은 1949년 7월 4일 지방자치법의 제정이 시초가 된다. 당초의 지방자치법의 주요 내용은 다음과 같다.

첫째, 시·읍·면장은 당해 시·읍·면의회에서 선출하고(간선제), 서울특별시장과 도지사는 대통령이 임명했다(임명제). 시 · 읍 · 면장은 지방공무원으로 하고 서울특별시 · 도지사는 국가공무원으로 했다.

둘째, 지방자치단체의 정부 형태는 의결기관(지방의회)과 집행기관(자치단체장)을 분립시키는 기관대립형을 채택하고 집행기관은 독임제로 했다.

셋째, 지방자치단체의 사무는 고유사무, 단체위임사무와 기관위임사무로 구분했지만 도와 시 · 읍 · 면 사이에는 기능 배분이 되어 있지 않았다. 권한 부여 방법에 관해 전형적인 포괄적 수권형을 채택했다.

넷째, 지방자치단체의 종류는 도와 서울특별시 및 시 · 읍 · 면의 5종으로 한다.

다섯째, 주민의 주민참여와 주민통제 방법으로는 선거권 이외에 민중제소제도를 채택해 조례 또는 장의 명령이나 처분이 위법하다고 인정되는 경우에 일정 수 이상의 주민이 직접 감독관청이나 대법원에 제소할 수 있게 했다.

여섯째, 지방의회는 임기 4년의 명예직 의원으로 구성되며 의원 수는 인구를 기준으로 하여 정했으나 다른 나라에 비해 비교적 수가 적었다. 의회의 의결권에는 제한주의를 채택했으며, 시 · 읍 · 면에서는 의회의 시 · 읍 · 면장에 대한 불신임의결권과 시 · 읍 · 면장의 의회해산권을 부여하여 내각책임 형태를 가미했다.

일곱째, 지방세는 독립세로서 호별세, 가옥세, 차량세 등이 있었고, 서울특별시와 도에서는 지방부가세, 영업세, 부가세 등의 국세부가세가 있었다. 그리고 지방자치단체에는 자주재정권이 부여되어 있었다.

여덟째, 국가의 감독은 기관위임사무를 제외하고는 원칙적으로 사후 · 교정적 감독과 합법성의 감독만이 허용되었다.

아홉째, 시 · 읍 · 면에는 지방공무원만 두게 하여 완전한 지방자치단체로 한데 비해, 도와 서울특별시에는 국가공무원과 지방공무원을 혼성 배치하고 과장급 이상의 직위에는 모두 국가공무원으로 충원했다.

2 제2공화국의 자치제도

4 · 19혁명에 의해 집권한 민주당은 1960년 11월 1일 지방자치법을 개정(제5차 개정)했는데, 지방의회 의원은 물론 지방자치단체의 장인 서울특별시장, 도지사 및 시 · 읍 · 면장 모두를 주민이 직선토록 했다. 또한 과거 자유당 정권하에서 자행된 부정선거 방법을 원천적으로 봉쇄하여 공명선거가 실시되도록 하기 위해 지방선거에도

부재자 우편투표제도를 채택했고, 선거운동 기간을 단축했으며, 선거권의 연령을 21세에서 20세로 낮추고 자치단체장의 피선거권을 25세 이상으로 했으며, 선거의 연기 또는 정지권자를 국무총리로 변경했다.

이와 같은 지방자치법의 획기적인 개정과 지방자치법이 준용하고 있는 국회의원선거제도가 대폭 개정됨에 따라 제3회 지방의회 의원선거, 제2회 시·읍·면장선거 및 제1회 서울특별시장·도지사선거는 1960년 12월에 각각 실시되었다.

제 3 절 제3공화국 이후의 자치제도

1 제3공화국의 자치제도

지방자치에 관한 임시조치법(1961. 9)의 내용을 보면, ① 읍·면자치제에서 군자치제로 전환, ② 교육행정기관을 포함한 특별지방행정기관의 통합, ③ 지방행정기관 내부구조의 개편, ④ 행정구역의 부분적 조정, ⑤ 서울특별시의 국무총리 직속화, ⑥ 부산시를 정부직할시로 승격, ⑦ 지방공무원제도의 개혁, ⑧ 지방의회의 해산 및 그 기능의 상급단체에서의 대행, ⑨ 지방자치단체의 장의 임명제와 국가공무원으로의 충당, ⑩ 지방재정조정제도의 개선 등이다.

1962년 12월 26일에 전문 개정된 제3공화국 헌법은 지방자치에 관한 한 절을 두었으며, 이 헌법에 의한 최초의 지방의회의 구성 시기에 관해서는 법률로 정한다고 규정했으나 이 법이 제정되지 않아 지방자치의 실시를 거의 기대할 수 없었다.

2 제4공화국의 자치제도

1972년 12월 27일에 개정된 제4공화국 헌법(유신헌법)은 지방의회를 "조국 통일이 이루어질 때까지 구성하지 아니한다"라고 규정함으로써 지방자치의 시행은 거의 통일 이후에나 기대할 수밖에 없게 되었다. 또한 1973년과 1975년에 '지방자치단체조합'과 '행정협의회'의 설치 근거를 규정하고, 시·군·읍·면 구역 변경의 근거를 대통령으로 했다. 기타 부지사제·시군 행정기구 개편 절차 등을 규정하고, 1975년의 개정에서는 인구 2만 미만의 면일지라도 군사무소 소재지는 읍으로 승격할 수 있도록 했다.

3 제5공화국 헌법과 지방자치에 대한 기대(1980~1987년)

제5공화국 헌법은 지방자치에 관한 1개의 장(章)을 두는 한편 지방의회를 "지방자치단체의 재정자립도를 감안하여 순차적으로 구성하되, 그 구성 시기는 법률로 정한다"고 했으나 지방자치법을 개정하지는 못했다.

4 제6공화국 이후의 자치제도

1) 제7차 개정(1988. 4. 6)

제6공화국은 지방자치의 부활을 위해 1988년 4월 6일 지방자치법을 전면적으로 개정했는데, 주요 내용은 다음과 같다.

첫째, 지방자치단체를 광역자치단체(특별시·직할시·도)와 기초자치단체(시·군 및 자치구)로 구별하고 사무 범위를 포괄적 수권 방식으로 정하되 예시주의를 채택했으며 지방자치단체의 종류별로 사무배분 기준을 정했다.

둘째, 지방의회 의원의 정수는 행정구역을 기준으로 조정하되 특별시·직할시·도의회는 25~70인, 시·자치구는 15~20인, 군의회는 10~20인의 범위 안에서 정화도록 했으며, 그 근거는 대통령령으로 정했다.

셋째, 지방의회 의원을 임기 4년의 명예직으로 하고, 회기 중에는 일비와 여비를 지급할 수 있도록 했으며, 그 근거는 대통령령으로 정했다.

넷째, 기관대립형 지방정부 형태의 요청에 따라 지방의회의 의결 사항을 제한적 열거주의에 의하되, 지방의회에서 의결해야 할 사항을 따로 정할 수 있게 했다.

다섯째, 지방의회의 정기회는 연 1회로 하고, 연간 총회의 일수를 시·도는 70일, 시·군·자치구는 60일을 초과할 수 없도록 제한했다.

여섯째, 지방자치단체의 장은 선거에 의해 뽑되, 선거 방법을 법률로 정할 때까지는 정부가 임명하도록 했다. 지방의회에 상임위원회와 특별위원회를 두되, 상임위원회는 시 · 도에만 설치하도록 했다.

일곱째, 지방자치단체의 장에게는 지방의회의 의결에 대한 재의요구권과 선결처분권을 부여했고, 내무부 장관과 시 · 도지사에게도 일정한 경우 재의요구권을 부여해 상호 견제와 균형을 도모하고 있다.

여덟째, 지방자치단체의 장의 명령이나 처분이 법령에 위반되거나 현저히 부당하여 공익을 해할 경우는 시정 또는 취소 · 정지할 수 있도록 했으며, 서울특별시의 지위 · 조직 · 운영에 관해서는 법률이 정하는 바에 의해 특례를 둘 수 있게 했다.

2) 제8차 개정(1989. 12. 30)

지방자치법의 제8차 개정(법률 제4162호, 1989. 12. 30)은 제7차 개정시의 실시 시한(1989. 4. 31)을 지키지 못한 정치적 책임의 회피와 재실시 의지를 명백히 한 법 개정으로서, 그 주요 내용은 다음과 같다.

첫째, 지방자치의 목적이 지방의 균형적 발전과 대한민국의 민주적 발전에 있음을 명백히 했다.

둘째, 지방의회 의원 정수에 관한 규정을 삭제하고 이를 지방의회의원선거법에서 규정하도록 했으며, 지방의원의 보수에 관한 규정을 명백히 했다. 또한 일비나 여비의 지급 기준은 지방자치법시행령이 정하는 범위 안에서 당해 지방자치단체의 조례로 정하도록 했다.

셋째, 지방의원의 겸직 금지 범위를 확대했다. 종전의 겸직 금지 대상 직종에 농지개량조합, 산림조합, 엽연초생산조합, 인삼협동조합의 임 · 직원도 겸직할 수 없도록 추가했다.

넷째, 지방의회의 집행기관에 대한 감독 권한을 강화했다. 지방의회의 행정사무조사권을 행정사무감사 및 조사권으로 강화하고, 집행기관의 사무 일반에 관한 감사권을 인정했다. 이에 필요한 절차는 지방자치법시행령이 정하는 바에 따라 자치단체의 조례로 정하도록 했다.

다섯째, 시 · 도의회의 연간 회의 일수를 100일로 연장했으며, 의안의 의원 발의 정족수를 복수로 규정했다. 재적의원 5분의 1 이상 또는 의원 10인 이상의 연서로 의안 발의를 하게 했다.

여섯째, 지방자치단체의 장을 주민이 직접 선거하도록 명문화했다. 시 · 도의 부단체장은 당해 시 · 도지사가 추천한 자를 임명토록 개정했는데, 최초로 선출된 시 · 도지사의 임기 만료까지는 종전대로 내무부 장관의 제청에 의한 인사권을 인정했다.

일곱째, 지방자치단체조합의 설립목적사무에서 특정 사무에 국한했던 것을 복합사무로 개정했다.

3) 제9차 개정(1990. 12. 31)

제6공화국하에서 세 번째 개정을 한 제9차 개정에서는 지방자치의 실시 시기를 다시 정하고 겸직 범위를 확대해 국민의 참정 기회를 넓혔는데, 주요 내용은 다음과 같다.

첫째, 지방의회 의원선거는 1991년 6월 30일 이내에, 자치단체장선거는 1992년 6월 30일 이내에 실시하도록 법 부칙을 제2조를 개정했다.

둘째, 법 33조 제1항의 6을 개정하여 농협 등 각 조합의 장과 상근 임직원만으로 겸직 금지의 범위를 축소했다.

4) 제10차 개정(1991. 5. 23)

지방자치법의 제10차 개정(법률 제4367호)에서는 제9차에서 개정한 법 제33조 제1항의 6을 개정하여 겸직 금지의 범위를 농협 등 각 조합의 장을 제외한 상근 임·직원만으로 더욱 축소했다.

5) 제11차 개정(1991. 12. 31)

제11차의 개정에서는 지방의회 의원의 신분 보장 보수의 규정과 그 권한에 대해 개정 또는 신설했으며, 회기 일수의 연장과 예산의 편성 및 의결에 관한 개정이 주요 내용이다.

첫째, 정부는 체포 또는 구금된 지방의원이 있을 때에는 지체없이 의장에게 통지할 것을 신설했다.

둘째, 지방자치단체장에게 본회의의 심의 또는 안건과 관련된 서류의 제출을 요구할 수 있도록 하여 권한을 강화했다.

셋째, 정기 외의 소집 시기를 시·도는 매년 11월 20일에, 시·군·구는 11월 25일에 소집하도록 구분했다. 정기회의 회기를 시·도는 35일로, 시·군·구는 30일로 각각 5일씩 연장했다.

넷째, 시·도에 한해 상임위원회를 설치하도록 한 것을 개정해 시·군·구에서의 상임위원회 설치 기준은 대통령령으로 정하도록 했다.

다섯째, 재적위원의 3분의 1 이상의 요구가 있는 경우에는 폐회 중이라도 위원회를 개최할 수 있도록 변경했다.

여섯째, 지방자치단체의 장은 예산안을 편성해 시 · 도는 회계연도 개시 30일 전까지, 시 · 군 · 구는 35일 전까지 지방의회에 제출하도록 했으며, 의회는 이 예산안을 시 · 도에서는 회계연도 개시 15일 전까지, 시 · 군 · 구에서는 10일 전까지 의결하도록 기간을 변경했다.

6) 제12차 개정(1994. 3. 16)

첫째, 현행의 시와 군을 통합한 지역이나 인구 5만 이상의 도시 형태를 갖춘 지역이 있는 군을 도농복합 형태의 시(市)로 할 수 있도록 하고, 이러한 시에는 읍 · 면 · 동을 두도록 했다.

둘째, 지방자치단체의 장이 지방자치단체의 주요 결정 사항 등에 대해 별도 법률이 정하는 바에 따라 주민투표에 부칠 수 있도록 했다. 지방자치단체가 조례로써 조례 위반행위에 대해 천만 원 이하의 과태료를 부과할 수 있도록 했다. 지방자치단체 및 그 장이 위임받아 처리하는 국가사무와 시 · 도의 사무에 대해 국회와 시 · 도의회가 직접 감사하기로 한 사무를 제외하고는 각각 당해 지방의회가 그 감사를 행할 수 있도록 하고, 이 경우 국회와 시 · 도의회는 필요한 경우 당해 지방의회의 감사 결과를 요구할 수 있도록 했다. 지방자치단체의 장의 당연퇴직 사항을 규정했으며 지방자치단체의 장은 지방의회의 재의결 사항이 법령에 위반된다고 인정되는 때에는 대법원에 소를 제기할 수 있도록 했다. 지방자치단체의 장의 선결처분 요건을 완화하고, 지방의회의 승인을 얻지 못한 때에는 그때부터 효력을 상실하도록 했다.

셋째, 지방의원 의정자료의 수집 · 연구와 이를 위한 보조활동에 소요되는 비용 등을 보전하기 위해 매월 의정활동비를 지급할 수 있도록 했으며, 지방의회 의원이 직무로 인해 상해를 입거나 사망한 때에는 보상금을 지급할 수 있도록 했다. 지방의회는 의회의 회의 등 내부 운영에 관해 필요한 사항을 회의규칙 등 의회의 규칙으로 정할 수 있도록 했다. 시 · 도의회와 시 · 군 및 자치구의회의 정기회 및 임시회의 회기를 현행보다 각각 5일을 연장하고, 연간 회의 총일수도 각각 20일을 연장했다. 지방의회 사무직원은 지방회의의 의장의 추천에 의해 당해 지방자치단체의 장이 임명하도록 했다.

넷째, 행정사무감사 및 조사시 허위 증언을 한 자에 대해서는 고발할 수 있도록 하고, 출석 요구를 받은 자가 정당한 이유 없이 출석하지 아니하거나 증언 또는 진술을 거부하는 때에는 500만 원 이하의 과태료를 부과할 수 있도록 했다.

다섯째, 특별시와 직할시의 부시장과 도의 부지사는 대통령령으로 정하는 바에 따라 2인을 둘 수 있도록 하고, 이 경우 1인은 정무직 또는 별정직 지방공무원으로 보하되 그 자격 기준은 당해 지방자치단체의 조례로 정하도록 하며, 정무직 또는 일반직 국가공무원으로 보하는 부시장과 부지사는 시·도지사의 제청으로 내무부 장관을 거쳐 대통령이 임명하되 제청된 자에게 법적 결격 사유가 없는 한 30일 이내에 그 임명 절차를 종료하도록 했다.

여섯째, 시·군·자치구의 부시장·부군수·부구청장은 일반직 지방공무원으로 보하고, 당해 시장·군수·구청장이 임명하되, 이 법 시행 후 최초로 선출된 시장·군수·구청장의 임기 만료일까지는 부시장·부군수·부구청장은 일반직 국가공무원으로 보하도록 했다. 읍·면·동장을 일반직 지방공무원으로 보하되, 이 법 시행 당시 재직 중인 읍·면·동장은 임기 만료일 또는 퇴임일까지 신분을 보장했다.

일곱째, 지방공기업이 아닌 지방공사 및 지방공단의 설립은 지방공기업법과 상충되므로 이의 설립 근거를 규정하고 있는 동조를 삭제했다.

여덟째, 지방자치단체 상호간 또는 지방자치단체의 장 상호간의 분쟁 등의 조정을 위해 내무부 장관 또는 시·도지사 소속하에 지방자치단체 분쟁조정위원회를 설치하도록 했다.

아홉째, 지방자치단체의 장이 법령에 의해 의무에 속하는 국가위임사무 및 시·도위임사무의 관리 및 집행을 명백히 게을리하고 있다고 인정되는 때에는 주무부 장관 또는 시·도지사 직무이행명령을 할 수 있도록 하고, 지방자치단체의 장은 이 직무이행명령에 이의가 있는 때에는 대법원에 소(訴)를 제기할 수 있도록 했다. 내무부 장관 또는 시·도지사가 지방자치단체의 자치사무에 관해 감사할 경우 보고를 받거나 서류·장부 또는 회계를 감사할 수 있되, 법령 위반 사항에 한해 실시하도록 했다.

7) 제13차 개정(1994. 12. 20)

본격적인 지방 동시선거를 앞두고 개정을 단행했는데, 주요 내용은 다음과 같다.

첫째, 직할시의 명칭을 광역시로 바꾸고, 광역시 안에 군을, 자치구 안에 읍·면을 둘 수 있도록 했다.

둘째, 자치단체장의 계속 연임을 3기에 한하도록 했으며, 특별시의 부시장을 3인까지 둘 수 있도록 했다.

셋째, 지방자치단체의 직속기관의 설치, 특별시·광역시의 자치구 간 재원 조정을 자율화했다.

넷째, 사무소 소재지 변경 시 지방의회 의결정족수를 재적의원 과반수로 완화했다. 읍이 없는 도·농 복합형 시에서는 인구 2만 미만인 경우에도 1개 면을 읍으로 할 수 있도록 했다.

다섯째, 지방의회에서의 참고인의 진술 거부는 그 처벌 대상에서 제외했다. 지방자치단체 소속 국가공무원은 소속 장관이 자치단체장의 의견을 들어 임명하도록 했다.

8) 제14차 개정(1995. 1. 5)

1994년 12월 개정의 보완 개정으로서 지방자치단체 소속 국가공무원의 임용에 자치단체장의 제청을 받아서 하도록 원상 회복했다.

9) 제15차 개정(1995. 8. 4)

도·농 복합 형태의 시의 설치 요건으로서 인구 15만 이상인 군에 인구 2만 이상의 도시 형태를 갖춘 지역이 2개 이상이 있고 그 지역들의 인구의 합이 5만 이상인 경우를 추가했다.

10) 제16차 개정(1999. 8. 31)

(1) 개정 이유

지방자치에 대한 주민의 직접 참여를 확대하기 위해 주민의 조례 제정 및 개폐청구제도와 주민감사청구제도를 도입하고, 국가와 지방자치단체 간 또는 지방자치단체 상호간의 갈등을 효과적으로 조정할 수 있는 제도적 장치를 보강하는 한편, 각급 지방자치단체의 장 또는 지방의회의 의장이 전국적 협의체를 설립할 수 있는 근거를 마련하는 등 현행 제도의 운영상 나타난 일부 미비점을 개선·보완하려는 것이다.

(2) 주요 내용

첫째, 20세 이상 지방자치단체의 주민은 주민 총수의 20분의 1의 범위 안에서 대통령령이 정하는 주민 수 이상의 연서로 당해 지방자치단체의 장에게 조례 제정 및 개폐를 청구할 수 있도록 했다. 또한 20세 이상 지방자치단체의 주민은 주민 총수의 50분의 1의 범위 안에서 조례가 정하는 주민 수 이상의 연서로 당해 지방자치단체와 그 장의 권한에 속하는 사무의 처리가 법령에 위반되거나 공익을 현저히 해한다고 인정되는 경우에는 감사를 청구할 수 있도록 했다.

둘째, 지방의회 정기회에 집중된 안건을 분산하여 심도 있게 심의하는 등 지방의회 운영의 효율화를 위해 연 2회 정례회제도를 도입하고 이에 따른 결산 일정을 일부 조정했다.

셋째, 지방의회에서 의결할 의안은 지방자치단체의 장, 재적의원 5분의 1 이상 또는 의원 10인 이상의 연서로만 이를 발의하도록 되어 있는 것을 지방의회의 위원회도 의안을 발의할 수 있도록 했다.

넷째, 지방자치단체의 장이 사임하고자 하는 때에는 사임일을 기재한 서면을 미리 지방의회 의장에게 통지하도록 하고, 이 경우에는 사임통지서에 기재된 사임일에 사임되도록 했다. 지방자치단체의 장이 임기 중 당해 지방자치단체의 구역 밖으로 주민등록을 이전한 때에는 퇴직 사유에 해당됨을 명문으로 규정했다. 지방자치단체의 장이 사고가 있는 경우에 부지사·부시장·부군수·부구청장이 그 직무를 대행하도록 했다.

다섯째, 사용료·수수료 등의 부과·징수에 대해 이의신청을 한 자가 행정소송을 제기하고자 하는 경우에 종전에는 이의신청에 대한 결정 기간 내에 그 결정의 통지를 받지 못한 경우에는 그 결정 기간이 경과한 날부터 90일 이내에 소를 제기할 수 있도록 하여 제소 기간을 명확히 했다.

일곱째, 지방자치단체 분쟁조정위원회의 기능을 심의기구에서 의결기구로 강화하고, 분쟁이 공익을 현저히 저해하여 조속한 조정이 요청되는 경우 행정자치부 장관 또는 시·도지사가 당사자의 신청이 없어도 조정할 수 있는 근거를 마련했다.

여덟째, 각급 지방자치단체의 장 또는 지방의회의 의장은 상호간의 교류와 협력을 증진하고 공동의 문제를 협의하기 위해 전국적 협의체를 설립할 수 있도록 하고, 협의회를 설립한 때에는 행정자치부 장관에게 신고하도록 하며, 이들 협의체는 지방자치에 직접적 영향을 미치는 법령 등에 관해 정부에 의견을 제출할 수 있도록 했다.

11) 제17차 개정(2000. 1. 12)

인구 규모가 지역적 특수성을 지니는 광역시 및 도의 방대한 행정사무를 효율적으로 수행할 수 있도록 행정 체계를 확립하기 위해 현재 2인까지 둘 수 있도록 되어 있는 광역시의 부시장 및 도의 부지사 정수를 인구가 800만 이상인 경우에는 3인까지 둘 수 있도록 하고, 부시장·부지사의 사무 관장은 대통령령으로 정하도록 했다. 이 경우 부시장·부지사를 3인 이상 두는 시·도에서는 그 가운데 1인으로 하여금 특정 지역의 사무를 담당하게 할 수 있도록 하려는 것이다.

12) 제18차 개정(2002. 3. 25)

종전에는 지방자치단체의 장이 궐위되거나 공소 제기된 후 구금 상태에 있는 경우 또는 의료기관에 60일 이상 계속해서 입원한 경우에만 부단체장이 그 권한을 대행하도록 했으나, 2002년 7월 1일부터는 지방자치단체의 장이 금고 이상의 형의 선고를 받고 그 형이 확정되지 않은 경우에도 부단체장이 그 권한을 대행하도록 했다.

13) 제19차 개정(2004. 1. 29)

행정 수행 범위의 확대, 행정 수요의 다변화 등으로 대도시 행정의 새로운 틀이 요구되고 있으므로 인구 50만 명 이상의 대도시에 대해서는 그 특성을 고려해 행정, 재정 및 국가의 지도·감독상의 특례를 규정할 수 있는 근거를 마련했다.

14) 제20차 개정(2005. 1. 27)

주민감사청구 제도의 활성화를 위해 주민감사청구의 요건을 완화하고, 주민이 지방자치단체의 위법한 재무회계행위 등을 시정해 줄 것을 법원에 청구할 수 있는 주민소송 제도를 도입했으며, 지방의회의 운영의 자율성을 확대하기 위해 정례회와 임시회의 회기 제한 규정을 삭제해 지방의회가 연간 총 회의 일수 범위 안에서 정례회 및 임시회의 회기를 자율적으로 조정할 수 있도록 했다. 또한 주무부 장관 또는 시·도지사의 재의 요구 지시를 받은 지방자치단체의 장이 재의 요구를 하지 아니하는 경우 등에는 주무부 장관 또는 시·도지사가 대법원에 직접 제소할 수 있도록 했다.

15) 제21차 개정(2005. 8. 4)

지방의원에게 회기에 따라 지급되는 회기수당을 직무 활동에 대해 지급하는 월정수당으로 전환하고, 수당의 지급 기준은 대통령령이 정하는 바에 따라 당해 지방자치단체의 의정비심의위원회에서 결정되는 범위 안에서 당해 지방자치단체의 조례로 정하도록 했으며, 지방자치단체의 장이 그 직을 가지고 당해 지방자치단체의 장 선거에 입후보하는 경우에는 예비후보자 또는 후보자로 등록을 한 날부터 선거일까지 부단체장이 권한을 대행하도록 했다.

16) 제22차 개정(2006. 1. 11)

제주도를 폐지하고 제주특별자치도를 설치할 수 있도록 지방자치단체의 종류에 특별자치도를 신설했으며, 조례 제정 및 개폐청구 제도와 주민감사청구 제도의 요건을 일부 정비하고, 국가가 지방자치단체 또는 그 기관에 위임한 사무의 수수료 등에 대한 표준요율을 제정할 수 있는 근거를 마련했다.

17) 제23차 개정(2006. 4. 28)

지방의회는 지방의회 의원이 준수해야 할 지방의회 의원의 윤리강령 및 윤리실천규범을 조례로 정하도록 하고, 지방의원의 윤리심사 및 징계에 관한 사항을 심사하기 위해 윤리특별위원회를 둘 수 있도록 했으며, 지방의회의 연간 회의 총일수와 정례회 및 임시회의 회기는 당해 지방자치단체의 조례로 정하도록 했다. 또한 지방의회의 위원회에는 전문지식을 가진 전문위원을 두도록 했다.

18) 제24차 개정(2006. 5. 24)

선출직 지방공직자인 지방자치단체의 장 및 지방의회 의원에 대한 주민소환제를 도입했다.

제 5 편

지방자치단체의 기관

제 1 장 지방자치단체의 기관구성 형태

지방자치의 기관은 의사결정을 담당하는 지방의회와 이를 집행하는 집행기관으로 구분된다. 지방자치단체기관의 구성 형태는 각국의 역사적 전통과 지방의 특수성에 따라 다양하게 발전되고 있지만 크게 세 가지 유형으로 분류할 수 있다.

제 1 절 기관통합형

1 기관통합형의 의의

기관통합형은 권력통합주의에 입각해 지방자치단체의 의결 기능과 집행 기능을 지방의회라는 단일 기관에서 처리하는 형태를 말하는데, 의회 의장이 형식상으로 자치단체장의 지위를 갖게 되지만 실질적인 지방행정의 책임자라기보다는 그 지방자치단체를 의례적으로 대표하는 상징적인 존재에 불과하며 실질적인 행정권은 지방의회의 각 분과위원회가 관장하고 있다. 영국의 지방정부와 미국의 위원회형, 캐나다 · 호주 · 뉴질랜드 등도 이러한 형태를 가지고 있는 국가에 속한다.

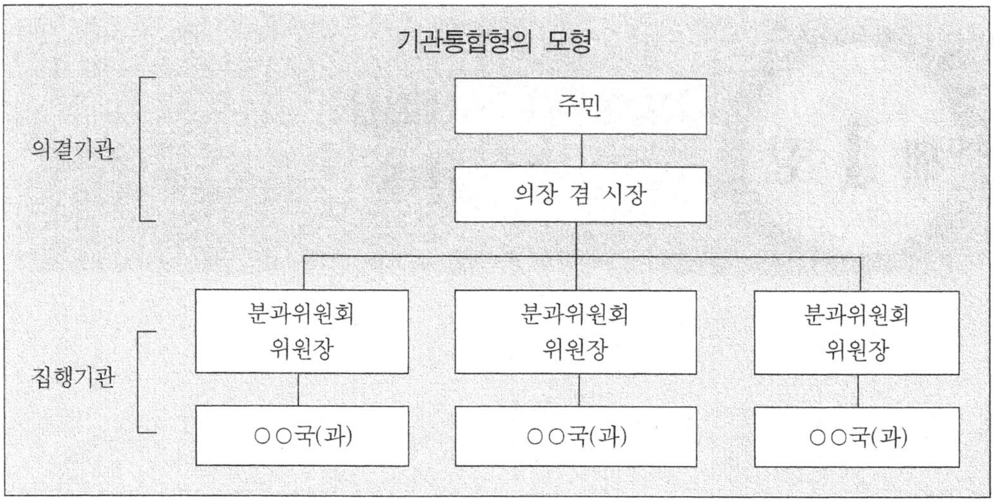

기관통합형의 모형

2 기관통합형의 장 · 단점

1) 장점

첫째, 지방행정의 대한 권한과 책임이 주민대표기구인 의회에 집중되어 있으므로 민주주의의 원리와 책임정치의 구현에 가장 적합하다.

둘째, 의결기관과 집행기관 사이에 대립 · 마찰보다는 협조가 긴밀해 업무를 원활히 추진할 수 있으며, 정책 효과를 높일 수 있다.

셋째, 미국의 위원회형의 경우에는 조직이 간단 명료하여 주민이 행정 업무를 이해하기 쉽고, 소수의 위원에 의해 자치행정이 신속하고 탄력성 있게 집행될 수 있다.

2) 단점

첫째, 행정집행을 통합하고 조정할 단일의 집행책임자가 없으므로 행정 각 실국간에 독립성(sectionalism)이 강화되어 행정의 종합성 · 통일성을 확보하기 곤란하다.

둘째, 지방자치단체의 의결 기능과 집행 기능이 동일 기관에 집중되어 견제와 균형(checks and balance)의 원리가 적용될 수 없으므로 권력 남용의 우려가 있다.

셋째, 지방행정이 정치적 영향력에 크게 좌우되며, 행정에 대한 전문적 지식과 경험이 적은 위원이 다수 포함되어 있을 경우 행정의 전문성이 약화되기 쉽다.

3 기관통합형의 실례

1) 영국의 의회형

영국의 지방의회는 의결기관인 동시에 집행기관의 역할을 담당하기 때문에 지방의회와 대립되는 집행기관이 별도로 존재하지 않는 것이 특징이다. 의회의 장이 형식적으로 자치단체장의 지위를 가지며, 그 지방자치단체를 상징적으로 대표하는 의례적인 존재에 불과하며, 실질적인 행정권은 지방의회의 각 분과 위원회에서 담당한다.

지방의회에서 당해 자치단체의 종합적인 정책 사항을 결정하고 구체적인 집행은 각 분과위원회가 담당한다. 행정사무를 실제로 처리하는 사무국(또는 과)은 위원회조직에 일치되도록 편성되어 있으며, 사무국(과)의 중간관리층은 분야별 전문가로 충원되어 있다.

2) 미국의 위원회형

주민에 의해 직접 지역구에서 선출된 위원을 중심으로 공공정책을 의결하고 시행하는 지방정부의 유형을 말한다. 최초로 미국의 텍사스 주 갤베스턴(Galveston)에서 경제 불황과 재해를 극복하기 위해 채택되었기에 갤베스턴형이라고도 명명되었는데, 일반적 특징은 아래와 같다(Shafritz, 1988: 112).

첫째, 보통 각 지역구에서 선출된 5명 위원이 위원회를 구성해 지방정부에 대한 전반적인 기능을 행사하고 통제를 가한다. 둘째, 한 위원은 시장(Mayor)으로 지명되고 다른 위원들은 그 시의 행정부서를 나누어 맡아 이를 지휘·감독하며, 5명의 위원은 정책을 결정하기도 하지만 집행도 행한다. 셋째, 위원은 정당에 가입하지 않은 지역구에서 직접 선출된 자이며, 위원은 각자의 선거구에서 선출되었지만 시 전체의 대표자적 역할을 담당한다. 넷째, 통치는 집단적으로 행해지며 시정부를 대표하는 1인의 장은 별도로 두지 않는다.

위원회형은 약시장-의회형과 강시장-의회형에 대한 대안으로 나온 것으로, 지방행정부 기구를 대폭 간소화함으로써 행정 능률을 지향하는 유형으로 인식되고 있어서 인구 25,000명 미만의 중·소도시에서 많이 채택되었다. 그러나 모든 행정사무를 5인의 위원이 모두 담당한다는 것은 사실상 불가능하므로 다원화된 현대 행정국가에서는 다소 실효성이 떨어지는 제도이며, 현재 미국의 일부 농촌지역에서만 나타난다.

제 2 절 기관대립형

1 기관대립형의 의의

중앙정부의 형태로 본다면 대통령중심제와 유사한 성격을 가진 제도로서 권력분립주의 원칙에 입각해 지방자치단체의 의사결정 기능을 담당하는 의회와 정책집행 기능을 담당하는 집행기관을 분리시키고 이들 상호간의 견제와 균형의 원리에 의해 자치행정을 운영하는 정부 형태이다.

이 형태는 주로 미국·독일의 많은 지방자치단체와 일본·우리나라의 지방자치단체가 채택해 운영하고 있으며, 의결기관인 의회의 조직 운영은 각 국가마다 거의 유사하지만, 집행기관의 구성 형태는 국가마다 다양성을 가지고 있다.

기관대립형의 모형

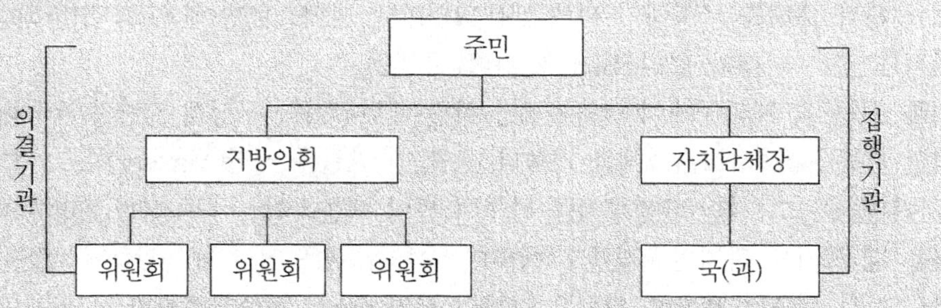

기관대립형의 지방정부 형태는 자치단체가 대(對)의회 관계에서 가지게 되는 지위와 권한을 기준으로 강시장-의회형과 약시장-의회형으로 구분되며(안전행정부, 2000b: 26-27), 집행기관의 권한 집중 또는 분산 여부에 따라 단독제와 위원회제로, 집행기관장의 선출 방법을 기준으로 직선형과 간선형, 그리고 임명형으로 나뉜다.

2 집행기관 직선형

집행기관의 장을 주민이 직접 선출하는 유형을 말하며, 미국의 시장-의회형과 독일·일본의 집행기관-의회형이 이에 속한다. 우리나라도 이에 속한다.

1) 미국의 시장-의회형

시장-의회형은 가장 오래된 시정부 형태로서 아직도 미국의 약 2/3의 시가 이 유형을 채택하고 있다.

(1) 약시장-의회형

남북전쟁 이전까지 미국의 읍·면에서 보편적으로 채택되었고 아직도 널리 채택되고 있는 지방정부의 한 유형으로 미국 사회의 정치 사조인 주의회의 우월적 권력과 병행되었던 우월적 시의회를 이론적 기초로 하는데 19세기 주류를 이루던 형태이다.

(2) 강시장-의회형

20세기 행정국가의 등장과 함께 시장에게 폭넓은 공무원의 임명 및 전보권을 부여하고 정책발의를 할 수 있는 제도화된 기회를 부여함으로써 시장의 권한을 강화하는 지방정부의 한 유형으로 오늘날 미국 대부분의 대도시에서 채택하고 있는데, 강시장은 시의회의 인준을 받지 않고 고급공무원과 시위원회 위원을 임명할 권한이 있다.

(3) 강시장-총괄관리관형(시장-행정관형)

시장이 집행부의 장이면서 시정부의 행정을 지휘·감독하는 총괄관리관 또는 수석행정관의 임면권을 가지고 있는 지방정부의 한 유형이다. 총괄관리관 또는 수석행정관은 감독직 공무원을 임면하고, 시의 인사제도를 운영하고 감독하며, 예산을 관리하고 행정기관의 기능을 조정하며, 시장에 대한 행정적 권고를 한다.

2) 집행기관 직선형의 장·단점

(1) 장점

첫째, 의결기관과 집행기관을 주민이 직접 선출하므로 주민통제의 실효성을 가져올 수 있다.

둘째, 시장은 정해진 임기 동안 신분이 안정되므로 강력한 행정을 추진할 수 있다.

셋째, 견제와 균형의 원리가 적용되므로 권력의 전횡과 부재를 방지하고 비판·감시를 통한 책임 있는 행정이 가능하다.

넷째, 시장은 주민이 직접 선출하므로 강한 지도력을 발휘할 수 있으며 주민들의 의사가 행정에 잘 반영될 수 있다.

(2) 단점

첫째, 지방의회의 다수당과 정치 기반이 다른 시장이 선출될 경우, 의회와 시장 간에 대립과 마찰이 야기되어 지방행정의 혼란과 마비가 생길 우려가 있다.

둘째, 직선에 의해 시장이 선출되므로 반드시 행정 능력이 탁월한 인재가 시장으로 선출된다는 보장이 없으며, 이 경우 훌륭한 행정을 기대하기 곤란하다.

셋째, 시장이 당선된 후 특혜의 제공이나 인사상의 배려 등 많은 폐해가 발생할 우려가 있다.

3 집행기관 간선형

주민의 대표기관인 지방의회가 집행기관의 장 또는 책임자를 선출하는 유형을 말하며, 프랑스의 의회의장형과 독일의 일부 지역이 이에 속한다.

1) 장점

첫째, 지방의회가 집행기관의 장을 선출하고 집행기관의 장이 의회 의장을 겸하므로 양자간에 긴밀한 협력 체제가 유지된다.

둘째, 지방의회는 주민에게 책임을 지고 집행기관의 장은 지방의회에 책임을 지므로 책임정치와 책임 있는 행정의 구현이란 논리적 요구에 가장 부합되는 형태이다.

셋째, 다수당이 집권할 경우에 집행기관의 장은 의회의 지지를 배경으로 강력한 행정을 할 수 있다.

2) 단점

첫째, 지방의회의 정치 세력에 지방행정이 지나치게 좌우될 우려가 있으므로 합리적이고 능률적 행정이 저해될 우려가 있다.

둘째, 의회 내의 정당 세력이 불안정할 때에는 집행기관의 장이 의회 내의 문제에 신경이 집중되므로 행정사무를 등한시할 우려가 크다.

셋째, 집행기관에 대한 주민통제와 민의의 반영이 다소 약화될 우려가 있으며, 장이 정치적 또는 당파적으로 선출될 가능성이 크므로 행정 능력을 두루 겸비한 자가 시장이 된다는 보장이 없으므로 소인(主事)행정의 폐해가 우려된다.

넷째, 장의 지위는 정치적 역학 관계에 따라 좌우될 우려가 있으므로 본연의 행정 활동을 등한시할 수 있다.

4 집행기관 임명형

1) 지방의회에 의한 집행기관 임명형(의회-관리관형)

의회-관리관형은 풍부한 경험을 가진 행정관인 시정관리관(지배인)이 시의 사무에 대한 일체의 지휘·감독 책임을 맡는 지방정부의 형태를 의미한다. 그는 시의 행정관리에 관한 한 직업전문가이기 때문에 지방의회에서 정책 사항을 토의할 때에 크게 영향을 미치며, 지방의회에 대한 지배인의 권고는 큰 비중을 차지하게 된다. 이 유형의 가장 큰 특징은 행정 능률을 확보한다는 데 있다.

장점으로는 행정에 대한 전문지식과 경험이 풍부한 자를 집행책임자로 선임함으로써 행정 능률을 향상시킬 수 있으며, 고도의 직업윤리 의식을 가진 전문가가 의회의 신임과 감시하에 시정을 관장하므로 부당한 정치적 압력을 배제하고 부정행위를 감소시킬 수 있다. 단점으로는, 관리관은 행정전문가이지 정치적 지도자가 아니므로 정치적 리더십이 부족하기 때문에 시정을 강력히 추진하기 곤란하며, 정치적·의례적인 시장과 행정책임자인 관리관(지배인) 간에 마찰이나 갈등이 일어날 우려가 있다.

2) 중앙정부에 의한 집행기관 임명형

집행기관의 장 또는 책임자를 중앙정부가 임명하는 지방정부의 유형으로, 이 제도는 지방행정의 민주성보다는 능률성을 더 강조한다.

이 유형은 행정전문가를 자치단체의 장으로 임명하기에 지방행정의 질과 수준을 높이고 행정 능률을 향상시킬 수 있다는 점, 지역주민이나 정당의 세력에 거의 좌우되지 않기에 자치단체의 장은 오로지 합리적인 행정 처리에만 전념할 수 있다는 점, 중앙정부와의 협조가 원활하며 행정의 통일성·일관성을 확보할 수 있다는 것이 장점이다. 하지만 지방자치의 본질인 기관의 자기 선임의 원칙에 위배된다는 점, 지방행정이 독선적·관료주의적으로 흐를 경향이 있다는 점, 장의 신분이 중앙에 예속되므로 지역의 민의를 충실한 반영하는 것보다 중앙정부의 지시나 명령에 복종할 우려가 있다는 것은 단점으로 지적된다.

제 3 절 절충형(의회-집행위원회형, 의회-참사회형)

1 절충형의 의의

의회-집행위원회형은 의결기관과 집행기관을 분리시키지만 집행기관을 합의제로 하는 점에서 시장-의회형과 구별되며, 집행위원회가 의결기관인 의회를 그 모체로 구성되지만 별개의 독립된 집행기관으로 기능하고 있는 점에서 의회형이나 위원회형과도 다른 유형이다. 즉 기관통합형이 의결기관과 집행기관의 동일체를 특징으로 하는 것인데 반해 절충형은 집행기관인 참사회가 의회를 모체로 구성되지만 독립된 합의제 집행기관으로서 역할을 하고 있는 점에서 양자가 구별된다.

절충형의 모형

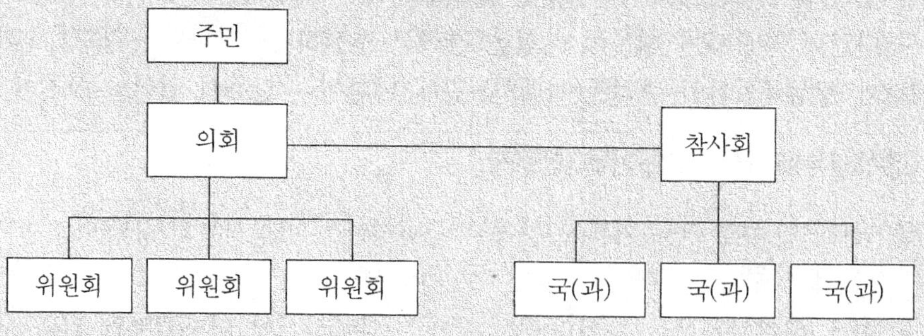

2 의회-집행위원회형의 장 · 단점

1) 장점

첫째, 기관통합형과 기관대립형의 중간적 형태이기에 운영의 묘만 살린다면 양자의 장점을 극대화할 수 있다.

둘째, 민의를 충실히 반영하고 공정하고 신중한 집행을 도모할 수 있다.

셋째, 의회와 집행위원회 간에 긴밀한 협조 체제를 가져올 수 있다.

2) 단점

첫째, 합의제이므로 집행책임의 한계가 모호하다.

둘째, 위원은 반드시 행정전문가가 아니므로 소인(主事)행정의 폐해를 가져올 수 있다.

셋째, 자치단체의 결정이 합리적이 아닌 타협적 결정이 될 우려가 있고 합의에 많은 시일이 소요된다.

제 4 절 주민총회형

1 주민총회형의 의의

직접민주제의 원리를 현실적으로 적용한 가장 대표적인 유형이다. 자치단체의 유권자 전원으로써 구성되는 주민총회가 자치단체의 최고 기관으로서 기본 정책, 예산, 인사 등을 직접 결정한다. 일본의 기초자치단체인 정(町) · 촌(村)총회, 미국의 Town Meeting, 스위스의 Gemeindeversammlung이 그 예이다(최창호, 2001: 457-458).

2 대표적 주민총회

오늘날에는 인구 증가, 행정구역의 확대, 공공사무의 양적 증가 및 질적 고도화 등으로 이 유형은 사실상 곤란하다고 할 수 있다. 다수의 주민 중 대표자를 선출해서 구성하는 대표적 주민총회가 오늘날 그 대안으로 부상하고 있다.

제 5 절 우리나라의 기관구성 형태

1 기관대립형

1949년 지방자치법의 제정 이래 계속 지방의회와 집행기관을 분리·독립시키는 기관대립형을 채택하고 있다. 이 점에서 우리나라 자치단체의 기관구성 형태는 미국의 강시장형 또는 일본의 지방정부 형태와 거의 유사한 형태로 볼 수 있다.

2 교육 및 학예기관

교육자치에 관해서는 교육의 자율성·전문성·독립성을 보장하기 위해 시·도에 교육·학예에 관한 의결기관인 교육위원회와 단독제 집행기관인 교육감을 두고, 시·군·자치구에는 하급행정기관으로 교육장을 두고 있다.

우리나라 기관구성 형태의 변천 과정

구분	지방의회	지방자치단체장
지방자치법 제정 (1949년)	의회 구성(주민 직선)	도지사·특별시장(대통령 임명) 시·읍·면장(지방의회 간선)
제2차 개정 (1956년)	의회 구성(주민 직선)	도지사·특별시장(대통령 임명) 시·읍·면장(주민 직선)
제4차 개정 (1958년)	의회 구성(주민 직선)	도지사·특별시장(대통령 임명) 시·읍·면장(도지사 임명)
제5차 개정(1960년)	의회 구성(주민 직선)	전부 주민 직선

지방자치에 관한 임시조치법(1961년)	지방자치단체의 장이 상급기관의 승인을 받아 권한 대행	전부 대통령 임명
제7차 개정 (1988년)	원칙: 의회 구성(주민 직선) 경과 조치: 의회 미구성	원칙: 전부 주민 직선 경과조치: 전부 대통령 임명
제9차 개정 (1990년)	원칙: 의회 구성(주민 직선) 경과 조치: 1991년 의회 구성	원칙: 전부 주민 직선 경과 조치: 전부 대통령 임명
1995년 6월 27일~	원칙: 의회 구성	전부 주민 직선

제 2 장 지방의회

제 1 절 지방의회의 지위와 권한

1 지방의회의 지위

1) 주민의 대표기관

지역주민이 선출하는 대표에 의해 구성되는 회의체로 주민의 대표기관으로서 지위를 가지며, 지방의회는 지방자치단체의 주요 정책과 사업을 결정하고, 이를 집행하는 장과 공무원이 그 임무를 적정하게 수행하고 있는지 여부를 감시 감독한다. 따라서 지방자치의 핵심은 지방의회의 구성과 운영에 있다.

2) 최종적인 의사결정기관

지방의회는 지역의 예산 및 정책, 조례 제정 등 지방에 관련된 전반적인 사항을 최종적으로 심의하고 의결한다(강용기, 2008: 283). 지방의회의 의결을 거치지 않은 예산안은 집행할 수 없으며, 지역 현안에 대한 주요 정책 사항에 대해 의견을 제시해 지역 여론을 형성하기도 한다.

3) 견제 및 감시기관

집행기관의 견제·감시기관으로서의 지위를 갖는다. 의안의 심의, 서류 제출 요구 및 출석 답변 요구권, 행정사무감사 및 조사권을 통해 집행기관을 감시하고 견제한다.

2 지방의회의 권한

지방자치단체의 최고의사결정기관과 지방행정의 감독기관으로서 자치행정 운영에 관한 주요한 사항을 결정하고 지방행정 수행의 적정 여부를 감시·감독한다.

1) 의결권

지방의회의 권한 중에서 가장 중요한 권한이다. 지방의회의 의결 사항을 규정하는 방법에는 개괄주의와 열거주의가 있으나, 우리의 경우는 지방자치단체의 사무 중 중요한 사항만을 열거하여 의결받도록 하는 개괄적 열거주의를 채택하고 있다.

지방자치법에 열거된 사항은 반드시 의회의 의결을 얻어야 하며, 기타 중요한 사항은 당해 자치단체의 조례가 정하는 바에 의해 의결을 받아야 한다. 지방의회의 필요적 의결 사항은 다음과 같다(지방자치법 제39조).

① 조례의 제정·개폐
② 예산의 심의·확정
③ 결산의 승인
④ 법령에 규정된 것을 제외한 사용료, 수수료, 분담금, 지방세 또는 가입금의 부과와 징수
⑤ 기금의 설치·운용
⑥ 대통령령으로 정하는 중요 재산의 취득 및 처분
⑦ 대통령령으로 공공시설의 설치·관리 및 처분
⑧ 법령과 조례에 규정된 것을 제외한 예산 외 의무 부담이나 권리의 포기
⑨ 청원의 수리와 처리
⑩ 외국 지방자치단체와의 교류·협력에 관한 사항
⑪ 기타 법령에 의해 그 권한에 속하는 사항

이상의 필요적 의결 사항 중 예산안의 심의·의결만은 그 시한이 법적 규제를 받

는다. 즉, 지방자치단체장은 회계연도마다 예산안을 편성하여 시 · 도는 회계연도 개시 50일 전까지, 시 · 군 자치구는 화계연도 개시 40일 전까지 지방의회에 제출해야 하고, 시 · 도의회는 회계연도 개시 15일 전까지, 시 · 군 자치구 의회는 회계연도 개시 10일 전까지 이를 의결해야 한다.

2) 행정사무감사 및 조사권

당해 지방자치단체의 사무를 감사하거나 그 사무 중 특정 사안에 관해 지방의회의 의결로 조사할 수 있으며, 감사 또는 조사를 위해 필요한 때에는 현지 확인을 하거나 서류의 제출과 지방자치단체의 장 또는 그 보조기관의 출석 · 증언이나 의견 진술을 요구할 수 있다. 특정 사안에 대해 조사를 하고자 할 때에는 재적의원 3분의 1 이상의 연서로 이유를 명시한 서면으로 발의해야 한다.

감사 또는 조사를 위해 필요한 절차, 기타 필요한 사항은 대통령령이 정하는 바에 따라 지방자치단체 조례로 정한다. 또한 행정사무감사는 당해 지방자치단체의 사무에 대해 시 · 도는 감사 일수를 14일 이내, 시 · 군 · 구는 9일 이내로 지방자치법에 규정했다. 그러나 지방사무 중 자치단체 및 그 장이 위임받아 처리하는 국가사무는 감사 대상에서 제외된다. 또한 광역의회의 경우 국회가 감사하기로 한 사무, 기초의회의 경우 광역의회가 감사하기로 한 사무는 해당 의회에서 감사하지 못한다.

행정사무감사와 행정사무조사의 비교

구분	행정사무감사	행정사무조사	비 고
대상	지방자치단체 사무 전반 (기관위임사무도 가능)	특정 사안(구체적 · 한정적)	
시기 발동 요건	매년 정기회 회기 내 실시(법정검사)	재직위원 1/3 이상 연서로 요구, 본회의 의결	감사: 시기 변경 가능 조사: 폐회 · 휴회 중 가능
시행 위원회	소관 상임위원회, 특별위원회	소관 상임위원회, 특별위원회	위원장 · 간사의 호선
대상 기관	상임위 소관 전체 기관	특별사안 관련 기관	
계획서 시행	각 상임위원장 또는 감사위원회가 작성, 본회의 승인 후 시행	조사위원회가 작성, 본회의 승인 후 시행	
공개 원칙	공개	공개	단, 위원회 의결로 비공개 가능

국회의 지방자치단체 감사는 시·도에 한하며, 그 고유 업무에 관해 지방의회가 감사를 하고자 할 때에는 양보해야 한다(국정감사 및 조사에 관한 법률 제7조 2항).

3) 행정사무 처리보고, 출석·답변, 서류제출요구권

지방자치단체의 장 또는 관계 공무원은 지방의회나 그 위원회에 출석해 행정사무의 처리 상황을 보고하거나 의견을 진술하고 질문에 응답할 수 있고(적극적 보고·진술권), 지방의회나 그 위원회의 요구가 있는 때에는 출석·답변해야 한다(소극적 보고·진술권). 다만, 특별한 경우가 있는 경우에 지방자치단체장은 관계 공무원으로 하여금 출석·답변하게 할 수 있다. 관계 공무원이 출석을 거부하거나 허위 증언을 할 경우에는 500만 원 이하의 과태료를 부과할 수 있다. 지방의회 또는 그 위원회에 출석하여 답변할 수 있는 관계 공무원은 조례로 정한다.

4) 청원수리권

지방의회에 대한 청원은 관할 지방의회 의원을 통해 서면으로 제출해야 한다(제73조). 청원서에는 청원인의 성명(법인의 경우에는 그 명칭 및 대표자)과 주소를 기재하고 서명·날인해야 한다. 청원을 접수받은 지방의회는 청원의 내용이 재판에 간섭하거나 법령에 위반되는 사항일 때에는 이를 수리하지 아니한다.

접수된 청원은 위원회 또는 본회의에 회부하여 심사를 하며, 본회의에서 이를 채택한다. 이 경우 모든 청원을 다 처리해야 하는 것은 아니며 해당 위원회가 청원서를 심사해 본회의에 부의할 필요가 없다고 결정한 때에는 그 처리 결과를 의장에게 보고하고 청원인에게 이를 통지하면 된다(제75조).

본회의에서 채택된 청원 중에서 그 지방자치단체장이 처리하는 것이 타당하다고 인정되는 청원은 의견서를 첨부해 장에게 이송해야 한다. 이 경우 장은 이를 처리하고 그 결과를 지체없이 의회에 보고해야 한다(제76조).

5) 내부자율권

지방의회는 의장, 부의장, 임시의장을 선거할 뿐만 아니라 사무처(시·도의회), 사무국 또는 사무과(시·군·구의회)를 둘 수 있으며, 지방의회 의장의 추천을 받아 지방자치단체장이 그 직원을 보임할 수 있다. 또한 의사 진행, 회의 질서 유지, 징계 등에 관해 회의규칙을 제정하며, 의원의 자격심사, 징계 등에 관한 권한을 가진다.

제 2 절 지방의회의 조직과 기능

1 의원 정수의 다수주의와 소수주의

의원 정수는 의원의 자질과 의회의 운영 방향 등에 영향을 주는 중요한 요소이지만 이에 관한 통일된 기준은 없다. 대체로 영국 등 유럽 각국에서 채택하고 있는 대의회제도(다수주의)와 미국 등에서 채택하고 있는 소외회제도(소수주의)로 구분한다. 다수주의 장점은 지역주민의 이익을 좀 더 광범하고 고르게 대표할 수 있고 민주성의 원리에 더욱 충실할 수 있으며 또한 의사 진행을 좀 더 신중하게 할 수 있는데 비해, 소수주의의 장점은 의원의 자질을 높여 유능한 인재를 뽑을 수 있고, 의회의 운영을 능률적으로 할 수 있으며 의회의 운영비를 절감할 수 있다.

국가별 의원 정수

기초자치단체		광역자치단체	
	영 국: 50~80인(도시지역) 30~60인(비도시지역)		영 국: 60~100인
	미 국: 3~9인		미 국: 3~5인
	프랑스: 6~69인		프랑스: 20~68인
	독 일: 3~5인(소의회형) 30~80인(대의회형)		독 일: 20~50인
	캐나다: 7~20인		대 만: 19~65인
	대 만: 11~19인(향・진) 11~30인(현할시)		일 본: 40~120인

2 정당추천제

지방의회의원선거법은 후보자에 관한 규정에서 의원 후보자가 되려는 자는 의원선거일 공고일로부터 5일 이내에 당해 선거구를 관할하는 구・시・군 선거관리위원회에 등록을 신청해야 하고, 시・도 의원선거에서는 후보자 등록을 하고자 하는 자가 정당의 당원인 때에는 그 소속 정당의 추천서를, 정당의 당원이 아닌 때에는 그 선거구 안에 주민등록이 된 선거권자 100인 이상 200인 이하의 기명·날인(날인은 허용 안 됨)한 추천장(관할 선거구 선거관리위원회가 검인한 것을 말한다)을 등록신청서에 첨부하도록 규정하고 있다.

자치구·시·군 의원선거에서는 그 선거구 안에 주민등록이 된 선거권자 50인 이상 100인 이하가 기명·날인한 추천장을 등록신청서에 첨부해야 하는데, 인구 1,000명 미만의 선거구에서는 선거권자 30인 이상 50인 이하의 추천장을 첨부해야 한다.

3 지방의회 의원

1) 지위와 기능

지방의회 의원은 주민이 직접 선출하는 주민의 대표로서 지방자치단체의 주요한 사항을 직접 결정하고 지방행정 운영 상황을 감시·감독하는 기능을 한다. 신분은 정무직 지방공무원이다.

지방의회 의원의 기능은 다음과 같다. 첫째, 지역 전체의 대표자로서 기능을 한다. 즉, 자치단체 전 구역의 문제와 관심사를 다루고 처리해야 한다. 둘째, 지역의 정책결정·의사결정자로서 기능을 하는데 이는 지방의회 의원의 주된 임무이다. 셋째, 주민의 민원 사항 해결자로서 기능을 하며 지역 내의 문제와 갈등의 조정자로서 기능을 한다.넷째, 지방행정의 감시자·지도자로서 기능을 한다.

2) 지방의회 의원의 임기

지방의회 의원의 임기는 4년으로 하되, 의원의 임기는 총선거에 의한 전임의 임기가 만료된 다음 날로부터 개시된다. 다만 천재지변 등의 사유로 전임 의원의 임기가 만료된 후에 총선거를 실시할 때에는 그 당선일로부터 개시된다. 보궐선거에 의한 의원의 임기는 당선일로부터 개시되어 전임자의 잔임 기간으로 한다.

3) 지방의회 의원의 보수

1949년 7월 최초의 지방자치법은 지방의회 의원을 명예직으로 규정하고, 일비와 여비를 지급할 수 있도록 했다. 2005년 8월 지방의원 유급제를 도입하여 2006년 1월부터 시행하게 되었다. 지방의원의 보수는 해당 지역의 여건에 따라 의정비심의위원회에서 결정하는 범위 내에서 지방자치단체의 조례로 정하도록 했다(법 제33조).

(1) 명예직을 주장하는 근거

공공복리를 위해 무료봉사 정신이 요청되며, 지방의원의 직무가 고정급을 지급해야 할 만큼 많거나 전문성을 요하지 않는다. 무보수 봉사에 따른 주민의 존경 등 주민대표자로서의 입장을 고려할 가치가 있다.

(2) 유급직을 주장하는 근거

고정급을 지급함으로써 의원들의 본연의 직무에 전념할 수 있으며, 유능한 인사를 지방의회에 진출하게 한다. 또한 의원들의 품위 유지와 부조리 예방에 기여한다. 유급직을 채택하는 국가는 미국·캐나다·필리핀·일본 등을 들 수 있는데, 일본을 제외하면 유급직의 채택은 의원 정수에서 소수주의를 택하는 국가에서 나타나고 있다.

4) 지방의원의 겸직 금지 및 영리행위 제한

지방의회 의원이 겸직할 수 없는 직은 다음과 같다.

① 국회의원, 다른 지방의회 의원

② 헌법재판소 재판관, 각급 선거관리위원회 위원

③ 국가공무원법 제2조에 규정된 국가공무원과 지방공무원법 제2조에 규정된 지방공무원. 그러나 예외 규정으로 정당의 당원이 될 수 있는 공무원(정당법 제6조)은 겸직 가능하다.[1)]

④ 정부투자기관관리기본법 제2조에 규정된 정부투자기관(한국은행, KBS 포함)의 임·직원

⑤ 지방자치단체가 운영하는 지방공사와 지방공단의 임·직원

⑥ 농협, 수협, 축협, 농지개량조합, 산림조합, 엽연초생산협동조합, 인삼협동조합, 임업협동조합의 상근 임·직원과 이들 조합의 중앙회장과 연합회장

⑦ 사립학교 교원(교장, 교감, 교사)도 겸직할 수 없다. 그러나 사립대학교의 교원(총장, 부총장, 학장, 교수, 부교수, 조교수, 전임강사)은 겸직이 가능하다.

---

1) 정당법 제6조의 당원이 될 수 있는 공무원은 대통령, 국무총리, 국무위원, 국회의원, 지방의회 의원, 자치단체장, 국회의원 보좌관, 비서관·비서 및 국회 교섭단체의 정책연구위원과 교육공무원 중 사립대학을 포함한 대학교수로 규정되어 있다.

또한 지방의회 의원은 당해 지방자치단체 및 공공단체와 영리를 목적으로 하는 거래를 할 수 없으며, 이와 관련된 시설 또는 재산의 양수인 또는 관리인이 될 수 없다(제35조 2항).

5) 지방의회 의원의 의무

지방의회 의원은 공익과 양심에 따른 직무 수행의 의무(제36조 1항), 청렴 및 품위 유지의 의무(제36조 2항), 지위 남용 금지의 의무(제36조 3항), 지방자치단체와 영리 행위 금지(제5조 2항), 이해관계에 있는 안건 참여의 금지(제70조), 모욕 및 사생활에 관한 발언 금지(제83조), 의사 진행 및 발언 방해의 금지(제84조), 의회 출석의 의무, 회의 중 법규와 규칙의 준수 의무를 진다.

종래의 법에서는 의무에 관한 규정이 따로 없고, 회의장의 질서 유지, 모욕 또는 사생활에 대한 발언 금지 등 질서에 관한 규정뿐이었으나, 현행법이 명문으로 의무 규정을 신설한 것은 도덕정치의 구현과 사회 정의의 실현을 요구하는 국민의 염원을 반영한 것이라고 볼 수 있다.

제 3 절 지방의회의 운영

지방의회는 의회의 회의 등 내부운영에 관해 지방자치법에 정한 것을 제외하고 필요한 사항을 회의규칙 등 의회의 규칙으로 정할 수 있다.

1 지방의회의 내부조직

1) 지방의회 의장과 부의장

(1) 의장 및 부의장의 지위와 권한

지방의회는 의원 중에서 무기명 비밀투표로 임기 2년의 의장과 부의장을 선출해야 하는데, 시 · 도의회는 의장 1인과 부의장 2인, 시 · 군 · 자치구의회는 의장과 부의장 각 1인씩을 선출한다.

그리고 의장단의 임기를 의원의 임기와 동일하게 하는 경우(일본, 대만)에는 의장단의 전문성을 확보한다는 장점이 있지만, 우리의 경우처럼 2년으로 하게 되면 적정 주기로 의장단에 대한 의원의 신임을 묻게 되어 의회의 민주적 운영을 확보할 수 있는 장점이 있다. 영국과 프랑스에서는 의장단의 임기를 1년으로 함으로써 의장단에 대한 의원 통제를 용이하게 하고 있다.

(2) **의장 및 부의장 불신임 의결**

의장단 불신임제도는 대만 등의 국가에서 그 예를 볼 수 있는데, 이것은 의장단의 직무태만이나 위법행위를 견제하기 위한 것이다.

지방자치법은 불신임 의결 요건을 법령을 위반하거나 정당한 이유 없이 직무를 태만히 한 경우로 제한하고 있다. 불신임안 의결은 재적의원 4분의 1 이상의 발의와 재적의원 과반수의 찬성으로 행한다. 불신임 의결이 있은 때에는 의장 또는 부의장은 그 직에서 해임된다(지방자치법 제55조).

2) 지방의회의 위원회

지방의회는 조례가 정하는 바에 따라 위원회를 둘 수 있다.

지방의회의 위원회제도는 대의회제도를 채택하고 있는 국가에서 지방의회 운영의 효율성, 전문성을 확보하기 위해 보편적으로 인정하고 있다. 그러나 위원회를 둘 경우 의안심사 절차가 중복되는 등의 단점이 제기되어 의원 수가 적은 경우에는 필요성이 적다고 평가되기도 한다.

위원회는 소관 의안과 청원을 심사, 처리하는 상임위원회와 특정 사안을 일시적으로 처리하기 위한 특별위원회로 구분된다. 상임위원회는 시·도와 시·군·자치구를 모두 설치할 수 있으며, 기준은 자치단체의 조례로 정한다.

위원회의 개회는 원칙적으로 회기 중에 하도록 하고, 폐회 중에 위원회를 개회하는 것을 예외적으로 인정함으로써 위원회의 상설화를 방지하고 있다. 회기 중인 때에도 위원장이 필요하다고 인정하거나 재적위원 3분의 1 이상의 요구가 있는 때로 한정한다. 폐회 중에는 본회의의 의결이 있는 때, 의장이 필요하다고 인정할 때, 재적위원 3분의 1 이상의 요구 또는 지방자치단체장의 요구가 있는 때에 개회하도록 제한하고 있다. 위원회의 의회는 비공개를 원칙으로 하며 제한적으로 공개한다.

2 지방의회의 회의 개최 및 진행

1) 회의의 종류

지방의회의 회의와 종류는 매년 2회 정기적으로 열리는 정례회와 임시회로 구분된다(지방자치법 제44조, 제46조). 정례회는 지방의회의 정기회에 집중된 안건을 분산하여 심도 있게 심의하는 등 지방의회 운영의 효율화를 위해 도입했다. 1차 정례회는 매년 6·7월 중, 2차 정례회는 11·12월 중 개최되는데, 1차 정례회에서는 결산 승인, 2차 정례회에서는 예산안의 의결을 주요 의제로 하며, 기타 부의된 안건을 처리한다(지방자치법 시행령 제19조의 4).

임시회는 지방자치단체의 장의 요구가 있거나, 재적의원 3분의 1 이상의 요구가 있는 때에 소집한다.

지방의회의 개회·휴회·폐회와 회기는 지방의회가 의결로 정하도록 했으며, 연간 회의 총일수와 정례회 임시회의 회기는 해당 지방자치단체의 조례로 정하도록 했다(지방자치법 제47조).

2) 의사정족수와 의결정족수

지방의회는 재적의원 3분의 1 이상의 출석으로 개의하고, 회의 중 이에 미달한 때에는 의장은 회의의 중지 또는 산회를 선포한다.

지방의회의 일반 의결정족수는 재적의원 과반수의 출석과 출석의원 과반수의 찬성으로 의결하고, 의장은 의결에서 표결권을 가지며, 가부 동수인 때에는 부결된 것으

특별의결 정족수

① 의장단의 불신임 의결 ② 사무소 소재지의 변경·신설에 관한 조례	재적의원 1/4 이상의 발의와 재적의원 과반수의 찬성으로 의결
① 조례안의 재의결 ② 재의 요구에 대한 재의결 ③ 예산상 집행 불가능한 의결의 재의결 ④ 의회의 비공개 의결	재적의원 과반수의 출석과 출석의원 2/3 이상의 찬성으로 의결
① 의원의 자격 상실 의결 ② 의원의 제명 의결	재적의원 2/3 이상의 찬성으로 의결

로 본다(지방자치법 제64조).

특별의결정족수는 재적의원 3분의 2 이상의 찬성이 있어야 하는데 의원 자격 상실 결의, 의원 제명 의결 등에 이를 요구하고 있으며, 의장단 불신임 의결에는 재적 과반수의 찬성을 얻을 것을 요구하고 있다. 지방의회의 의결에 대한 재의 요구에 대해서도 재적의원 과반수 출석과 출석의원 3분의 2 이상의 찬성을 얻을 것을 요구하고 있으며, 본회의 비공개 결정에서는 재적의원 3분의 2 이상의 출석과 출석의원 3분의 2 이상의 찬성이 있어야 한다.

3) 회의 진행의 기본 원칙

(1) 회의 공개의 원칙

지방의회의 회의는 공개한다. 다만, 의원 3인 이상의 발의로 출석의원 3분의 2 이상의 찬성이 있거나, 의장이 사회의 안녕 질서를 위해 필요하다고 인정하는 경우에는 공개하지 아니할 수 있다(제72조).

(2) 회기 계속의 원칙

지방의회에 제출된 의안은 회기 중에 의결되지 못한 이유로는 폐기되지 아니한다. 다만, 의원의 임기가 만료되는 경우에는 예외로 한다(제67조).

(3) 일사부재의(一事不再議)의 원칙

지방의회에서 부결된 의안은 같은 회기 중에 다시 발의 또는 제출할 수 없다(제68조). 이것은 의회의 원활한 운영과 소수파에 의한 의사 방해를 배제하려는 데 목적이 있다. 그러나 동일한 사안이라도 사정이 변경되어 그 목적·방법이 변경되면 동일 사안으로 볼 수 없고 또 회기가 다르면 동일 사안으로 볼 수 없으므로 재의가 가능하다고 보아야 한다.

(4) 의사 제척의 원칙

지방의회의 의장이나 의원은 본인·배우자 또는 직계존비속 또는 형제자매와 직접 이해관계가 있는 안건에 관해서는 그 의사에 참여할 수 없다. 다만, 의회의 동의가 있는 때에는 의회에 출석해 발언할 수 있다.

(5) 1일 1차 회의 원칙

당일의 회의가 개의되면 당일 회의는 24:00시 이전에 종료된다. 당일 의사일정에 기재된 안건의 심의 도중 24:00시가 되면 일단 산회를 선포하고 0시 이후 다시 본회의를 개의해야 한다.

4) 의안의 발의

지방의회에서 의결할 일반 의안은 지방자치단체의 장이나 재적의원 5분의 1 이상 또는 의원 10인 이상의 연서로 서면으로 의장에게 제출해야 한다. 그러나 예산의 발의권은 지방자치단체의 장만이 가질 수 있는 권한이다.

위원회에 의한 의안의 여과를 피전 홀(Pigeon hole)이라 부르는데, 이는 본회의에서 잡다한 문제를 논의함에 따라 발생하게 될 번거로움과 낭비를 방지하고 의안을 소관 위원회에서 일단 심사하게 하여 의회 운영의 효율화를 기하는 데 목적이 있다.

그러나 위원회에서 폐기된 안건을 제의할 때에는 이를 위원회의 해임(discharge of committee)이라고 부르는데, 이 경우 의안이 심의되는 회의와 다르므로 일사부재의의 원칙에 위배되지 않는 것으로 보아야 한다.

5) 회의규칙 및 회의록

지방의회는 회의의 운영에 필요한 사항에 관해 회의규칙을 정해야 한다. 회의규칙 제정권은 지방의회의 자율권이다. 지방의회는 회의록을 속기 또는 녹음으로 작성하고 회의의 진행 내용 및 결과와 출석의원의 성명을 기재해야 하며, 의장과 의회에서 선정한 2인 이상이 서명해야 한다.

지방의회에서 회의록을 작성하도록 규정하고 있는 것은 크게 두 가지 목적을 지닌다. 첫째, 주민에게 열람할 자료를 만들어서 지방의회에 주민이 참여할 기회를 확보함과 동시에 이럴 경우에 회의 공개의 목적도 아울러 지닌다. 둘째, 출석의원의 성명을 기재하고 의장과 의회에서 선정한 의원 2인 이상으로 하여금 서명하게 하는 것은 지방의회 의원들이 성실하고 책임감 있게 맡은 직무를 수행하게 하려는 데 있다.

3 지방의회의 사무

1) 의원의 사직 · 퇴직과 자격심사

(1) 의원의 사직

지방의회의 의원은 개회 중인 때에는 지방의회의 허가를 얻어, 폐회 중인 때에는 의장의 허가를 얻어 사직할 수 있다. 국회의원은 의결로 사직을 허가할 수 있다고 한데 비해 의회의 허가를 얻어야 한다는 점에서 규정 형식이 다르다.

(2) 의원의 퇴직

지방의회의 의원은 겸직할 수 없는 직에 취임한 때, 피선거권이 없게 된 때, 징계에 의해 제명된 때에는 당연 퇴직하게 된다.

(3) 의원의 자격심사

지방의회의 의원이 다른 의원의 자격에 이의가 있는 때에는 재적의원 1/4 이상의 연서로 의장에게 자격심사를 청구할 수 있으며, 자격심사의 청구를 받은 의장은 그 청구서의 사본을 피심의 의원에게 송달하고 기간을 정해 답변서를 제출하게 해야 하며, 피심의 의원의 정당한 사유 없이 그 기간 내에 답변서를 제출하지 아니한 때에는 청구서만으로 의원의 자격을 심사할 수 있다.

지방의회는 필요한 경우 청구 의원과 피심의 의원을 회의에 출석하게 하여 질문할 수 있다. 피심의 의원은 자기의 자격심사에 관한 회의에 출석해 변명은 할 수 있으나 의결에는 참가할 수 없다. 피심의 의원에 대한 자격 상실 결의는 재적의원 3분의 2 이상의 찬성이 있어야 하며, 피심의 의원은 자격 상실이 확정될 때까지는 그 직을 상실하지 아니한다.

의원이 결원된 때에는 의장은 15일 이내에 그 지방자치단체의 장과 선거관리위원회에 통지하고, 시 · 도지사는 안전행정부 장관에게, 시장 · 군수 · 자치구청장은 시 · 도지사에게 지체없이 이를 각각 보고해야 한다.

2) 회의의 질서 유지

(1) 내부경찰권

지방의회 의원이 본회의 또는 위원회의 회의장에서 지방자치법 또는 회의 규칙에 위배되는 발언 또는 행위를 하여 회의장의 질서를 문란케 한 때에는 의장 또는 위원장은 이를 경고, 제지, 발언의 취소를 명할 수 있고, 이와 같은 명령에 응하지 아니한 의원이 있는 때에는 의장 또는 위원장은 그 의원에 대해 당일 회의에서 발언을 금지시키거나 퇴장을 시킬 수 있다. 의장 또는 위원장은 회의장이 소란스러워 질서를 유지하기 곤란한 경우에는 회의를 중지시키거나 산회를 선포할 수 있다.

(2) 자유토론 보장권

의원은 본회의 또는 위원회에서 타인을 모욕하거나 타인의 사생활에 대한 발언을 해서는 안 되며, 회의에서 모욕당한 의원은 모욕을 가한 의원에 대해 지방의회에 징계를 요구할 수 있다.

(3) 대(對)방청인 질서유지권

방청인은 의안에 대해 가부를 표명하거나 소란한 행위를 해서는 아니 되므로 의장은 회의장 안의 질서를 방해하는 방청인의 퇴장을 명할 수 있으며 필요한 때에는 경찰관서에 인도할 수 있고, 방청석이 소란할 때에는 모든 방청인을 퇴장시킬 수 있다.

3) 징계

(1) 징계의 요건

지방의회는 의원이 지방자치법 또는 회의규칙에 위반되는 행위를 한 때, 정당한 이유 없이 집회일로부터 7일 이내에 본회의 또는 위원회에 출석하지 아니하거나 의장 또는 위원장의 출석 요구서를 받은 후 5일 이내에 출석하지 아니한 때에는 의결로써 징계할 수 있다.

(2) 의원 징계의 종류

공개회의에서의 경고, 공개회의에서의 사과, 30일 이내의 출석 정지, 제명 등 네 가지이나 제명에는 재적의원 3분의 2 이상의 찬성이 있어야 한다.

4) 사무기구와 직원

시·도의회에는 조례가 정하는 바에 의해 사무처를 둘 수 있으며, 사무처장과 직원을 지방공무원으로 보하고, 시·군·자치구의회에는 조례가 정하는 바에 의해 사무국 또는 사무과를 둘 수 있으며, 사무국·과에는 사무국장 또는 사무과장과 직원을 지방공무원으로 보한다.

제 3 장 집행기관

제1절 집행기관의 지위

1 집행기관의 의의

집행기관이란 그 담임하는 사무에 관해 스스로 결정권을 가지고 유효하게 행정행위를 수행할 수 있는 기관을 지칭한다. 즉, 지방의회에서 결정한 정책·사업·계획 등의 집행을 담당하고 있는 장과 그의 행정기구, 공무원 등을 말한다.

행정 수요가 양적·질적으로 팽창함에 따라 장의 권한도 막강해지는 경향에 있으며, 일본·미국 등 일부 지방자치단체는 행정집행 권한을 지사·시장 등 1인에게 집중시키지 아니하고 행정위원회와 주민직선 공직자에게 분담시켜 행정의 민주화·전문화를 기하고 있다.

2 집행기관의 범위

집행기관의 행정기구는 자치단체별로 행정 수요에 따라 적정하게 조직되고 있으며, 행정부처 또는 필요에 따라 하급보조기관을 설치하고 있다. 지방자치법은 지방자치단체의 장, 보조기관, 소속행정기관, 하부행정기관, 교육·과학 및 체육에 관한 기관 등에 관해 규정하고 있다.

제 2 절 지방자치단체의 장

1 지방자치단체장의 지위

보통지방자치단체의 장으로서 특별시에 특별시장, 광역시에 광역시장, 도에 도지사를 두고, 시에 시장, 군에 군수, 자치구에 구청장을 둔다.

장의 지위는 국가에 따라 또는 지방정부 형태에 따라 다르다. 우리나라는 미국의 강시장형과 비슷한 기관대립형을 택하고 있으므로 장의 지위는 매우 강력하다.

1) 주민의 대표기관

지방자치단체의 장은 주민에 의해 선출되므로 주민의 대표기관으로서 지위를 갖는다. 우리나라는 기관분리형을 채택해 상호 견제와 균형의 원리에 맞게 운영되고 있으며, 의회나 단체장은 주민의 대표기관으로서 지위를 동시에 가진다.

2) 지방자치단체의 대표기관

단체장은 외부에 대해 그 지방자치단체를 대표한다. 먼저, 상징적 의미에서의 대표기능, 즉 언론이나 외부인사 영접 및 의전 행사를 수행하는 기능이며, 실질적 의미에서의 대표 기능은 법률적 의미에서 법인체인 자치단체의 대표자로서의 지위이다.

3) 지방자치단체의 최고행정기관

단체장은 지역 내 행정사무를 통할하고 종합적으로 관리하는 최고의 행정관청이다. 즉 사무통할권, 직원의 임면 및 감독권, 기관설치권, 규칙제정권을 가기며, 보조기관 및 소속행정기관, 하급행정기관을 지휘한다.

단체장의 지역의 정치적 중심인물(political leader)이다. 동시에 행정관리자로서 지방행정에 대한 전반적인 관리를 하고 책임을 지는 지위에 있다. 단체장은 지역 단위의 각종 국가 및 지방행정 시책·사업의 추진을 지도·감독하며, 지방예산의 편성·

집행 등 재정 관리와 법령에 의한 각종 인·허가사무 등 민원사무를 처리한다.

2 지방자치단체장의 권한

1) 통할대표권

지방자치단체의 장은 당해 지방자치단체를 대표하고 그 사무를 통할한다. 여기에서 대표란 당해 지방자치단체의 의사를 대외적으로 표시할 수 있는 지위를 말하고, 통할이란 소속 집행기관뿐만 아니라 다른 집행기관·의회·주민까지를 포함해 당해 단체의 사무를 총괄하고 일체성을 유지하는 것을 의미한다.

2) 사무의 관리·집행권

지방자치단체의 장은 당해 지방자치단체의 사무(고유사무와 단체위임사무)와 법령에 의해 그 장에게 위임된 사무(기관위임사무)를 관리하고 집행한다.

3) 직원에 대한 임면권

지방자치단체의 장은 소속직원을 지휘·감독하고 법령과 조례·규칙이 정하는 바에 따라 그 임면·교육훈련·복무·징계 등에 관한 사항을 처리한다.

4) 규칙제정권

지방자치단체의 장은 법령 또는 조례가 위임한 범위 내에서 그 권한에 속하는 고유사무와 국가사무에 관해 규칙을 제정할 수 있다. 그러나 시장·군수·자치구청장이 제정하는 조례나 규칙은 상급지방자치단체의 조례나 규칙에 위반해서는 안 된다.

5) 재의요구권

(1) 재의 요구를 할 수 있는 경우

첫째, 장은 의회의 의결이 월권 또는 법령에 위반되거나 공익을 현저히 해한다고 인정되는 때에는 의결을 송부받은 날로부터 20일 이내에 이유를 붙여 재의를 요구할 수 있다. 이 재의 요구에 대해 재적의원 과반수 출석과 출석의원 3분의 2 이상의 찬성을 얻은 경우 그 의결은 확정된다. 재의 회부 기간은 제척 기간이므로 지방의회가 폐회 중인 때에도 재의 요구를 할 수 있다. 그러나 재의에 붙이는 회기는 재의 대상이 된 의결이 있었던 회기에 한하지 않고 다음 회기에도 가능하다고 보아야 한다(회기 계속의 원칙). 재의는 의결의 일부분에서 대해서만 요구할 수 없으며(의결 일체성의 원칙), 재의에 회부되면 당해 위법·부당한 의결시에 소급해 그 효과가 발생한다.

둘째, 장은 의회의 의결이 예산상 집행할 수 없는 경비를 포함하거나 법령에 의한 의무적 경비 삭감, 비상재해로 인한 시설의 응급복구를 위해 필요한 경비 삭감 등의 경우에도 그 의결 사항을 이송받은 날부터 20일 이내에 이유를 붙여 재의를 요구할 수 있다. 이 재의 요구에 대해서도 재적의원 과반수 출석과 출석의원 3분의 2 이상의 찬성을 얻은 경우 그 의결은 확정된다.

(2) 재의결 상정 기한

재의를 요구받은 지방의회는 부득이한 사유가 없는 한 재의요구서가 도착한 날로부터 10일 이내에 이를 재의에 부쳐야 한다. 이 경우 폐회 또는 휴회 중인 기간은 이를 산입하지 아니한다.

6) 선결처분권

지방자치단체의 장은 지방의회가 성립하지 아니한 때와 지방의회에서 의결 또는 결정해야 할 사항 중 주민의 생명과 재산 보호에 긴급하게 필요한 의결 또는 결정이 이뤄지지 않은 때에 보충적 수단으로서 장에게 선결처분권을 인정하고 있다. 이것은 집행기관과 의결기관과의 조정을 도모하려는 데 그 취지가 있다.

(1) 선결처분의 요건

첫째, 지방의회가 성립되지 아니한 때이다. 의원의 사망·사직·퇴직 또는 구속의 사유로 의결정족수에 미달하게 된 때이다.

둘째, 주민의 생명과 재산 보호를 위해 긴급하게 필요한 사항으로서 지방의회를 소집할 시간적 여유가 없거나 의결이 지체된 때이다. 이에 대한 선결처분권은 다음 두 가지 경우에 한해 인정된다.

먼저, 지방의회를 소집할 시간적 여유가 없는 때이다. 이는 지방의회의 의결을 거치는 것이 절대 불가능한 경우가 아니고, 당해 사항이 급속한 시행을 요하기 때문에 의회를 소집하여 그 의결을 거쳐 집행하는 것이 그 시기를 잃게 되는 경우이다.

그리고, 지방의회에서 의결이 지체되어 의결되지 아니한 때이다. 의결되지 아니한 때란 의결을 얻지 못한 모든 경우를 뜻하며, 그 원인이 지방의회의 고의에 의한 경우든 외부 사정에 의한 경우이든지를 불문한다.

(2) 선결처분의 효과

장은 선결처분에 대해 지체없이 지방의회에 보고하여 승인을 얻어야 한다. 지방의회에서 승인을 얻지 못하면 그 선결처분은 그때부터 효력을 상실한다. 지방자치단체의 장은 위 사항을 지체없이 공고해야 한다.

그런데 불승인 의결이 지체된 때에 이미 선결처분에 의해 집행된 예산이나 사업의 원상회복 여부가 불분명하다. 이미 집행된 예산이나 사업 등은 원상회복이 사실상 불가능하므로 입법론으로는 불승인시에 장에 대해 정치적 또는 법률적 책임을 묻는 방향으로 관계 법규를 재정비할 필요가 있다.

7) 사무위임권

지방자치단체의 장은 대통령령 · 조례 · 규칙이 정하는 바에 대해 그 권한에 속하는 사무의 일부를 보조기관 또는 소속집행기관에 위임하거나, 관할 지방자치단체나 공공단체 또는 그 기관(사업소 · 출장소 포함)에 위임 또는 위탁할 수 있다. 또한 대통령령 또는 조례가 정하는 바에 따라 그 권한에 속하는 사무 중 조사 · 검사 · 검정 · 관리 업무 등 주민의 권리 · 의무와 직접 관계되지 아니하는 사무를 법인 · 단체 또는 그 기관이나 개인에게 위탁할 수 있다.

8) 지휘 · 감독권

지방자치단체의 장은 국가기관의 지위 또는 상급기관의 지위에서 그 관할구역 내에 있는 하급행정청을 지휘 · 감독한다. 또한 시 · 도지사는 산하 지방자치단체의 자치사무에 대해서도 법령에 위반되거나 현저히 부당하여 공익을 해한다고 인정할 때에는 이를 취소 · 정지 또는 시정명령을 발할 수 있다.

3 자치단체장의 선거와 임기

1) 단체장의 직선제

지방자치단체의 장은 피선거권(법 제23조 제2항)이 있는 자 중에서 주민이 직접 선거한다. 현행 지방자치법은 주민의 보통 · 평등 · 비밀 · 직접선거로 규정하고 있다.

장의 선출 방법은 주민 직선 방법(미국의 대도시, 일본, 독일, 뉴질랜드), 의회에서 간선하는 방법(프랑스, 이태리, 스페인, 덴마크, 미국의 일부 지역), 중앙정부에서 임명하는 방법(네덜란드, 핀란드, 대만, 태국, 인도네시아 등)의 세 가지가 있다.

2) 장의 임기

지방자치단체장의 임기는 4년이며, 이 임기는 전임자의 임기 만료일의 다음날로부터 개시된다. 그러나 지방자치법에 의해 최초로 선출되는 시·도지사 및 시장·군수·자치구청장의 임기는 당선일로부터 개시된다(장의 계속 재임은 3기에 한함).

장의 임기는 국가마다 다르지만 임기를 4년으로 하는 예(미국의 대부분의 시, 일본)가 가장 많으며, 2년(미국의 댈러스시 등), 3년(미국의 텍사스 주 등), 5년(독일의 일부 시), 6년(프랑스의 코뮌 등) 등 다양하다.

3) 겸직 및 영리행위 금지

(1) 겸직 금지

지방자치단체의 장은 다음에 해당하는 직을 겸임할 수 없다.

① 대통령, 국회의원, 헌법재판소 재판관, 각급 선거관리위원회 위원, 지방의회 의원, 교육위원회의 교육위원

② 국가공무원법 제2조에 규정된 국가공무원과 지방공무원법 제2조에 규정된 지방공무원

③ 다른 법령의 규정에 의해 공무원의 신분을 가지는 직

④ 정부투자기관관리기본법 제2조에 규정된 정부투자기관의 임·직원(한국방송공사와 한국은행 포함)

⑤ 농업협동조합·수산업협동조합·축산업협동조합·임업협동조합·건강보험조합·엽연초생산협동조합·인삼협동조합의 임·직원(이들 조합의 중앙회와 연합회를 포함)

⑥ 교원(대학교수 포함)

⑦ 지방공기업법 제2조에 규정된 지방공사와 지방공단의 임·직원

⑧ 기타 다른 법률이 겸임할 수 없도록 정하는 직

(2) 영리사업

지방자치단체의 장은 재임 중 당해 지방자치단체와 영리를 목적으로 하는 거래를 하거나 당해 지방자치단체와 관계있는 영리사업에 종사할 수 없다(법 제96조).

4) 지방자치단체의 폐치 · 분합과 장의 임기

지방자치단체가 다른 지방자치단체에 편입됨으로 인해 폐치된 때에는 장은 그 직을 상실한다. 둘 이상의 동격의 지방자치단체가 합쳐 새로운 지방자치단체가 설치된 때에는 종전의 지방자치단체장은 모두 그 직을 상실하고 새로이 장을 선거한다. 이 경우 새로운 장이 선거될 때까지 상급 지방자치단체의 장 또는 안전행정부 장관이 그 직무를 대행할 자를 종전의 장(長) 중에서 지정한다.

5) 장의 사임

지방자치단체의 장이 그 직을 사임하고자 할 때에는 사임일을 기재한 서면을 미리 지방의회 의장에게 통지하고 이 경우에는 사임통지서에 기재된 사임일에 사임되도록 하며, 자치단체장이 임기 중 당해 지방자치단체의 구역 밖으로 주민등록을 이전한 때에는 사임 사유에 해당됨을 명문으로 규정한다(지방자치법 제90조). 이 경우 상급 감독층에게 지체없이 보고하고, 사무 인계는 전임자가 퇴직한 날로부터 7일 이내에 인계해야 한다.

6) 직무대행의 요건

자치단체장의 궐위, 공소 제기 후 구금 상태, 의료법에 의한 의료기관에 60일 이상 계속 입원한 경우, 자치단체의 장 선거에 입후보하는 경우(후보자 등록부터 선거일까지)에는 부단체장이 권한을 대행한다.

7) 장의 보궐선거

지방자치단체의 장이 사망 · 면직 · 사임 등의 사유로 궐위된 2개월 이내에 보궐선거를 실시하고, 새로 당선된 자의 임기는 전임자의 잔임 기간으로 한다. 다만, 잔임 기간이 1년 미만인 경우에는 보궐선거를 실시할 실익이 없으므로 이를 실시하지 아니하고 상급 지방자치단체의 장 또는 안전행정부 장관이 그 직무대행자를 지정한다.

제 3 절 보조기관과 행정기관

1 보조기관

1) 부단체장

특별시와 광역시에 부시장, 도에 부지사를 일반직 또는 정무직 국가공무원으로 보하며 그 직급은 대통령령으로 정한다. 다만, 특별시는 3인 이내이고, 광역시의 부시장과 도의 부지사는 그 2인을 둘 수 있는데, 1인은 대통령령이 정하는 바에 의해 정무직 또는 별정직 지방공무원으로 보하며 자격 기준은 조례로 정한다. 정무직 또는 일반직 국가공무원으로 보하는 부시장·부도지사는 시·도지사의 제청으로 안전행정부 장관을 거쳐 대통령이 임명한다. 이 경우 제청된 자에게 법적 결격 사유가 없는 한 30일 이내에 임명 절차를 종료해야 한다.

① 특별시의 부시장의 정수: 3인을 초과하지 아니하는 범위 안에서 대통령령

② 광역시의 부시장 및 도의 부지사의 정수: 2인(인구 800만 이상의 광 역시 및 도는 3인)을 초과하지 아니하는 범위 안에서 대통령령

시에 부시장, 군에 부군수, 자치구에 부구청장을 두되 일반직 지방공무원 중에서 당해 지방자치단체의 장이 임명하며, 그 직급은 대통령령으로 정한다. 부단체장의 직무 권한은 지방자치단체장을 보좌하며, 보조기관인 직원이 담임하는 사무를 감독하며, 장의 직무를 대행하는 직책을 가진다.

2) 행정기구 및 지방공무원

지방자치단체의 행정사무를 분장하기 위해 필요한 행정기구를 두되, 시·도에서는 대통령령의 범위 내에서 조례로 정하고, 시·군·자치구에서는 시·도지사의 승인을 얻어 당해 지방자치단체의 조례로 정하도록 하고 있다.

지방자치단체에는 당해 지방자치단체의 경비로써 부담하는 지방공무원을 두되, 그 정원은 대통령령이 정하는 기준에 따라 당해 지방자치단체의 조례로 정하도록 하고, 그 임용 등에 관해서는 따로 법률(지방공무원법)로 정하며, 지방자치단체에는 법률이 정하는 바에 따라 국가공무원을 둘 수 있도록 규정하고 있다.

국가공무원은 국가공무원법의 규정에도 불구하고 5급 이상은 해당 자치단체장의 제청으로 소속 장관을 거쳐 대통령이 임명하고, 6급 이하는 해당 자치단체장의 제청으로 소속 장관이 임명한다.

2 소속행정기관

1) 직속기관

지방자치단체는 그 소관사무의 범위 안에서 필요한 때에는 대통령령 또는 당해 지방자치단체의 조례가 정하는 바에 의해 소방기관·교육 훈련기관·보건진료기관·시험연구기관 및 중소기업지도기관 등을 직속기관으로 설치할 수 있는데, 조례로 이를 설치하고자 할 때에는 안전행정부 장관의 승인을 얻어야 한다.

2) 사업소와 출장소

지방자치제는 특정 업무를 효율적으로 수행하기 위해 필요한 때에는 대통령령이 정하는 바에 의해 조례로 사업소를 설치할 수 있다.

원격지 주민의 편의와 특정 지역의 개발 촉진을 위해 출장소를 설치할 수 있다.

3) 합의제 행정기관

(1) 행정위원회의 설치

지방자치단체는 사무 또는 업무의 성질상 의회나 장으로부터 독립하여 사무를 처리할 필요가 있는 때에는 법령 또는 조례가 정하는 바에 따라 합의제 행정기관, 즉 행정위원회를 설치할 수 있다. 우리의 경우에는 선거관리위원회, 인사위원회, 소청심사위원회 등이 설치되어 있다.

(2) 자문기관의 설치

지방자치단체는 그 소관사무의 범위 안에서 필요한 경우에는 조언·권고·건의·심의 또는 조사를 목적으로 하는 심의회·위원회 등의 자문기관을 조례로 설치할 수 있다. 이 경우 경비의 전부 또는 일부를 국고에서 보조받아야 할 때에는 미리 안전행정부 장관의 승인을 얻어야 한다.

3 하부행정기관

지방자치단체가 아닌 구에 구청장을 두어 이를 일반직 공무원으로 보하되 시장이 임명하고, 읍에 읍장, 면에 면장, 동에 동장을 일반직 공무원으로 보하되 당해 시장 · 군수 · 구청장이 임명한다.

하부행정기관의 장은 소속 장관의 지휘 · 감독을 받아 국가사무 및 지방자치단체의 사무를 맡아 처리하고 소속 직원을 지휘 · 감독한다.

보조기관	① 부단체장, ② 행정기구, ③ 소속 공무원
소속행정기관	① 직속기관(교육소방기관, 교육훈련기관, 보건진료기관, 시험연구기관 및 중소기업지도기관), ② 사업소, ③ 출장소, ④ 합의제 행정기관(선거관리위원회, 인사위원회, 소청심사위원회 등)
하부행정기관	행정구청장, 읍장, 면장, 동장

제 4 장 교육자치와 자치경찰

제 1 절 지방교육자치

1 지방교육자치의 의의

선·후진국을 막론하고 여러 국가에서는 교육의 자주성·전문성 및 지방 교육의 특수성을 제고하기 위해 교육·학예에 관한 사무를 일반 집행기관으로부터 분리·집행하고 있는 것이 현실이다.

지방교육자치란 교육행정에서 지방분권주의를 기본 원칙으로 하고 당해 지역의 교육·학예에 관한 사무의 자치권을 가지고 의결기관으로서 교육위원회와 집행기관으로서 교육감을 설치해 자주성을 바탕으로 주민의 참여와 교육행정의 제도적인 조직을 통해 교육의 자주성, 전문성 및 특수성을 보장하려는 제도이다.

일본은 도·도·부·현과 시·정·촌에 모두 교육위원회(합의제 집행기관)를 두고 있으며, 미국은 주와 교육사무를 전담하는 학교구(School District)에 의결기관인 교육위원회와 집행기관으로서 교육장을 두고 있다. 프랑스는 지역별 대학교구장이 지역 내 초·중·고등학교에 관한 지도·감독권을 가지고 있다.

2 지방교육자치의 원리

교육자치제도의 개념은 국가에 따라서 서로 다르며 논자에 따라서도 서로 다르다. 심하게는 교육자치제도의 개념을 지방교육행정에 국한하지 않고 중앙교육행정에까지 적용할 수 있는 것이라고 주장하는 논자도 적지 않다. 여기서는 일반행정의 지방자치 개념과 대비하여 지방교육행정에 국한하는 뜻으로 사용한다. 교육자치제도는 교육의 자주성을 높이기 위해 다음과 같은 원리에 의한다(노종희, 1992: 463-465).

① 지방분권의 원리	민주성의 원리
② 주민통제의 원리	
③ 일반 행정으로부터 분리·독립의 원리	전문성의 원리
④ 전문적 관리에 의한 원리	

3 교육자치제의 유형

지방교육자치제는 이를 전술한 교육자치의 여러 가지 원리에 따라 다양하게 구분할 수 있으나, 여기에서는 교육행정의 일반행정으로부터 분리 여하를 거준으로 분리형과 통합형 그리고 절충형으로 나눈다.

1) 분리형

지방교육의 조직을 일반지방자치조직과 별도로 두어 지방교육이 독립적으로 실시되도록 하는 제도를 지방교육자치의 분리형이라고 한다.

분리형은 교육의 전문성과 중립성을 높이고, 교육의 질적 향상을 기하며, 교원 인사의 공정성을 기할 수 있다. 특히, 교육위원 등을 주민 직선에 의해 선출하는 경우 교육에 주민의 의사를 충분히 반영할 수 있는 장점을 가진다. 그러나 교육조직을 별도로 운영함에 따라 행·재정상의 혼란과 낭비를 가져오기 쉽다.

분리형의 대표적인 예는 미국이 대표적이나 교육자치제가 주마다 다양하기에 한마디로 말할 수는 없지만, 대체로 전 지역에 학교구(School District)라고 하는 특별지방자치단체가 있다. 이 학교구가 일반지방자치단체인 City나 County로부터 분리·독립해 교육을 전문적으로 수행하고 있으므로 이를 분리형이라 볼 수 있다.

2) 통합형

지방교육의 조직을 일반지방행정조직에 통합시켜 일반행정과 교육행정이 밀접한 연계를 가지고 수행하도록 하는 제도를 지방교육자치의 통합형이라고 한다.

통합형의 장·단점은 분리형의 장·단점과 반대인데 대표적인 예는 영국이다. 영국에서는 지방자치에서 의결기관과 집행기관을 구분하지 아니하고 의회가 집행 기능까지 수행하며, 의회의 각 분과위원회가 집행기관의 부·국의 지위에서 행정사무를 처리하고 있다. 즉 지방교육자치에서 이러한 지방의회에 하나의 분과위원회인 교육위원회를 두어 이 교육위원회가 교육사무를 처리하고 있다. 다만, 교육위원회의 구성에서 지방의원들만으로 구성하는 것이 아니라 그 위원 정수의 절반 정도까지 지방의회가 선출하는 교육전문가들로서 구성함으로써 교육행정의 전문성을 보장하고 있다.

3) 절충형

지방교육의 조직을 일반지방행정조직에 통합하되, 완전 통합하지 않고 그 집행기관만은 일반집행기관과 분리해 교육행정의 특수성을 유지하도록 하는 제도를 절충형이라 할 수 있다. 이러한 절충형은 완전 분리에서 오는 혼란과 완전 통합에서 오는 교육사무 특수성의 약화를 방지할 수 있으나, 일반행정과 교육행정 사이의 마찰과 갈등을 발생시킬 우려가 있는데 대표적인 국가가 일본이다.

4 한국의 교육자치기관

지방교육자치에 관한 법률(이하 지방교육자치법) 제2조는 "지방자치단체의 교육·학예에 관한 사무는 시·도의 사무"로 하여 지방교육자치는 시·도 단위에서만 이뤄지고 있다. 우리나라의 교육자치제는 절충형을 채택해 시·도 단위에 의결기관으로 교육위원회와 집행기관으로 교육감을 두고 있다. 이들은 일반 지방자치단체인 지방의회 및 자치단체장과 일정한 협력 관계를 유지하면서 지방의 교육 · 과학 · 기술 · 체육, 기타 학예에 관한 사무를 처리하게 하고 있다.

1) 교육위원회

(1) 지위

1991년 3월 지방교육자치법이 제정되기 이전에는 지방교육 · 학예사무는 교육법이 정하는 바에 따라 시 · 도는 교육위원회가, 시 · 군 · 자치구는 교육장에 의해 수행되었다. 교육위원회는 교육 · 학예에 관한 합의제 집행기관이고 교육감은 교육위원회 소속의 행정청이었다. 그러나 1991년 지방교육자치제가 시행되면서 교육위원회는 의결기관이 되고, 교육감은 집행기관이 되었으며, 시 · 군 · 자치구 단위의 교육장은 시 · 도 교육감의 단순한 하급 교육행정기관이 되었다. 2006년 12월 20일의 법 개정에 의해 그동안 독립적으로 운영되던 교육위원회는 시 · 도의회의 상임위원회로 개편되었다. 이러한 개편의 배경은 종래의 교육위원회가 의결기관이라 해도 최종적 의결기관이 아니고 시 · 도의회에 제출할 각종의 안을 의결하는 한계가 있었기 때문이다.

(2) 교육위원

① 교육위원 정수

교육위원회는 시 · 도의회의 의원과 제10조 제2항의 규정에 따른 교육 경력 또는 교육행정 경력을 가진 자로서 제8조의 규정(보통 · 평등 · 직접 · 비밀선거)에 따라 별도로 선출된 의원(교육의원)으로 구성하되, 교육의원이 과반수가 되도록 구성한다.

② 위원의 선출 방법

교육위원 후보자가 되고자 하는 자는 시 · 도의회 의원의 피선거권이 있는 자로서 후보자 등록 신청 개시일부터 과거 2년 동안 정당의 당원이 아닌 자이어야 한다. 또한 후보자 등록 신청 개시일을 기준으로 다음 각 호의 구분에 따른 교육 경력 또는 교육행정 경력이 10년 이상 있거나 양 경력을 합해 10년 이상 있는 자이어야 한다(지방교육자치법 제10조).

③ 임기 및 보수

교육의원의 임기는 4년이며 시 · 도의회 의원의 지위와 권한을 갖는다(지방교육자치법 제6,7조). 따라서 종래의 무보수 · 명예직에서 의정활동비 등을 지급받는 유보수 · 전문직으로 변경되었다.

2) 교육위원회의 의결 권한(지방교육자치법 제11조)

① 조례안
② 예산안 및 결산
③ 특별부과금 · 사용료 · 수수료 · 분담금 및 가입금의 부과와 징수에 관한 사항
④ 기채안(起債案)
⑤ 기금의 설치 · 운용에 관한 사항
⑥ 대통령령으로 정하는 중요 재산의 취득 · 처분에 관한 사항
⑦ 대통령령으로 정하는 공공시설의 설치 · 관리 및 처분에 관한 사항
⑧ 법령과 조례에 규정된 것을 제외한 예산 외의 의무 부담이나 권리의 포기에 관한 사항
⑨ 청원의 수리와 처리
⑩ 외국 지방자치단체와의 교류 · 협력에 관한 사항
⑪ 그 밖에 법령과 시 · 도 조례에 따라 그 권한에 속하는 사항

⑤ 내지 ⑪에 규정된 사항에 대해 행한 교육위원회의 의결은 시 · 도의회 본회의의 의결로 본다.

3) 지방자치단체장과의 관계

교육위원회의 위원장은 교육위원회가 다음 각 호의 어느 하나에 해당하는 의안을 의결할 때에는 의결하기 전에 미리 특별시장 · 광역시장 · 도지사(이하 "시 · 도지사"라 한다)의 의견을 들어야 한다(지방교육자치법 제11조 ③).

① 주민의 재정적 부담이나 의무 부과에 관한 조례안
② 지방자치단체의 일반회계와 관련되는 사항

4) 교육감

(1) 지위

교육감은 1991년 3월 지방교육자치에 관한 법률의 제정 전에는 합의제 집행기관인 교육위원회 소속의 행정청이었으나 법률 제정 후에는 교육위원회가 의결기관이 되고, 교육감이 지방자치단체의 교육 · 학예에 관한 사무를 처리하는 집행기관이다(지방교육자치법 제18조). 시 · 도에서 시행하는 국가의 교육 · 학예에 관한 사무는 법령에 다른 규정이 없는 한 원칙적으로 교육감에 위임하여 처리(지방교육자치법 제19

조)하므로, 교육감은 시·도의 교육집행기관인 동시에 국가 교육사무의 수임자로서 국가의 하급 행정기관의 지위에도 있게 된다.

(2) 권한

가. 관장 사무의 관리·집행권

교육감은 교육·학예에 관한 다음 사무를 관장한다(지방교육자치법 제20조).

① 조례안의 작성
② 예산안의 편성
③ 결산서의 작성
④ 교육규칙의 제정
⑤ 학교, 기타 교육기관의 설치·이전 및 폐지에 관한 사항
⑥ 교육과정의 운영에 관한 사항
⑦ 과학·기술교육의 진흥에 관한 사항
⑧ 평생교육, 그 밖의 교육·학예 진흥에 관한 사항
⑨ 학교 체육·보건 및 학교환경 정화에 관한 사항
⑩ 학생 통학구역에 관한 사항
⑪ 교육·학예의 시설·설비 및 교구에 관한 사항
⑫ 재산의 취득·처분에 관한 사항
⑬ 특별부과금·사용료·수수료·분담금 및 가입금에 관한 사항
⑭ 기채·차입금 또는 예산 외의 의무 부담에 관한 사항
⑮ 기금의 설치·운영에 관한 사항
⑯ 소속 국가공무원 및 지방공무원의 인사관리에 관한 사항
⑰ 기타 당해 시·도의 교육·학예에 관한 사항과 위임된 사항

나. 기타 권한

① 교육기관 설치권(지방교육자치법 제32조)
② 하급 교육행정기관에 대한 지도·감독권(지방교육자치법 제27조)
③ 소속 직원에 대한 임용 및 지휘·감독권(지방교육자치법 제27조)
④ 교육규칙 제정권(지방교육자치법 제25조)
⑤ 의안발의권(지방교육자치법 제13조)
⑥ 재의요구권(지방교육자치법 제28조)

⑦ 선결처분권(지방교육자치법 제29조)

제 2 절 자치경찰

1 지방자치와 경찰

경찰 기능을 국가가 수행하는지 지방자치단체가 수행하는지는 각국의 전통에 따라 다양하다. 경찰제도의 발전 유형은 지방자치의 발전 유형과 같이 영·미계에서는 경찰 기능을 개인의 생명·재산의 보호 및 사회의 안녕·질서의 유지에 국한하여 지방자치단체가 담당하는 자치경찰제를 발전시켰고, 유럽 대륙계에서는 경찰 기능을 개인의 권리 보호와 사회 질서의 유지 외에 국가 시책의 추진까지 포함해 경찰을 국가 권위의 상징으로까지 발전시키는 국가경찰제를 발전시켰다. 그러나 오늘날에는 국가경찰과 자치경찰을 병존시키는 것이 대부분의 국가에서 일반적으로 나타나는 현상이 되고 있다(최창호, 2001: 287-288).

2 경찰제도의 유형

1) 대륙계(국가경찰 중심형)

대륙계에서는 대체적으로 경찰 기능을 국가가 수행하며 전국적으로 통일된 경찰행정을 수행하고 있다. 이러한 국가경찰제는 경찰이 국가 권력을 배경으로 강력한 집행력을 가지고 능률성을 확보할 수 있고 국가 긴급 사태나 광역적 사건에 효율적으로 대처할 수 있는 장점을 가진 반면에 경찰행정의 관료화와 정치화의 우려가 있고, 지방의 특성이 무시될 수 있는 단점을 가진다.

2) 영·미계(자치경찰 중심형)

영·미계에서는 대륙계 국가와는 달리 경찰 기능을 지방자치단체가 수행한다. 이러한 자치경찰제는 주민의 권리 보호를 중심으로 하는 생활 치안을 책임성 있게 실현할 수 있고, 민·경 간의 협조 체제를 긴밀히 하여 분권화와 민주화를 실현할 수 있는 장점이 있다. 그러나 경찰행정이 일반 행정에 지나치게 예속되어 집행력이 약화될 가능성이 있고 지역 간에 서비스 수준의 격차가 발생할 수도 있다. 또한 광역적 사건의 처리에 비능률이 발생할 우려가 있다.

3) 절충혼합형

절충혼합형은 경찰 기능이 국가적 성격과 지방적 성격을 공유하고 있다는 전제 아래 양자의 균형과 조화를 이루는 제도를 의미한다. 절충혼합형을 채택하고 있는 국가는 제2차 세계대전 후 전통적 국가경찰제에 자치경찰제를 타율적으로 가미한 독일이나 일본 등이 있다. 일본의 경찰제도는 국가경찰과 광역자치경찰의 이원 체제이다. 경찰 기능은 광역자치단체에서 수행하고, 국가는 긴급 사태를 제외하고는 직접 경찰권을 행사하지 않으나 성격상 통일적 업무 처리가 요구되는 사항에 대해서는 지방경찰을 지휘·감독할 수 있다.

3 한국의 경찰제도

참여정부의 지방분권 추진 방안의 주요 내용에는 지방자치경찰 제도의 도입이 포함되어 있다(정부혁신지방분권위원회, 2008: 17). 현재까지 우리나라의 경찰 제도는 유럽 대륙계의 국가경찰 중심형이라고 할 수 있으며, 조직 구성은 다음과 같다.

1) 경찰위원회

안전행정부에 경찰행정에 관한 심의·의결기관으로 경찰위원회가 설치되어 있다(경찰법 제5조). 경찰위원회는 경찰의 인사·예산·장비·통신 등에 관한 중요 정책 및 경찰 업무 발전에 관한 사항, 인권 보호와 관련된 경찰의 운영·개선에 관한 사항, 다른 기관으로부터의 업무 협조 요청에 관한 사항, 기타 중요한 사항을 심의·의결한다(경찰법 제9조).

2) 경찰청

치안에 관한 사무를 관장하기 위해 안전행정부 장관 소속하에 경찰청을 둔다(경찰법 제2조①). 경찰청장은 경찰위원회의 동의를 얻어 안전행정부 장관의 제청으로 국무총리를 거쳐 대통령이 임명한다. 이 경우 국회의 인사 청문을 거쳐야 한다(경찰법 제11조 ②). 경찰청장은 경찰에 관한 사무를 통할하고 청무를 관장하며, 소속 공무원 및 소속 경찰기관의 장을 지휘·감독한다(경찰법 제11조 ③).

3) 지방경찰청

경찰청의 사무를 지역적으로 분담하기 위해 시·도지사 소속하에 지방경찰청을 두고, 지방경찰청장 소속하에 경찰서를 둔다(경찰법 제2조 ②). 지방경찰청장은 경찰청장의 지휘·감독을 받아 관할구역 안의 경찰사무를 관장하고, 소속 공무원 및 소속 경찰기관의 장을 지휘·감독한다(경찰법 제14조). 지방경찰청장은 경찰법에 시·도지사의 소속하에 있기는 하지만, 시·도의 사무를 처리하는 것이 아니라 경찰청의 사무를 지역적으로 분담 수행하는 것이다. 또한 시·도지사의 지휘·감독을 받는 것이 아니라 경찰청장의 지휘·감독을 받는 것이다. 이같이 경찰법은 지방경찰청장의 소속과 지휘·감독의 체계를 달리한다. 경찰법의 이러한 규정 태도로 인해 현재 광역지방자치단체장을 상급의 지방경찰행정청이라고 하기는 어렵다(홍정선, 2001: 272). 다만 지방행정과 치안행정의 업무 협조, 기타 필요한 사항을 협의·조정하기 위해 시·도지사 소속하에 치안행정협의회를 두고 있다(경찰법 제16조).

4) 경찰서

지방경찰청의 사무를 지역적으로 분담 수행하기 위해 일정한 지역 단위에 경찰서를 둔다(경찰법 제2조 ②). 경찰서장은 지방경찰청장의 지휘·감독을 받아 관할구역 안의 소관사무를 관장하고, 소속 공무원을 지휘·감독한다. 경찰서장 소속하에 지구대 또는 파출소를 두고, 설치 기준은 치안 수요·교통·지리 등 관할구역의 특성을 고려하여 안전행정부령으로 정한다. 다만, 필요한 경우에는 출장소를 둘 수 있다(개정 2004. 12. 23, 2008. 2. 29)(경찰법 제17조 ③).

제 5 장 지방의회와 집행기관의 관계

제 1 절 지방의회와 집행기관의 기본적 관계

1 양자 간 관계 유형

1) 기관통합형과 기관대립형

지방자치단체의 정부조직 형태에는 기관통합형과 기관대립형 및 절충형이 있는데, 기관통합형에서는 의결기관과 집행기관이 분립되어 있지 아니하므로 의결기관과 집행기관의 관계에 문제는 그다지 발생하지 않는다. 따라서 의결기관과 집행기관 사이의 관계의 문제는 주로 기관대립형의 형태를 가진 국가에서 중요성을 갖게 되며, 우리나라도 기관대립형을 채택하고 있기 때문에 양 기관 사이의 바람직한 관계 정립은 자치 발전에 중요한 관심의 대상이 될 수밖에 없다.

2) 의회 우위형과 집행기관 우위형

기관대립형의 경우에도 의회 우위형이냐 집행기관 우위형이냐에 따라 의회와 집행기관 사이의 관계 양상이 달라진다.

첫째, 의회 우위형에서의 의회는 입법권뿐만 아니라 많은 행정관의 임명권 또는 임명동의권, 예산편성권 등을 가지고 있다. 심지어 집행부 사무조직에 의원을 배속시켜 각 국과의 운영을 직접 담당하기도 하며 집행기관의 장(기방자치단체의 장)은 의회의 의결 사항에 대한 거부권(veto)이나 의회해산권도 없이 제한된 범위의 집행권만 행사하거나 심지어 명목상·형식상의 존재에 불과하다. 이러한 지방정부 형태에서는 자치단체의 장의 선임이 임명제나 직선제에 의하는 경우도 있으나 대부분 간선제인 경우가 주류를 이룬다.

둘째, 집행기관 우위형에서는 자치단체의 장이 집행권의 실질적 책임자로서 공무원인사권, 예산·재산관리권 등 행정 전반을 관장한다. 그뿐만 아니라 대 (對)의회 관계에서 법률안·예산안의 제출 및 권고, 의회 소집 요구, 의안 공고 등을 행하고, 일정한 사항의 전결권 또는 선결권을 행하며, 의회의 의결 사항에 대한 강력한 거부권 및 의회의 해산권을 가진다. 이러한 지방정부 형태에서는 자치단체의 장이 중앙정부로부터 임명되거나 주민으로부터 직접 선출되는 경우가 주류를 이룬다.

2 한국에서 양 기관의 기본적 관계

우리나라 지방자치단체의 정부조직은 시장 우위적 기관대립형이라고 보아야 할 것 같다. 왜냐하면 지방의회는 그 자치단체의 고유사무와 단체위임사무만을 의결할 수 있는데 비해 자치단체의 장은 고유사무와 단체위임사무 외에 의회가 관여할 수 없는 기관위임사무를 관장하고 있고, 지방의회의 권한에는 열거주의가 채택되고 있는 데 비해 자치단체장의 권한에서는 개괄주의가 채택되어 있는데다가 고유·단체위임사무 외에 국가사무의 기관위임 원칙에 따라 각 특별법에 의해 광범한 권한이 부여되고 있다. 또한 지방의회에 시장불신임의결권이 부여되지 아니한 반면에 자치단체의 장에게는 의회해산권은 부여되고 있지 않지만 재의 요구권 및 제소권, 그리고 일정한 사항의 선결처분권이 부여되고 있기 때문이다.

이상과 같은 시장 우위적 기관대립형에서의 우리나라 지방의회와 집행기관과의 관계를 이하에서 평상적 관계와 비상적 관계로 나누어 고찰해 보기로 한다. 여기서의 평상적 관계란 의회와 집행기관의 평상시의 일반적 그리고 주로 협조적인 관계를 말하고, 비상적 관계란 의회와 집행기관의 마찰시의 특수적 그리고 주로 투쟁적인 관계를 말한다.

제 2 절 지방의회와 집행기관의 관계

1 평상적 관계

지방의회와 집행기관은 각각 독립해 자신의 직무를 수행하되, 평상적으로 상호 접촉해 협조 또는 견제의 관계를 가진다.

1) 지방의회의 집행기관에 대한 관계

지방의회는 조례제정권, 예산의결권, 결산승인권을 가지며, 자치단체의 재산·공공시설·의무 부담·권리 포기 등 중요 정책 사항에 관한 의결권을 행사한다. 또한, 행정사무조사 및 그 조사를 위한 현지 확인, 집행기관의 출석 증언·의견 진술·서류제출의 요구, 행정사무의 처리 상황에 대한 질문, 결산을 위한 회계감사위원의 선정 등을 통해 집행기관의 행·재정사무를 감시·통제하며, 채택된 청원 중 일정한 청원을 집행기관에 이송해 그 사무 처리를 촉진하기도 한다.

2) 집행기관의 지방의회에 대한 관계

지방자치단체의 장은 일반임시회의 소집 요구 및 지방의회 부의 안건의 공고 등을 통해 지방의회의 회의 소집에 관여하고, 조례안을 비롯한 지방의회 의안의 발의 및 예산안의 편성 및 제출 등을 통해 지방의회의 의결의 효력을 대외적으로 발생시키고, 지방의회 위원의 선거일을 공고하는 등 지방의회의 구성에 관여한다.

2 비상적 관계

1) 의의

지방의회와 집행기관이 이상과 같이 평상적으로 협조와 견제의 관계를 유지하는 것이 이상적이나, 실제로는 양자가 서로 반목하여 알력과 갈등과 마찰을 가져옴으로써 지방자치단체의 운영에 심각한 파국이 초래되는 경우가 있을 수 있다. 이러한 중앙정부의 감독권 발동 없이 자치단체 내부에서 자율적으로 문제를 해결하도록 하기 위한 비상적 수단이 강구되지 않으면 행정의 마비를 가져올 수 있다.

2) 해결 수단

비상적 수단으로서 집행기관의 재의요구권 및 제소권 · 선결처분권 외에 지방회의 집행기관 불신임의결권과 집행기관의 의회해산권이 인정될 수 있으며, 국가에 따라서는 주민의 시장 및 의원에 대한 해직청구권이나 의회해산청구권까지 인정하는 경우가 있다.

여러 가지 비상적 수단 가운데 우리나라에서 주민의 시장 · 의원에 대한 해직청구권이나 의회해산청구권은 지금까지 인정되어 본 적이 없었고, 의회의 집행기관 불신임의결권과 집행기관의 의회 해산권은 1949년의 지방자치법 제정 때 인정되었다가 1988년의 전문 개정 지방자치법에서도 그것이 인정되지 아니했다.

현재 우리나라에서 지방자치단체의 지방의회와 집행기관 사이의 관계에 관한 비상적 수단으로는 집행기관의 재의 요구권 및 제소권과 약간의 선결처분권만이 인정되고 있을 뿐이다.

제 6 장 지방선거와 정당

제 1 절 정당의 선거참여 의의와 기능

1 정당의 선거참여 의의

정당이란 국민의 정치적 주장을 결집하고 국가의 주요 정책을 개발·표방해 국민의 지지와 참여를 확보·증진함으로써 국가의 정치적 의사결정에 기여하며, 나아가 정치적 권력의 획득·유지를 도모하는 결사체를 말한다. 정당이 이러한 기능과 목적을 수행·달성하는 데 중요한 수단이 되는 것은 선거이다. 민주국가에서는 선거를 통해 국민의 지지와 참여를 확인할 수 있고 또한 그것을 통해 국가의 정치적 의사결정에 기여할 수 있다. 따라서 선거에서 후보자를 추천해 그에 대한 선거인의 지지를 호소하고 투·개표 과정을 참관하며 선거 쟁송을 전개하는 등이 정당의 중요한 활동이 된다.

오늘날에는 대의민주주의가 정당민주주의로 변질되어 가고 있다고들 한다. 그것은 오늘날의 민주정치에서 그만큼 정당이 수행하는 기능과 그것이 차지하는 비중이 확대되고 강화되었다는 뜻이다. 선거에서 정당제도와 불가분의 관계를 가지는 제도로는 대표제와 선거구제 및 투표제를 들 수 있다.

1) 대표제

다수대표제, 소수대표제, 비례대표제가 있는데, 다수대표제는 다수파(제1당)에게 유리하고, 소수파를 보호하기 위해 소수대표제가 채택되며, 득표수와 당선자 수의 비례를 확보하기 위해 비례대표제를 채택하는 등 정당제도와 불가분의 관계를 갖는다.

2) 선거구제

선거구제는 소선거구제가 하나의 선거구에서 1인을 선출하는 것으로 다수파(제1당)에 안정을 부여하는 반면에, 중선거구 내지 대선거구제가 하나의 선거구에서 복수인을 선출하는 것이다. 즉 선거구제는 소수대표제 내지 비례대표제의 가미를 가능하게 함으로써 정당제도와 불가분의 관계를 가진다.

3) 투표제

투표제는 단기식 투표제와 각종의 연기식 투표제, 그리고 기표식 투표제와 자서식 투표제 등을 통해 등을 정당제도와 불가분의 관계를 가진다. 우리나라 지방선거의 방식은 단기기표식 비교(상대) 다수 대표제이다. 정당은 현실적으로 정당공천제, 후보자의 정당표방제 및 대표자의 당적보유제 등을 통해 지방선거 및 지방자치 운영에 중대한 영향을 미치게 된다.

2 정당참여의 순기능과 역기능

1) 순기능

(1) 지역민의의 통합적 결집

정당의 선거참여는 그 정당의 본래적 기능을 통해 다원적이고 상이한 주민 의사를 조직화해서 이를 자치행정에 반영하는 데 이점이 있다. 정당은 국민의 의사를 수렴해 이를 조직화함을 그 본래의 기능으로 하므로, 지방선거에서 그 소속 후보자를 내세워 주민 의사를 수렴하고 조직화하는 데 크게 기여할 수 있다는 장점이 있다. 즉 정당이 민의 반영의 중요한 매개 기구의 역할을 할 수 있다.

정당이 지방선거에 참여해 그 대표자를 지방의회 의원 또는 자치단체의 장으로 추천함으로써 주민의 의사를 자치정부의 정책 및 행정에 중개·반영하는 데 좀 더 효과적으로 기여할 수 있다.

(2) 건전한 정치 발전에 공헌

정당의 선거참여는 정당인의 훈련, 책임정치의 실현 등을 통해 민주정치의 발전에 조직적으로 기여할 수 있다. 지방선거에 정당인을 참여시킴으로써 정당인들에게 민의의 수렴과 선거의 진행 등에 관한 훈련을 시킬 수 있고, 이를 통해 정당의 육성과 지방선거를 통해 드러난 민의를 수용하는 이른바 책임정치의 실현에 기여할 수 있다. 정당의 정강·정책을 통해 주민의 지지와 비판을 받으며, 지방선거를 통해 드러난 민의를 수용할 수 있는 순기능이 있다.

(3) 후보자 선택의 용이 및 선거관리의 간편화

지방선거에서 선거인의 후보자 선택의 용이 및 선거 집행의 간편화를 기할 수 있다. 다수의 후보자가 난립하는 지방선거에 정당이 후보자를 공천해 정당 표방이 된다면 선거인들이 좀더 쉽게 후보자를 선택할 수 있게 된다. 지방선거에 정당이 후보자를 공천할 때에는 그 후보자 사이의 순위 결정, 선거운동 감독, 투표관리, 개표관리 등 선거관리기관의 선거관리가 더욱 간편해진다.

2) 역기능

(1) 분권의 약화

정당의 지방선거 참여는 지방의 분권적 독자성의 약화를 가져온다. 정당은 전국적 조직망을 가지고 중앙과두제에 의해 운영되므로 중앙당의 지시에 의해 자치행정이 좌우됨으로써 제도상의 분권이 사실상의 정당 지배에 의해 저해될 우려가 크다. 정당 사이의 정권 교체에 따른 중앙정국의 격변이나 혼란이 지방에까지 파급되어 지방의 분권 독자성이 저해되기 쉽다.

(2) 자치의 저해

지방선거에 정당이 개입하면 중립적이고 서비스적이어야 할 자치행정의 저해를 가져온다. 자치행정은 지방의 고유사무를 중앙정부로부터 독립해 자주적으로 처리하는 것으로서 정치적인 중립성이 요구되어야 하지만, 지방선거에 정당이 개입함으로써 자치행정의 정당화가 초래되어 그 중립성을 유지가 어려워진다. 자치행정은 주민에 대한 더 나은 서비스의 제공이 그 중점 목적이므로 오히려 정당이 배제됨으로써 오히려 본래의 기능이 더 효율적으로 수행될 수 있는 것인데 지방선거에 정당이 개입함으로써 자치행정의 불안정화가 초래될 가능성이 높다.

(3) 정쟁의 가열

지방선거에 정당이 개입하면 중앙당 사이의 대립이 지방선거 및 자치 운영에 반영되어 정쟁의 가열을 가져온다. 지방선거에 정당이 개입함으로써 선거가 가열되고 정당 사이의 대립이 격화되기 쉽다. 자치의 운영 과정에서 지방의회 내 정당 사이의 대립으로 의회의 기능이 마비되고 의회와 장 사이의 대립과 마찰로 자치행정 전반이 도탄에 빠지는 경우가 있다.

제 2 절 정당의 선거참여에 관한 제도

1 외국의 지방선거와 정당

이상과 같이 지방선거에 정당이 참여하는 데에는 순기능적인 측면과 역기능적인 측면이 있기 때문에, 지방선거에의 정당 참여를 허용할 것인가에 관해서는 논의가 많으며(정일섭, 1990: 150-151), 이에 관한 각국의 제도도 다양하다.

1) 제도의 유형

(1) 참여보장형

지방선거에 정당의 참여를 보장 내지 허용하는 것으로서, 이에는 후보자의 정당 공천 및 정당 표방을 허용(무소속 후보자도 허용)하는 유형과 더 나아가서 그것을 필수 요건으로 하는 유형이 있다. 후자는 그 예가 거의 없으나, 전자는 영국, 독일, 프랑스, 스위스, 벨기에, 스웨덴, 이탈리아, 일본, 대만 등에서 그 예이다.

(2) 참여배제형

지방선거 내지 자치 운영에 정당의 참여를 허용하지 않는 것으로서, 이에는 지방선거에 정당 공천 및 정당 표방을 금지하는 유형과 거기에 그치지 않고 의회 의원의 당적 보유까지도 금지하는 유형이 있다. 전자는 미국의 약 3분의 2의 시정부에서 그 예를 찾을 수 있고, 후자는 태국, 말레이시아 등 몇몇 나라에서만 그 예가 있다.

2) 주요 국가의 예

(1) 영국

지방선거에서의 입후보자의 정당 공천 · 표방과 의원의 정당 가입이 당연하게 인정되어 자연스럽게 이뤄지고 있다.

(2) 프랑스

선거후보자의 결격 사유만을 규정하고 정당 공천 · 표방과 정당 가입에 관한 금지 규정을 두지 않음으로써 그것을 허용하고 있다.

(3) 일본

선거후보자의 정당 공천 · 표방과 정당 가입이 제도상 보장되어 있으나 실제로 자치행정에의 정당 관여가 미약하다. 특히 기초자치단체(시 · 정 · 촌)에서 의원의 당적 보유율은 극히 낮다.

(4) 캐나다

선거입후보자의 정당 표방이나 의원의 당적 보유를 금지한다는 규정을 두고 있지 않으나, 지방자치에 정당의 관여를 배제할 때에 좀더 폭넓은 행동의 자유가 보장된다는 의식이 일반화되어 있어서, 정당이 후보자를 공천하지도 않고 선거인이 정당 표방자에게 투표하지도 않는 것이 보편화되어 있다.

(5) 미국

지방선거에 정당이 참여하는 것을 허용하는 자치단체가 있고, 그것을 금할 뿐만 아니라 지방공직의 당적 보유도 금하는 자치단체도 있다. 전자의 대표적인 예가 워싱턴 D. C. , 뉴욕 시 등이고, 후자의 대표적인 예가 캘리포니아 주 안의 자치단체들이다. 미국의 시 가운데 약 70%가 지방선거에의 정당 참여를 금지하고 있다, 그것을 금지하는 시에는 중 · 소도시뿐만 아니라 대도시도 포함되어 있다.

2 우리나라의 지방선거와 정당

과거에 지방자치법상 지방선거와 관련하여 정당의 관여에 관한 아무런 제한 규정을 두지 않음으로써 후보자의 정당 공천 · 표방 등이 허용되었다. 그 결과 지방의원의

지방의원 당적자 당선 현황

(단위: %)

구분	제1회(1952)		제2회(1956)		제3회(1960)	
	당적자	무소속	당적자	무소속	당적자	무소속
계	57.7	42.3	71.6	28.4	19.8*	80.2*
서울 · 도	72.2	27.8	81.0	19.0	55.6	44.4
시 · 읍 · 면	57.4	42.6	71.4	18.8	18.8	81.2

* 참고: 제3회 지방선거에서 당적자의 당선 상황이 부진하고 무소속이 많이 진출한 것은 구 여당의 붕괴, 신여당의 분열 등으로 선거인들이 정당에 염증을 느껴 신여당이 수권정당으로서의 태세를 갖추지 못한 데서 나타난 기현상으로 분석됨.

선거에서 당적자의 당선 현황이 제1회 선거에서는 전 의원의 57.7%, 제2회 선거에서는 71.6%. 제3회 선거에서는 19.8%였으며, 대체로 기초자치단체보다 중간자치단체에서 당적 보유율이 높았다.

당시의 지방선거와 자치행정에의 정당 참여 허용은 현실 여건에 대한 면밀한 분석 없이 행해진 것으로서, 그 결과 건전한 정책 대결이나 지방자치의 발전 도모보다는 지방의회 안 각 계파 간, 의회와 장(長) 간의 대립과 갈등으로 지방자치가 어려움에 처했다.

이러한 지방선거 및 자치행정에의 정당 참여의 경험을 토대로 하여 1988년의 새로운 지방자치제도를 형성할 때 지방선거에 국회의원 선거의 경우와 같이 정당 공천, 정당 표방, 정당의 선거운동 · 투개표 참관 · 선거쟁송 등에 관한 규정을 두어 정당의 자치 운영 관여를 적극적으로 보장할 것인가, 반대로 정당의 관여에 관한 금지 규정을 두어 정당의 자치 운영 관여를 적극적으로 금지할 것인가, 아니면 정당의 관여에 대한 보장이나 금지에 관한 규정을 두지 않음으로써 정당의 자치 운영 관여를 소극적으로 허용할 것인가에 관해 많은 논의가 전개되었다.

최근에 정당의 관여를 막는 것은 사실상 어렵다는 판단에 따라 지방선거에 전면적인 정당 참여를 허용하고 있지만, 기초자치단체장이나 기초의회의원의 정당공천 배제가 검토되고 있다.

제 6 편

지방자치단체 자치활동

제 1 장 지방자치단체의 상호관계

제1절 지방자치단체 상호관계의 의의 및 유형

1 지방자치단체 상호관계의 의의

현대에 이르러 과학기술의 발달 및 교통·통신의 발달은 주민의 생활권을 급속하게 확대시켰고, 그 결과로서 주민의 지방행정 서비스에 대한 요청은 지방자치단체구역의 범위를 초월해 광범하게 되었다. 특히 대도시권을 비롯한 도시 간 지역에서의 생활권과 지방자치구역의 불일치 현상은 지방자치단체 상호간 조정·협력 관계의 형성을 통해 주민의 행정 수요를 충족시켜 줄 필요성을 초래했다.

지방자치단체 상호간의 관계는 크게 광역자치단체와 기초자치단체의 관계인 종적 관계와 광역자치단체 간 또는 기초자치단체 간의 수평적 관계인 횡적 관계로 나눠 볼 수 있다. 과거의 지방자치제도에서는 일반적으로 상·하의 종적 관계를 중시해 광역자치단체와 기초자치단체에 대한 지도와 감독상의 능률성 향상을 목표로 했다. 그러나 오늘날 선진국은 기초자치단체와 광역적 자치단체 간의 평등성을 원칙적으로 인정하고 독립·대등한 협력 관계를 형성해 가고 있는 경향이다

또한 행정 수요의 광역화 현상과 관련해 광역자치단체 상호간 또는 기초자치단체 상호간의 협력 관계를 중심으로 형성된 수평적·횡적 관계는 주민의 생활권과 일치

하는 관련 자치단체가 모두 참여하는 권역적 공동 대응 방식이 이뤄지고 있다.

2 지방자치단체 상호관계의 유형

1) 종적 관계

지방자치단체의 종적인 상호관계는 2층제 또는 다층제를 채택하고 있는 경우에 광역자치단체와 기초자치단체 간의 상·하 관계 또는 평등 협력 관계를 의미한다.

첫째, 기초자치단체가 상급자치단체로부터 권한을 위임받아 처리하는 것으로서 이에는 기관위임사무가 있다. 이 경우 광역자치단체의 장은 기초자치단체의 장에 대해 지휘·감독권을 행사하게 되며, 독일, 이탈리아, 한국 등이 있다.

둘째, 기초자치단체의 광역적 사무를 광역자치단체로 이양하는 방식으로서 사무처리에 관한 한 상호 관여는 배제하고 기초적 자치단체의 독립성과 대등성을 유지하는 유형이다. 예를 들면, 미국 광역시(Municipalities)의 교통법규 시행, 범죄 수사 등 광역적 업무가 군(County) 등으로 이양되는 현상을 보이며, 교육 관계 사무는 주정부로, 사회복지 사무는 연방정부로 이양되는 현상을 보이고 있다.

셋째, 광역적 자치사무의 처리를 위한 제한적 권한을 갖는 새로운 광역자치단체를 창설하는 방식이다. 이는 대도시화의 급속한 진전에 따라 도시권에 인접한 지방자치단체 간에 기능적 의존 관계가 긴밀해지게 되었으며, 행정의 효율성 제고의 측면에서 특정한 제한적 기능을 갖는 광역단체가 필요하게 되었다. 대표적인 것으로 도시공동체와 도시권 자치단체를 들 수 있다.

2) 횡적 관계

(1) 횡적 관계의 의의와 경향

횡적 관계는 광역자치단체 상호간 또는 기초자치단체 상호간의 관계를 뜻하는 것으로 상호간의 전적인 독립·대등한 협력 관계를 토대로 해서 형성되고 있다.

횡적 관계의 형성은 산업·교통·통신의 발달에 의한 주민생활권 및 행정사무의 광역화 현상에 발맞추어 주민에게 효율적인 행정 서비스의 제공에 목적을 두고 있다. 각 국가에서 이와 같은 목적을 위해 실시하고 있는 지방자치단체의 횡적 관계를 대별해 보면 지방자치단체 간의 협력 방식을 통해 광역적 행정사무를 처리하는 방법으로서 광역행정기관을 설치·운용하는 방법, 특정 행정사무를 처리하기 위한 특별구를 설치하는 방법, 상호간 사무를 위탁하거나 사무 처리를 원조하는 방법 등을 들 수 있다.

먼저, 오랜 민주적 의회정부를 기반으로 한 영국에서 자치단체 간 협력 방식은 관련 자치단체의 발의에 의해 행해지며 자치단체의 의사가 매우 존중되고 있으며 필요한 경우 공동처리위원회(Joint Committee)와 같은 협의회, 또는 공동처리청(Joint Board)이라 불리는 사무조합을 설립해 광역적 사무를 처리하고 있다. 협의회는 주로 자원·인력 등의 상호 교환·원조를 위해 설치되며 또한 공동처리청은 수 개의 자치구역 내를 포괄하는 사무 처리를 위해 설치되고 독립적인 법인격을 갖는다.

반면 중앙집권적이며 대륙계의 프랑스에서는 지방자치단체의 자발적·독립적 의사에 의해 협력 방식을 채택하기보다는 중앙정부가 전체적인 차원에서 채택하고 있다. 프랑스와 독일에서의 협력 방식을 살펴보면 읍면조합 또는 목적 조합의 설치, 도시권공동체 또는 행정협정 등에 의한 방식이 주로 채택되고 있다.

자치단체 협력 방식이 가장 다양한 국가로는 미국인데 지방자치의 실험실이라 할 만큼 다양한 협력 방식이 적극적으로 시도되고 있는데, 그 중 대표적인 것들로는 도시권협의회, 협정 또는 계약 체결에 의한 원조사무위탁 및 사업의 공동 처리, 구역외 관할권 부여, 도시군의 설치, 특별구, 자치단체연합 등이 있다.

(2) 횡적 관계의 유형

지방자치단체 상호간의 횡적인 협력 방식은 앞에서 설명한 바와 같이 광역권 행정기구의 설치, 특별구제도의 도입, 상호원조 체제의 구성 등으로 대별된다.

① 광역권 행정기구의 설치

각국에서 광역행정기구로서 설치·운영하고 있는 제도로서는 주로 광역권의회, 지방자치단체연합, 도시권공동체, 지방자치단체조합 등이 대표적이다. 여기서는 각 유형별로 운영 실태를 분석하고자 한다.

첫째, 광역권의회는 협의의결기구로서 이에 참여하는 각 지방의회에서 선출된 의원들로 구성된다. 이 의회에서는 광역적 행정 수요에 대한 처리 방안을 협의·결정하고 그 시행을 참여자치단체가 개별적으로 맡게 된다. 대표적인 예로서는 미국 워싱턴 대도시권 정부의회가 있는데, 워싱턴 D. C. 등 16개 자치단체로 구성되어 있으며, 도시권 교통 체계 개혁, 경찰 및 소방, 대기오염 규제, 포토맥강 권역 내의 급수문제 처리 등에서 커다란 성과를 거둔 바 있다.

둘째, 지방자치단체연합은 1953년 캐나다의 토론토를 중심으로 구성된 도시단체연합이나 독일의 게마인데(Gemeinde) 연합 또는 크라이스(Kreis) 연합체 등이 대표적인데, 둘 이상의 지방자치단체가 독립적인 법인격을 유지하면서 연합체로 하여금 의결권·과세권 등의 집행권을 갖고 광역적 사무를 처리케 하는 제도이다.

셋째, 도시권공동체는 대도시의 도시권을 형성하고 있는 지방자치단체들이 각자 본래의 지위와 기능을 상실하지 않은 상태에서 상호간의 합의에 의해 공동체를 구성하고 공동체로 하여금 도시 개발·도시계획·도시기간시설의 정비 등 도시권역에 미치는 사무를 처리하도록 하는 방식이다.

넷째, 지방자치단체조합은 지방자치단체가 특정의 광역적 사무를 처리할 목적으로 상호간의 규약에 의해 설치하는 법인격을 갖는 공공단체이다. 지방자치단체조합 방식으로는 단일의 광역사무만을 처리하기 위한 일부사무조합, 2개 이상의 광역사무 처리를 위한 복합사무조합이 있다.

② 특별구제도(Special District)

특별구는 상수도·교육 등 특별한 목적을 지닌 업무 수행을 위해 기존의 자치구역을 초월해 구성된 과세권과 공선된 행정기관을 갖는 지방정부라고도 할 수 있다. 특별구에는 단일의 특정 업무만을 위한 단일 특별구와 둘 이상의 업무 수행을 위한 다목적 특별구가 있다.

③ 기타 협력 방식

첫째, 사무위탁제도는 지방자치단체가 자신의 능력으로 사무를 처리할 수 없거나 자신의 또는 사무를 처리할 수 있어도 사무 처리가 비효율적인 경우에 인근 다른 자치단체에 사무를 위탁해 대신 처리케 하거나 주민에게 서비스를 제공하도록 하는 방식이다.

둘째, 지방자치단체협의회는 광역적 행정 업무와 관련되는 지방자치단체 상호간에 규약을 정해 협의회를 설치, 사무를 처리하게 하는 제도이다. 협의회는 법인격을 갖지 않으며 사무 처리는 각 구성자치단체의 명의로 하게 되어 있는 점이 다른 협력 방식과 구별된다. 이 방식은 각 지방자치단체 본래의 지위를 그대로 유지하면서 공동으로 사무를 처리할 수 있고 또 그 절차가 간편하다는 장점을 갖고 있다.

셋째, 구역 외 관할권 인정 방식이다. 이 방식은 인적·물적 자원이 풍부하거나 행정 수준이 높은 인근의 지방자치단체로 하여금 광역적 행정 서비스를 제공하도록 하고 행정 서비스가 미치는 당해 지방자치단체 내에서 일정한 권한 행사를 인정하는 방식이다. 이 방식은 주로 도시와 인근 주변 지역 간에 이뤄지고 있으며 지방자치단체의 자주성이 강조되는 현재에는 행정권 개입 등의 문제점이 제기되고 있기도 하다.

넷째, 지방자치단체 간 상호 원조 방식이다. 어느 지방자치단체에 재해 또는 비상사태가 발생했거나 특정 전문 인력이 긴급히 필요한 경우 주변 자치단체에 인력의 동원 또는 관련 인사의 파견 등을 요청하고 요청을 받은 지방자치단체는 기능의 일부를 동원하거나 특정 인사를 일정 기간 파견 근무토록 하는 제도이다. 원조의 요청 및 응원은 지방자치단체 혹은 단체장의 협의에 의하거나 또는 법령으로 제도화함으로써 이뤄지게 되는데, 대표적인 것으로는 소방응원 · 경찰응원 등이 있다.

제 2 절 한국의 지방자치단체 상호관계

지방자치의 온전한 경험이 없는 우리나라는 5 · 16혁명 이후 행정의 지도적 역할에 의존해 경제 발전을 통한 국가 발전을 주도해 온 결과로 중앙집권적이고 능률적 · 통일적인 정치 · 행정 체계가 형성되었기 때문에 행정 서비스에 대한 주민의 요청은 더욱 가중되고 있지만 자치단체 간 상호관계는 활발하지 못한 실정이다.

1 관계의 유형

1) 종적 관계

우리나라는 행정 내외적 여건에 따라 행정의 국가적 통일성이나 능률성을 우선시해 광역단체는 국가와 기초자치단체의 중간자적 · 매개적 기능을 수행함으로써 중앙집권화에 기여하고 있다. 이러한 사실은 지방자치단체의 사무량의 비교에서 광역단체인 도가 기초자치단체인 시 · 군의 배 이상이 되며, 시 · 군의 사무 중에서 도 자치적 고유사무보다 기관위임사무의 비율이 높게 나타나고 있다. 또한 상급단체의 기획 · 조정 · 지도 · 감독 기능이 높게 나타나고 있는 데서도 여실히 증명된다.

2) 횡적 관계

지방자치단체 상호간의 횡적 관계에서도 아직은 활발하게 운영되고 있지 못하다.

지방자치 실시 이전의 '지방자치에 관한 임시조치법'에는 지방자치단체 상호간의 관계로 지방자치단체조합, 사무의 위탁처리, 도시권행정협의회를 운영할 수 있도록 규정하고 있다. 동법 제2조의 3에는 지방자치단체는 그 사무의 일부를 공동 처리하기 위해 필요한 때에는 규약을 정해 안전행정부 장관의 승인을 얻어 지방자치단체조합을 설치할 수 있도록 했다. 과거 대표적인 조합으로는 1970년대 경기도 내에 설치된 통신사무조합이 있었으며, 현재에는 정보화자치조합, 수도권광역교통조합 등이 있다.

사무의 위탁처리에 관한 것은 지방자치에 관한 임시조치법 제5조의 2에 규정되어 있다. 동조는 "지방자치단체의 장은 조례가 정하는 바에 따라 그 권한에 속하는 사무의 일부를 보조기관 또는 소속행정기관에 위임하거나 다른 지방자치단체 기타 공공단체 또는 그 기관이나 법인 또는 단체에 위탁할 수 있다. 이 경우 위임·위탁할 수 있는 사무는 주민의 권리·의무와 직접 관계되지 않는 범위에 한한다"고 규정되어 있다. 그러나 실제의 운영 상황은 자치단체 상호간에 사무위탁은 거의 없으며, 단지 쓰레기 분뇨 처리 등의 사무가 민간단체에 위탁되고 있는 실정이다.

도시권행정협의회는 현재 우리나라에서 가장 많이 이용되는 지방자치단체 상호관계 유형이며, 이의 설치·운영에 관해서는 지방자치에 관한 임시조치법 제2조의 4 및 동법 시행령 제6조에 규정되어 있다.

2 문제점 및 개선 방안

1) 문제점

(1) 제도 운영의 경직성

현행 법령상 지방자치단체의 상호 협조 관계는 사무위탁, 행정협의회, 자치단체조합 등을 둘 수 있도록 하고 있으나 그 구성과 운영에서 중앙의 감독을 받게 되어 있으므로 자율성이 크게 위축되어 있으며, 기타의 방법에 의한 새로운 관계 형성을 저해하고 있다.

(2) 자치단체 간 상·하 관계의 경직성

중앙과 지방자치단체, 광역자치단체와 기초자치단체 간의 관계가 행정 권한의 위임 등으로 수직적·하향적으로 이뤄지고 있으며 평등성과 자율성이 보장되어 있지 못하다. 특히 행정의 능률성이 강조되고 있어 광역단체나 중앙기관의 감독권이 외국에 비해 강화되어 있으며, 광역적 사무의 처리를 기초자치단체의 상호관계에 의하기보다는 광역자치단체의 행정력으로 처리하는 경향이므로 법에서 정하고 있는 자치단체 상호 협력 방식이 형식에 그치며 미미한 실정에 있다.

(3) 기능 배분의 불합리성

우리나라는 지방자치단체 간의 대등 관계가 형성되어 있지 못하다. 가장 큰 이유가 자치단체 사무배분이 불합리하다는 점이며, 실제로 지방자치단체에서 행하는 사무 중 자치사무가 차지하는 비중이 절반에도 미치지 못한다. 이는 위임사무가 거의 대부분을 차지하는 데서도 알 수 있다.

2) 개선 방안

(1) 기초자치단체와 광역자치단체 간의 협력 관계 모색

첫째, 동일 사무에 대한 자치단체 계층 간의 관련성을 최소화해야 한다. 어느 한 사무가 시·군은 도의 지휘·감독을 받게 되는데, 이러한 현상은 사무의 종적 분담 형태에서 나타나며 위임사무일수록 종적 관련성이 강하고 고유사무일수록 약하게 나타난다. 따라서 종적인 관계에서 대등한 협조·지원 관계를 유지하기 위해서는 위임사무와 고유사무의 구분을 명확히 획정하는 한편 현재의 위임사무들도 고유사무로 전환시키는 것이 필요하다.

둘째, 현재 도와 국가 사무를 시·군으로 위임함으로써 기초자치단체의 기능을 강화하는 방안을 모색한다.

셋째, 현재 시·군 사무 중에서도 시·군 단독으로 처리할 수 없게 된 광역적 사무를 광역자치단체인 도의 사무로 이양함으로써 사무 처리에 따른 도와 시·군 간의 상·하 종속 관계를 해소하도록 해야 한다.

(2) 기존 협력 관계의 활성화

첫째, 지방자치단체 간의 이해 대립으로 인해 협의회의 기능이 약화될 경우 중앙정부가 운영에 참가해 행정·재정적 원조를 함으로써 지방자치단체 간 조정과 협력 관계의 활성화를 모색하도록 한다.

둘째, 행정협의회의 효율성을 제고하고 협의 사항에 대한 사후 처리 기능을 강화하기 위한 실무적 검토를 담당하는 실무위원회를 설치·운영하는 것이 바람직하다.

셋째, 대도시권에 인접한 행정협의회의 경우 대도시 일부 구역과의 행정사무가 관련성을 갖게 되는데, 시·군·구 간에도 행정협의회를 둘 수 있도록 한다. 이렇게 함으로써 협의 내용의 밀도를 강화할 수 있고 협의 사항에 대한 구속력이 강화될 수 있다.

(3) 새로운 협력 관계의 모색

지방자치단체의 관계는 외국의 예에서처럼 처리사무의 성격에 따라 다양하게 나타난다. 그러나 우리나라에서는 단지 세 가지 협력 방식만이 법적으로 제도화되어 있다. 이것은 우리나라의 지방자치단체가 상호관계를 형성하는 데 경직성을 보여 주는데, 현재의 자치단체 형평을 고려해 새로운 협력 관계를 모색함으로써 행정의 효율성 제고와 자율성 확립 방향을 찾아야 한다.

3 정부간 관계 유형

라이트(Deil S. Wright)는 미국 연방제하의 정부와 정부간 관계를 선임(designation), 관계(relationship), 권위(authority)라는 세 가지 변수에 근거해서 분리형(separated model), 포괄형(inclusive model) 및 중첩형(over lapping model)으로 유형화하고 있다(1988: 39-52).

1) 분리형

분리형은 연방정부와 주정부가 명확한 분리하에 상호 독립적이고 완전 자치적으로 운영되는 반면 지방정부는 주정부에 종속된 이원적 관계를 갖는다. 이러한 분리형에서는 연방정부와 주정부가 대등한 지위를 유지해 상호 경쟁력 관계에 놓인다. 그러나 연방정부와 주 및 지방정부의 관계를 적절히 나타내지 못해 정치적·사회적 현실에 적합하지 않다는 비판을 받고 있다.

2) 포괄형

연방정부가 주정부와 지방정부를 완전히 포괄하고 있는 형태이다. 주 및 지방정부는 전적으로 연방정부의 결정에 의존하며 강력한 계층계적 통제를 받는다. 포괄형에서는 정부간 관계를 종속 관계로 보기 때문에 게임이론에 의해 설명될 수 있다. 이러한 포괄형은 중앙집권적 체제하의 상위정부의 통제를 잘 나타내고 있는 유형이다.

3) 중첩형

중첩형에서는 연방정부와 주 및 지방정부가 각자 고유한 영역을 가지면서 동시에 동일한 관심과 책임 영역을 지닌다. 이러한 중첩형에 의하면 정부 기능의 상당 부분이 연방・주・지방정부에 의해 동시적으로 작용하고 있으며, 자치권과 재량권의 영역이 제한적으로 분산되어 있고, 상호 의존적이며, 이에 따라 정부간에는 협상・교환 관계를 형성하면서 재정적 상호 협조와 경쟁 관계가 이뤄진다는 것이다.

라이트(D. S. Wright)의 정부간 관계

구분	내용
분리형	- 연방정부와 주정부는 명확한 분리하에 상호 독립적・완전 자치적으로 운영되고 지방정부는 주정부에 종속된 이원적 관계 - 연방정부와 주정부가 상호 경쟁적 관계
포괄형	- 연방정부가 주정부와 지방정부를 완전히 포괄(종속 관계) - 강력한 계층제적 통제 - 게임이론
중첩형	- 연방정부와 주 및 지방정부가 각자 고유한 영역을 가지면서 동시에 동일한 관심과 영역을 지님 - 정부 기능의 동시적 작용 - 자치권과 재량권의 제한적 분산 - 상호 의존적 - 협상・교환 관계(재정적 상호 협조와 경쟁 관계)

* 자료: 박응격(1995: 44).

4 중앙정부와 지방자치단체 간의 관계에 관한 이론

1) 대리자 모형

지방정부는 중앙정부의 대리자로서 가능하다고 보는 이론으로 지방정부는 중앙정부의 감독 아래 국가정책을 집행하기에 지방정부에는 재량권이 거의 없거나 전혀 없는 것으로 이해한다. 지방정부의 대리자적 지위는 특히 재정적 측면에서 강하게 부각된다. 오늘날 복지국가의 이념에 충실한 중앙정부는 모든 지방정부에 대해 복지 서비스의 기본적인 수준을 유지하도록 강요하며, 다른 한편으로는 작은 정부를 지향하면서 지방정부의 자본 지출을 엄격히 통제하는 등 대리자적 지위를 강화한다는 것이다(Elcock, 1982: 3-5).

2) 동반자 모형

동반자 모형은 대리자 모형에 대한 반발로 등장한 것으로, 대리자 모형에서의 주장처럼 지방자치단체가 국가로부터 위임받은 사항을 수행하지만 고유한 권능도 동시에 지니고 있다는 것이다. 중앙통제가 강화되면서 대리자 모형으로 이동되는 현실을 개탄하면서 지방자치의 본래적 모습을 회복하고자 하는 이론으로 볼 수 있다.

3) 상호의존 모형

대리자 모형, 동반자 모형의 이론적 대립이 재고되어야 한다고 보면서 로즈(R. A. W. Rhodes)가 제기된 모형으로, 상호의존 관계가 부합된다고 보는 상호의존 모형을 제시했다. 앞의 두 이론이 단선적이고 단편적인 성격에 머물러 있다고 보면서 다차원적·복합적 의존 관계를 중앙과 지방이 공유하고 있다는 보는 점이 이론의 골자이다.

4) 수직적 행정 통제모형·수평적 정치경쟁 모형

일본의 무라마쓰 미치오(村松岐夫)에 의해 제기된 이론으로 수직적 행정통제모형은 미국의 대리자 모형에 가까운 이론이고, 수평적 정치경쟁 모형은 영국의 동반자 모형, 상호의존 모형에 가깝다고 평가된다(김학로, 1997: 83).

제 2 장 중앙의 지방정부에 대한 통제

중앙정부가 산하 지방자치단체(정부)에 관해 통제를 한다는 사실은 현대 행정의 2대 지표라 할 수 있는 민주화와 능률화를 도모함으로써 더 나은 지방자치의 구현을 위한 수단이라고 할 수 있으며, 이는 국가관여의 한 양태라고 볼 수도 있다.

제 1 절 중앙통제의 의의 및 유형

1 중앙통제의 의의

현대 국가에서는 지방자치단체가 국가의 주체성을 전제로 하는 전체 국민사회의 일부분을 이루게 되며, 국가적 통일성의 보존을 위해 중앙정부는 지방정부를 통제하기 위한 일정한 권한을 가지게 되는 것이니, 이것이 바로 중앙통제의 의미이다.

일반적으로 중앙정부가 지방정부에 대해 행하는 관여와 감독 등의 통제는 다름아닌 전체 이익을 대표하는 입장에 있는 국가가 국민사회의 전체적 발전을 도모하기 위해 부분사회의 부분이익을 대표하는 지방자치단체와 여러 가지 접촉·교섭·조정·지도·원조·통제·감독·협력 등을 하는 과정을 말한다.

현대 국가의 일반적인 신중앙집권화의 경향에 따라 오늘날 지방정부에 대한 중앙정부의 감독·통제 기능이 강화되는 이유는 첫째, 행정 기능의 양적 확대, 둘째, 행정

기능의 질적 복잡화·고도화, 셋째, 지방적 사무의 전국적 이해관계화로 요약할 수 있다.

이러한 중앙정부의 지방정부에 대한 통제·감독의 필요성에도 불구하고 여러 국가에서는 그 정도, 즉 한계를 어디까지 할 것인가에 관해 고심하고 있다. 자치단체에 대한 국가의 관여·감독의 정도는 지방자치를 강화하면서도 국가적 통일을 유지할 수 있는 균형에서 각 국가의 개별적 여건(individual environmental factors)에 적응할 수 있는 방향에서 모색되어야 할 책임을 갖고 있다. 즉 중앙과 지방이 부족한 점을 보완하고 협력하는 기능적 협력 관계라는 차원에서 이해해야 할 것이다.

2 중앙통제의 유형

1) 영·미형의 통제 방식

(1) 영국

현재 영국에서 행해지고 있는 행정적 통제 수단을 보면 부분통제, 대집행, 소원, 국고보조금, 기채의 승인, 확인 또는 승인, 지역조사, 감독, 회계검사, 기술적 조언, 정보의 제공 등이 있다. 이러한 것들은 행정적 관여의 중점을 통제보다는 협력, 특히 비권력적 분야에 두고 있다. 이 중에서도 특히 재정적인 지원에 치중하고 감사 방식 역시 권고적인 성향을 갖고 있다는 데 큰 특징이 있다.

(2) 미국

미국의 경우에는 왕권의 역사적 배경이 없었으므로 주의회에 의한 입법적 통제가 최초의 형태였고, 부분적으로 사법적 통제가 취해졌지만 그것도 자본주의의 급격한 발전으로 행정적 통제로 중점이 전환되었다. 그러나 미국이라고 해서 유럽 대륙에서 주로 행해지는 입법적 통제나 행위에 대한 사전 승인, 간부직 임명에 대한 관여와 감사, 조건부 재정 지원, 정보의 제공, 비공식 권고와 지원 등의 방식이 전혀 행해지지 않는다는 것이 아니라 상대적으로 그 정도가 단지 약하다는 것뿐이다.

2) 대륙형의 통제 방식

단체자치 방식의 원조라 할 수 있는 대륙계 국가의 지방정부에 대한 중앙통제 방식은 앞에서 본 영·미형의 그것과는 달리 행정적 통제에 치중하고 있다. 프랑스에서의 중앙통제 방식은 중앙정부와 상급단체가 우월한 권력을 배경으로 지방자치단체의 행위를 강력히 규제·통제한다는 권력적 성격이 농후하며, 이것은 바로 프랑스의 지방행정을 중앙집권적인 것으로 특징짓는 징표가 되었다. 그러나 1982년 이후 프랑스의 지방자치는 상당한 권한을 중앙정부로부터 부여받아 처리하기에 다소 지방분권에 가까운 형태로 변질되었다.

프랑스 이외에 이른바 대륙형에 속하는 독일·오스트리아·이탈리아·그리스 같은 국가, 이슬람교가 지배적인 종교로 되어 있는 아랍계 또는 그 영향을 받고 있는 터키·레바논 등의 중동국가, 태국 등 동남아 국가의 대부분과 우리나라 역시 이러한 강한 행정적 통제 방식, 즉 권력적·후견적 통제 방식을 취하고 있다. 그러나 오늘날 대륙계도 기능적·기술적 통제로 전환되고 있는 실정이다.

제 2 절 중앙통제의 방법

중앙통제는 행정부에 의한 통제, 입법부에 의한 통제, 사법부에 의한 통제로 3대별하는 것이 일반적인 분류법이지만, 북구를 시발로 하여 많은 국가에서 옴부즈만(Ombudsman)제도가 민원구제 및 행정통제를 위한 제도로서 채택되고 있다는 관점에서 볼 때, 옴부즈만제도의 지방정부에 대한 중앙통제의 요소를 배제할 수는 없다고 본다.

1 일반적인 통제 방식

1) 행정적 통제

행정적 통제란 문자 그대로 행정부에 의한 통제 방식을 의미한다. 이러한 행정적 통제 방식은 비단 대륙계 국가뿐만 아니라 현재 대부분의 국가에서도 활용되고 있는데, 이는 신중앙집권화 현상과 깊은 상관관계를 형성하고 있다. 즉 각국에서 공통적 현상의 하나로 중앙통제가 강화되고 있다는 사실은 자치단체에서 중앙정부 그것도 특히 행정부의 권력집중이 괄목할 만한 정도에 이른다고도 표현할 수 있는데, 이는

'행정권의 확대 강화'라는 현상을 나타내는 것이다.

그렇다면 현대 국가에서 행정적 통제가 더욱 강화·확대되어 가고 있는 주원인은 무엇인가에 대해 살펴보자.

(1) **행정사무의 질적·양적 변화**

중앙정부에 비해 인적·물적·지역적 규모가 작고 자원이 부족한 자치단체로서는 이렇게 증대되고 다양화된 기능을 수행할 만한 행정·재정 능력을 갖고 있지 못하므로 부득이 중앙정부의 기술적 협조와 재정적 지원을 필요로 하게 되었다. 지방적 사무가 점차 국가적 이해관계와 밀접한 연관성을 갖게 됨에 따라 최저한의 전국적 행정 수요(minimum national standard)의 필요성을 충족시키기 위해 필요하다.

(2) **입법·사법적 통제의 상대적 저하**

입법적 통제는 행정적 통제 방식에 비해 융통성이 부족하고 객관적 여건의 변화에 대한 적응력이 약하다. 사법적 통제 역시 원칙적으로 사후통제라는 점에서 현대와 같이 급변하는 행정 수요에 적절히 대응하기에는 적지 않은 난점을 드러내고 있다. 이에 비해 행정룰(administrative rule)과 같은 행정적 통제 방식은 법률보다 쉽게 수정·제정될 수 있기 때문에 지방 실정의 변화와 자치단체의 요구에 신속 적절히 부응할 수 있다.

(3) **중앙정부의 우월성**

행정부는 여타 기관에 비해 자치단체에 좀 더 유익한 많은 정보와 지식·기술·경험을 가지고 있기 때문에 다른 통제 방식에 비해 효율적인 행정 효과를 높일 수 있다. 이와 같이 탁월한 중앙의 지식과 기술이 지방단체에 도입됨으로써 지방행정의 질 또한 높일 수 있기 때문에 중앙통제 방식이 더욱 절실히 요구된다.

(4) **행정 수요의 광역화로 인한 조정권의 증대**

교통·통신의 발달에 따라 자치단체의 구역이 광역화되고 있으며, 전국을 토대로 한 통일적 재정정책을 수립·조정하기 위해서도 앞서의 행정적 통제 방식이 좀 더 효율적인 성과를 거둘 수 있기 때문에 활용 비중이 점점 높아가고 있다.

이리하여 입법·사법적 통제는 상대적으로 약화되고 행정적 통제의 의의와 가치가 더 높이 평가되기에 이르렀지만, 그렇다고 해서 입법·사법적 통제가 완전히 무가치하게 되었다는 것이 아니라 다만 상대적으로 그 비중이 점감하고 있다는 것이다.

2) 입법적 통제

입법적 통제는 법률적 통제라고도 지칭되는 것으로 중앙정부가 지방정부 행위의 준칙을 정하고 이 준칙을 위반했을 경우에 통제를 가하게 되는 방식을 의미한다. 즉 지방정부가 어떠한 업무를 어느 범주 내에서 행해야 할 것인가를 결정하는 것은 국회일 뿐 아니라 지방정부가 새로운 권한을 얻고자 하는 경우에도 반드시 국회에 호소하지 않으면 안 된다는 것이다.

3) 사법적 통제

사법적 통제란 지방정부의 업무 처리 또는 지방공무원의 행위에 위법·부정·비위 사실 등이 있을 경우 법률상의 소송절차에 따라 시정·처벌하는 사후적 통제를 지칭한다. 이는 입법적 통제가 지방단체 행위의 준칙을 정하는데 반해, 지방자치단체가 국회에서 법제화된 준칙을 위반하는 경우에 그것을 시정하기 위해 취해지는 조치로서 법률적 통제와 상호 보완 관계에 있다.

사법적 통제는 법률상의 소송절차로서 장시일 소요, 막대한 비용, 대안 제시의 부족, 사후·소극적 통제 등 많은 문제점이 있지만, 지방행정활동의 합법성과 공공성을 보장할 수 있는 통제 수단이라는 점에서 가치성을 인정할 수 있다.

4) 옴부즈만에 의한 통제

오늘날 스칸디나비아 국가를 비롯해 독일·영국·뉴질랜드 등에서는 이미 옴부즈만을 제도화하고 있으며 미국이나 캐나다 등지에서는 지방적으로 일반 행정을 대상으로 부분적으로 채택하고 있다. 이러한 옴부즈만제도는 종래의 전통적 통제 방식인 의회와 법원에 의한 외부통제가 그 결점을 노정함에 따라 행정의 무책임한 권한 발동으로부터 국민의 권익에 대한 침해를 방지하고 한 걸음 더 나아가서 강력한 중앙정부에 의한 지방정부에 대한 통제가 형식적인 면에만 치우친 결과로서 발생되는 각종 폐해를 방지하기 위한 보완적 통제 수단으로서 발달된 제도이다. 이러한 '옴부즈만(Ombudsman)'이란 용어는 '호민관'을 나타내는 스웨덴어로서 세계 각국에서 하나의 통용어로 받아들여지고 있는데, 영국이나 뉴질랜드 등에서는 'Parliamentary Commissioner'라는 명칭으로도 불린다.

옴부즈만은 당파성이 없는 조사직으로서 입법부에 소속되어 있는 공무원이며 직무수행시에 독립성이 보장된다. 옴부즈만은 하자 있는 행정작용에 대한 취소·변경을 관계 기관에 요청·권고하며, 일반시민으로부터 발의가 없는 경우에도 자신의 직권에 의해 조사할 권한을 가지며, 법규 및 행정기관을 조사해 그 경위를 공개함으로써 행정기관에 대한 보완적 통제를 수행함과 동시에 국민의 권익에 대한 침해를 방지해 행정의 민주성을 제고한다.

2 통제 성격별 방식

행정적 중앙통제는 통제의 성격에 따라 권력적 통제와 비권력적 통제로 나눌 수 있는데, 그 구별은 상대적이다.

1) 권력적 통제

각종 중앙통제 방식 가운데서 일방적·명령적·강제적인 방식을 말한다. 실정법상의 '지도·감독'이라는 표현 가운데 대체로 후자, 즉 감독이라는 것이 이러한 성격의 통제에 해당한다고 할 수 있으며, 이에는 대체로 다음과 같은 것들이 있다.

(1) **임면**(appointment and removal)
행정관리의 책임자를 임명 또는 해임하는 방식으로 우리 지방자치법상에는 시·도의 부시장·부지사의 임명, 지방자치단체의 폐치·분합, 승격시의 그 장의 직무의 임시대행자의 지정 등이 규정되어 있다.

(2) **승인**(approval)
지방자치단체의 행정행위의 법적 효력을 완성시키는 사전통제 방식으로 우리 지방자치법상으로는 기채의 승인, 사무·재산 승계의 승인, 지방자치단체조합의 설립 및 해산의 승인, 지방자치단체 사무소 소재지 변경의 승인 등이 규정되어 있다.

(3) **처분**(administrative act)
감독기관이 직접 지방자치단체의 행정 사항에 관해 행정처분을 행하는 방식이다. 우리 지방자치법상으로는 지방자치단체의 장의 위법 또는 부당한 명령·처분에 대한 시정 명령 및 취소·정지 처분, 자치단체장의 직무 해태시의 직무이행명령 및 대집행, 지방자치단체의 폐치·분합시 사무 및 재산 승계의 지정 등이 규정되어 있다.

(4) 감사(inspection and audit)

지방자치단체 행정행위의 합법 또는 타당성을 심사해 시정조치를 취하는 사후 통제 방식으로 우리 지방자치법에서는 사무 및 회계에 대한 감사, 감사원의 회계검사 및 직무감찰 등이 여기에 포함된다.

2) 비권력적 통제

각종 중앙통제 방식 가운데서 장려적 · 유도적 · 조성적인 방식을 말하며, 실정법상 '지도 · 감독'이라는 표현 가운데 지도라는 것이 이러한 성격의 통제에 해당한다.

(1) 계도(guidance)

감독기관이 지방자치단체 행정의 방향을 제시하고 그 최저 기준을 설정하며 질의에 응답하고 기법을 계몽해 조언과 권고를 행하는 등을 통해 행하는 통제이다. 우리 지방자치법에서도 지방자치단체의 사무에 대해 조언 또는 권고하거나 지도하고 이를 위해 필요한 때에는 자료 제출을 요구할 수 있도록 규정하고 있다.

(2) 지원(assistance)

지방자치단체의 업무 수행에 필요한 사항에 대해 원조를 함으로써 행하는 통제로 이에는 기술 지원, 재정 지원, 장비 지원 등 여러 가지가 있을 수 있다. 우리 지방자치법에서도 지방자치단체의 사무 처리에 필요하다고 인정되는 경우에 기술 지원 및 재정 지원 등을 할 수 있다고 규정하고 있다.

(3) 정보(information)

지방자치단체의 업무 수행에 필요한 정보와 자료를 제공함과 아울러 지방자치단체로부터 중요한 사항에 관해 보고를 받고, 필요한 경우 각종 정보와 자료의 제출을 요청함으로써 행하는 통제이다. 우리 지방자치법에서도 각종 정보 제공을 하도록 함과 동시에 조례의 제정, 사무 수행, 예산 의결, 결산 승인, 사무위탁 등에 관해 지방자치단체로부터 보고를 받도록 규정하고 있다.

(4) 조정(coordination)

우리 지방자치법은 자치단체 사이의 행정협의회의 협의 사항의 조정, 자치단체 사이의 분쟁 사항 조정, 자치단체의 장과 의회 사이의 재의 요구와 재의결 사항에의 개입 등을 규정하고 있다. 조정은 경우에 따라서 권력적 통제의 성격을 가질 수 있다.

3 통제 사항별 방식

1) 입법에 관한 통제

지방자치단체의 조례 및 규칙의 제정 및 개정에 관해서도 일정한 중앙통제가 행해진다. 조례는 법령에 위반해서는 안 되며, 규칙은 법령 또는 조례가 위임한 범위 안의 것이어야 한다. 시·군·자치구의 조례나 규칙은 시·도의 조례나 규칙에 위반해서는 안 된다. 조례가 주민의 권리 제한 또는 의무 부과에 관한 사항이나 벌칙을 제정할 때에는 법률의 위임이 있어야 한다.

조례나 규칙을 제정 또는 개폐했을 때에는 그 전문을 첨부해 일반 감독기관에 보고해야 한다. 다시 말해 조례·규칙의 제정·개폐에 대한 사후통제를 할 수 있다.

2) 행정관리에 관한 통제

지방자치단체의 장은 그 권한에 속하는 사무의 일부를 하급 자치단체나 공공단체 또는 기관에 위임 또는 위탁할 수 있는데, 이때에는 이를 감독기관에 보고해야 한다.

지방자치단체장의 명령이나 처분이 위법 또는 현저히 부당할 때에는 감독기관은 그 시정명령 및 취소·정지처분을 할 수 있으며, 자치단체장이 국가위임사무의 처리에 태만할 때에는 직무이행명령 및 대집행을 할 수 있다.

일반감독기관 및 감사원은 지방자치단체의 사무 및 회계에 관해 감사를 행할 수 있다. 그 밖에도 지방자치단체 사이의 분쟁의 조정, 지방행정협의회의 협의 사항 조정, 지방자치단체의 폐치·분합시 사무 및 재산의 승계의 지정 등을 할 수 있다.

3) 조직·인사에 관한 통제

(1) 조직에 관한 통제

지방자치단체의 종류는 법률로 정하고, 지방의회의 조직·권한, 의회의원 및 자치단체의 장의 선출 방법, 기타 자치단체의 조직도 법률로 정한다.

일반 감독기관은 지방자치단체의 사무소 소재지의 변경 또는 신설에 대해 승인을 한다.

시·도의 부시장·부지사의 직급을 대통령령으로 정하고, 지방자치단체의 지방공무원의 정원은 안전행정부 장관이 정한 기준에 따라 지방자치단체의 조례로 정한다.

지방자치단체의 업무를 분장하기 위한 행정기관은 시·도에서는 대통령령이 정하는 범위 안에서 조례로 정하며, 지방자치단체의 출장소, 사업소, 직속기관, 합의제 행정기관의 설치를 대통령령의 규정 사항으로 하고 있다.

(2) 인사에 관한 통제

시·도의 부시장·부지사를 대통령이 임명하는 것을 비롯해 지방자치단체의 고위직에 법률이 정하는 바에 따라 국가공무원을 배치할 수 있다.

지방자치단체에 소속하는 지방공무원의 임용과 시험·자격·보수·신분 보장·징계·교육훈련 등을 법률로 정하며, 인사에 지도·감독을 한다.

지방자치단체가 폐치·분합되거나 승격되었을 때 새로운 자치단체의 장이 선임될 때까지 일반 감독기관은 직무를 대행할 자를 지정한다.

4) 재정에 관한 통제

(1) 재정보조

국고보조금에서 국고보조율과 지방비부담률, 지방교부세에서 교부세율을 법령으로 정하며, 국고보조금의 지급액 산정과 비용 용도 제한 및 운영에 대한 감독 등을 통해 지방재정을 통제한다.

(2) 채무행위·재산 승계의 승인·지정

지방자치단체의 건전 재정 유지를 위한 규제를 함으로써 지방재정을 통제하기도 한다. 안전행정부 장관은 지방자치단체에 항구적인 이익이 되거나 비상재해 복구 등을 위해 필요한 때에 한해 지방자치단체의 기채를 승인한다. 2006년 1월 안전행정부 장관의 기채승인제도는 폐지되었지만 조합이 발행하는 경우, 대통령령이 정한 범위를 초과해 발행하는 경우, 외채 발행의 경우에는 여전히 승인이 필요하다.

지방자치단체의 채권에 관해 채무의 면제 또는 효력의 변경은 법령 또는 조례의 규정 등에 의해서만 이를 할 수 있다. 또한 지방자치단체의 폐치·분합시에 재산 승계가 명확치 아니할 때에 일반 감독기관의 승계를 지정하거나 승인한다.

(3) 예산 절차에 대한 통제

예산 편성시에 재원의 많은 부분을 중앙정부에 의존하고 있는 관계로 중앙정부로부터 교부될 지방교부세와 국고보조금의 내역을 모르고는 예산을 편성할 수 없으므로, 중앙정부의 예산편성지침과 지방교부세, 국고보조금의 내역을 토대로 부분적으로 감사원은 감사를 할 수 있다. 자치단체의 예산이 의회에서 의결되었거나 결산이 승인되었을 때에는 단체의 장은 이를 일정 기간 안에 일반감독기관에 보고해야 한다.

제 3 절 중앙통제(행정통제)의 내용 및 방향

1 중앙통제의 내용

오늘날 국가 및 지방자치단체의 행정 기능이 강화·확대됨과 동시에 행정작용에 대한 통제·감독의 필요성이 증대되어 온 결과로서 이들 세 가지 통제 방법 중 행정적 통제 방법이 그 의의와 가치가 가장 높이 평가되었다.

1) 조언 및 정보 제공(advice and information)

비권력적인 관여 수단으로서 중앙정부가 자치단체에 대해 그들이 갖고 있는 기술정보나 조언을 제공함으로써 지방행정의 질을 향상시키는 데 크게 기여할 수 있다.

2) 보고(report)

지방행정을 주관하는 중앙관서의 책임자 또는 자치단체에 위임되어 있는 특정 사무에 대해서는 당해 중앙관서의 책임자가 관련 업무에 대해 자치단체에 현황을 보고하도록 요구할 수 있는 권한이 있고, 보고의 결과에 따라 당해 업무의 정확성이 없는 경우에는 시정조치가 강구되거나 행정감사와 회계감사가 실시되는 것이 통례이다.

3) 재정통제(financial control)

국민 경제가 빈약한 개발도상국에서는 자치단체가 자기 비용으로 자치사무를 처리한다는 자치행정의 이상은 현실적으로 실현되기 어렵다. 따라서 자치단체는 부득이 중앙정부로부터 각종의 재정 지원, 특히 국고보조금을 지원받고 있다. 이는 자치단체의 행정을 감독·지도하는 면에서 중앙정부로서는 극히 중요한 수단이 된다.

4) 인사통제(control of personnel)

지방행정에 대한 중앙정부의 감독·통제 방식의 하나로 인사통제를 들 수 있다. 지방정부의 책임자나 일반공무원의 부정·비능률·직무 유기 등의 사례가 있을 때에는 중앙정부가 그를 면직시킬 수 있다든가 또는 중앙정부가 지방공무원의 일정한 자격 기준을 설정하는 경우, 자치단체가 특정 관료를 임명 또는 해임을 하고자 할 때에는 중앙정부의 승인을 받아야 하는 것 등이 대표적 예이다.

5) 인·허가 사무의 설정 및 관련 규칙의 제정

현실적으로 자치단체의 행정계획이나 행정 조치가 중앙정부의 사전 승인 또는 허가를 받아야 하는 경우가 많다. 승인의 내용은 조례의 승인, 기채의 승인, 특정 사업이나 계획에 대한 허가 등 다양하다. 이와 같은 지방행정에 대한 중앙정부의 인·허가권 행사의 특정 행정사무 처리를 전국적으로 통일시키는 한편, 중앙정부의 우수한 지식·기술·정보·경험을 지방정부에 보급하는 효과가 있다.

6) 검사 및 조사(inspectors of constabulary)

중앙정부는 자치단체의 행정사무가 능률적이며 적법하게 집행되고 있는가를 항상 조사하고 있으며 안전행정부 장관은 필요하다고 인정되는 경우에는 효율·적정화를 위한 조치를 취할 수 있다. 또한, 맡은 바 책임을 수행하지 못한 자치단체에 대해서는 국고보조금 삭감 등의 제재 조치를 취하는 경우도 있다.

7) 대집행(substitute administration)

지방정부가 법률상 또는 행정 규정상 그 의무로서 요구되고 있는 사무를 집행하지 않거나 또는 요구되는 능률 수준으로 집행할 능력이 없는 경우에 중앙정부가 스스로 집행한다거나 또는 다른 지방정부에 이관해 대리 집행하게 하는 경우이다. 즉 관계 장관은 직무를 이행하지 않은 지방정부에 대해 일정한 기간을 정해 그 기간 내에 필요한 조치를 취하게끔 명령할 수도 있다. 이 명령에 복종치 않을 경우에는 법원의 직무이행명령에 의해 강제할 수 있다.

8) 준입법권과 준사법권

현대에 와서 행정 기능의 전문화 내지 분업화는 행정사무의 질적 고도화와 양적 팽창을 수반하는데, 이러한 행정의 특성으로 말미암아 대부분의 국가에서는 입법기관인 국회가 법률의 구체적 사항까지 규정하는 것이 아니라 개괄적인 원칙만을 정하는 데 그친다. 개별적·구체적인 사항을 행정부에 위임해 그들로 하여금 제정하게 하는 준입법권 내지 위임 입법을 확대하는 경향에 있다.

2 중앙통제의 방향

앞으로 중앙통제의 방식이 어떻게 취해져야만 지방행정의 효율성과 민주성·자주성을 제고할 수 있을까? 여기에서는 가장 보편적이고 포괄적인 패러다임(paradigm)으로 몇 가지 방안만 제시한다.

1) 지나친 통제 지양

자치단체에 대한 지나친 간섭이나 통제는 지방자치를 침해하고 자치 의욕을 억제함으로써 지방행정의 민주화를 후퇴시키는 결과를 초래하므로, 앞으로 중앙통제는 이러한 권력적·후견적 통제를 가능한 한 지양하고 지식적·기술적 그리고 재정적 지원 등 비권력적 통제를 원칙으로 해야 할 것이다.

2) 상호간 협력 방식으로 인식

국가와 자치단체 간 상호 독립성의 존중을 전제로 하는 상호 협력주의를 기초로 하는 통치 방식이 강구되어야 한다. 따라서 국가와 지방은 상호 자주독립성을 인정·존중하는 방향으로 나아가야 할 것이다.

3) 정보교환소의 역할 전환

영국의 롭슨(W. A. Robson)의 말처럼 정치적 권력의 행사나 행정 의사의 결정에 주민의 광범한 참여가 보장되지 않고서는 참된 복지국가의 건설이 불가피하므로 자치단체에 그들이 적합하다고 생각하는 새로운 방향을 창출할 수 있는 좀 더 폭넓은 자치권의 허용하고, 중앙 각 부처가 정보교환소로 기능하게 해야 한다.

4) 중앙통제의 방향

① 행정의 수준 향상을 위한 지도주의

② 지역 격차 해소를 위한 평등주의
③ 광역행정을 위한 협력주의
④ 지역의 특수성을 존중하기 위한 다원주의

제 3 장 행정사무의 민간위탁과 광역행정

제 1 절 행정사무의 민간위탁

1 민간위탁의 개념 및 필요성

1) 민간위탁의 개념

'민간위탁'이라 함은 각종 법률에 규정된 행정기관의 사무 중 일부를 지방자치단체가 아닌 법인·단체 또는 그 기관이나 개인에게 맡겨 그의 명의와 책임하에 행사하도록 하는 것을 말한다.

민간위탁을 할 수 있는 업무로서는 조사·검사·검정·관리 업무 등 국민의 권리, 의무와 직접 관계되어 있지 않은 사무를 들고 있다. 이는 주민에 대한 질 높은 행정서비스를 공급하기 위한 행정 개선의 일환으로서 정부와 민간 간 협력 체제의 증진을 의미한다.

2) 행정사무 민간위탁의 필요성과 실시 분야

민간위탁의 필요성은 근본적으로 행정환경의 변화에 따른 행정 수요의 증대 현상과 이에 대응되는 행정 체제의 행정 공급과의 불균형에서 비롯되었다고 할 수 있다.

일반적으로 민간위탁을 하는 이유 내지는 필요성으로는 ㉠ 업무효율화와 인건비·

행정 서비스의 공급 주체별 유형

구분		행정 서비스
공공 공급형	公	<정부직할형>: 경찰, 소방서 <공기업형>: 상·하수도, 전기, 지하철
공공·민간 병급형	公 · ·民	병원, 학교, 사회교육, 미술관, 박물관, 주택 공급, 택지 개발, 주차장, 체육시설, 삼림사업
공공·민간 협력형	公· ·民	<사업분담형>: 복합 프로젝트, 공항, 해양휴양기지 <자금분담형>: 유통센터, 장애자 고용시설
민간위탁형	公→民	쓰레기 수거, 분뇨 수거, 거리 청소 서비스
민간공급형	民	시장 공급, 허가, 이용권 발행, 보조금 지급

*자료: 한국지방행정연구원, 공공 서비스의 공사 간 비용분석(1994), p. 41.

경비 절감, ㉡ 행정전문화에 의한 지식 기술의 필요성과 능률성 향상, ㉢ 고도의 지식 기술을 가진 인재 확보의 곤란, ㉣ 주민 자치 의식의 앙양과 성숙, ㉤ 공무원의 부정부패 제거, ㉥ 주민 서비스의 향상 등이다.

행정 업무의 민간위탁을 업무의 성질별로 보면 검사·감사가 23.2%로서 가장 많고, 사물관리(11.8%), 등록·승인(6.9%), 검정(5.3%) 순이고, 위탁 근거별로 보면 대통령령에 의한 것이 40.6%로서 가장 많고, 법률(30.4%), 부령(11.4%)의 순이다.

2 민간위탁의 과정과 법규 사항

1) 민간위탁의 과정

① 위탁대상 업무의 선정
② 민간위탁 대상기관의 선정
③ 지휘·감독 및 처리 상황의 감사
④ 시정조치 등의 과정을 거친다.

2) 민간위탁의 법제

(1) 법적 근거

현재 행정 업무의 민간위탁에 관한 일반적인 규정으로는 법률로서 정부조직법, 지방자치법, 대통령령으로서 행정 권한의 위임 및 위탁에 관한 규정이 있고, 개별적 규정은 각 개별 법률과 시행령에 정해져 있다.

(2) 대상 사무

민간위탁 대상 업무는 국민의 권리·의무와 직접 관계되지 아니하는 조사·검사·관리 등의 업무임을 원칙으로 한다. 이러한 사무들은 대체로 단순 사실행위적 행정작용 내지 단순 행정사무이거나, 공익성보다 능률성이 현저히 요청되는 사무 또는 특수한 전문지식·기술을 요하는 사무들이다.

예외적으로 국민의 권리·의무와 직접 관계되는 행정사무가 민간위탁되는 경우도 있는데 소득세 원천 징수, 선박 권력 행사 등이 이에 해당된다.

(3) 수탁자

행정 업무의 수탁자는 지방자치단체 등과 같은 통치단체가 아닌 법인·단체 또는 기관이나 개인 가운데 수탁사무의 처리에 필요한 인력과 기구, 재정적 부담 능력, 시설과 장비, 기술, 책임 능력과 공신력을 갖추었다고 행정기관이 인정하는 자이다.

(4) 수탁자의 권리·의무

행정 업무의 수탁자는 해당 업무를 자기의 명의와 책임하에 처리하는데, 수탁자는 수탁 업무를 위법·부당하게 처리해서는 안 되며, 업무 처리를 지연하거나, 불필요한 서류를 요구하거나, 또는 처리 기준을 불공정하게 설정하거나, 수수료를 부당하게 징수해서는 안 된다. 또한 수탁자는 위탁기관의 승인을 얻어 수탁 업무의 처리에 관한 사무편람을 작성·비치해야 하며, 위탁기관의 요구가 있을 때에는 수탁 업무의 처리에 관해 필요한 사항을 위탁기관에 보고해야 한다.

(5) 위탁자의 지휘·감독

위탁자는 수탁자의 업무 처리에 대해 지휘·감독권을 행사하며, 처리가 위법 또는 부당하다고 인정될 때에는 그 처리를 취소 또는 정지시킬 수 있고, 필요하다고 인정될 때에는 필요한 지시를 하거나 또는 필요한 조치를 명령할 수 있으며, 또한 필요한 사항에 관해 보고를 요구할 수 있다. 또한 위탁자는 민간위탁 업무의 처리 결과에 관해 연 1회 이상 감사를 하며, 검사 결과 위법 또는 부당한 사무 처리라고 인정될 때에는 그에 관한 적절한 시정조치를 할 수 있고, 필요한 인사 조치를 요구할 수 있다.

(6) 위탁사무 처리에 대한 불복

수탁자의 업무 처리에 대해 이의가 있는 자는 처리가 있은 날로부터 3월 이내에 수탁자를 거쳐 위탁기관에 이의 신청을 할 수 있다. 이 경우 수탁자는 10일 이내에 변명서를 위탁기관에 송부해야 하며, 위탁기관은 30일 이내에 재결을 행해야 한다.

3 민간위탁의 방법과 감축관리

1) 민간위탁의 방법

행정사무를 민간에게 위탁하는 방법에는 여러 가지가 있지만 그 가운데 중요한 몇 가지를 살펴보면 다음과 같다.

(1) 계약(contract)

계약은 가장 보편적인 위탁 방법으로, 위탁기관과 수탁기관의 쌍방적 합의에 의해 성립한다는 데에 특징이 있다. 국가의 정책형성에 관련되는 여러 연구 업무 또는 조사, 청사 관리, 오물 수거, 수송, 보관 등 많은 사무의 민간위탁에 이 방법이 쓰인다.

(2) 지정 또는 허가

정부 업무 중에서 어떠한 업무는 그것을 수행하기 위해 특별한 시설과 장비 그리고 이에 적합한 인력이 필요한 경우가 많다. 즉 민간기관에 그러한 일을 감당할 능력 또는 조건을 갖춘 곳이 있다면 이것을 이용하는 것이다. 이런 경우 대체로 정부가 일정한 제한 또는 통제, 조건을 부여하고 그러한 의무를 정부에 대신해서 할 수 있는 권한을 부여한다. 다시 말하면 위탁기관의 일방적 지정 또는 허가에 의해 행정사무를 민간에 위탁하는 방법이다.

(3) 사업체 설립 방법

위탁사무를 처리할 법인 또는 단체가 없는 경우에 정부의 출자나 지도로 그러한 사업체를 설립해 그로 하여금 해당 위탁사무를 처리하게 하는 방법이다. 이때에는 대체로 그러한 사업에서뿐만 아니라 국가·사회적 견지에서 필요한 것이어야 한다. 예를 들면 한국과학기술연구소, 한국개발원, 농업문제연구소 등과 같은 연구기관, 정부청사나 특정 시설 등의 경비회사, 오물이나 쓰레기를 수거하는 회사 등을 들 수 있다.

(4) **자원단체 활용 방법**

위탁대상 행정사무와 관련이 있는 민간단체를 활용하는 방법이다. 이것은 자연 보호 의무에서와 같이 정부에서 추진하는 각종 캠페인에 관련되는 또는 참여하고자 하는 단체 등을 활용하는 것이다. 예를 들면 각종 지도 업무를 관련 민간조직을 통해 수행한다든가, 각종 복지 의무를 민간복지단체를 통해 수행한다든가, 치안·소방 업무를 방범대나 의무소방대를 통해 수행하는 것 등이 그 예이다.

(5) **기한부 또는 임시 채용**

이것은 주로 단기적 또는 특정한 프로젝트가 완수될 때까지 민간인을 시한부로 또는 임시로 채용하는 것이다. 이때 채용 기간은 업무의 성질에 따라 1일 이내의 단기적인 것으로부터 수년간에 걸치는 장기적인 것이 있을 수 있다. 물론 이때 원칙적으로 이들에게 공무원 또는 이에 준하는 신분을 부여할 필요는 없다.

2) 민간위탁과 감축관리

1970년대에 들어서 심각한 자원난과 경기 퇴조로 말미암아 낙관주의적 행정관과 팽창주의적 행정관리에 대한 반성이 대두되었고, 무절제한 행정 팽창 현상에 대한 검토가 요구되었다. 이러한 반성과 검토는 자연히 정부 역할에 대한 새로운 인식과 기능의 축소, 정부 주도에 대한 회의와 비관적 해석, 그리고 감축관리(cutback management)의 필요성과 의의에 대해 새로운 관심을 두게 되었다.

행정환경의 변화는 정부만이 행정 기능을 독점 수행할 수 없는 여건을 조성했다. 민간 부문이 정부보다 훨씬 더 효과적으로 관리할 수 있는 행정 영역이 증가하고 있다. 따라서 정부의 행정사무의 일부를 민간 부문에 이양·위탁함으로써 행정을 감축관리할 수 있다는 점에서 민간위탁은 감축관리의 한 형태라 할 수 있다.

4 민간위탁과 제3영역

1) 제3영역의 의의

1970년대에 들어서 사회 기능이 복잡화·다양화되어 감에 따라 민간 부문과 정부 부문의 구별이 상당히 어려워지고 있다. 이처럼 구별을 어렵게 하는 이유로서 정부 부문과 비정부 부문 사이의 광범위한 협동, 민간 부문의 활동이 정부 부문과 유사한 성격을 가지며, 민간 부문의 이해관계에 의해 직접적으로 정책이 형성되는 것, 정부 부문을 민간 부문의 엘리트(private elites)가 지배하는 것 등을 들 수 있다.

에치오니(A. Etzioni)는 제3영역에 속하는 조직 중에는 정부적 요소와 민간적 요소를 동시에 가지고 있는 것과 자발적 · 비영리적 요소를 가지고 있다고 하며, 레비트(B. Levitt)의 개념 규정에서 제외되었던 조직들까지도 포함시키고 있다. 즉 제3영역을 민간 부문과 정부 부문의 성격을 동시에 지니고 있는 영역이라고 규정코자 한다.

2) 제3영역과 수탁기관

일반적으로 제3영역에 속하는 조직들의 활동 유형을 보면 다음과 같다.

① 민간 부문과 정부 부문이 공동으로 일을 수행하는 경우

② 제3영역에 속하는 조직을 설립하는 데 인가를 해 준 정부의 협동적 노력

③ 점차 민영화되어 가는 일련의 정부기업 활동 등

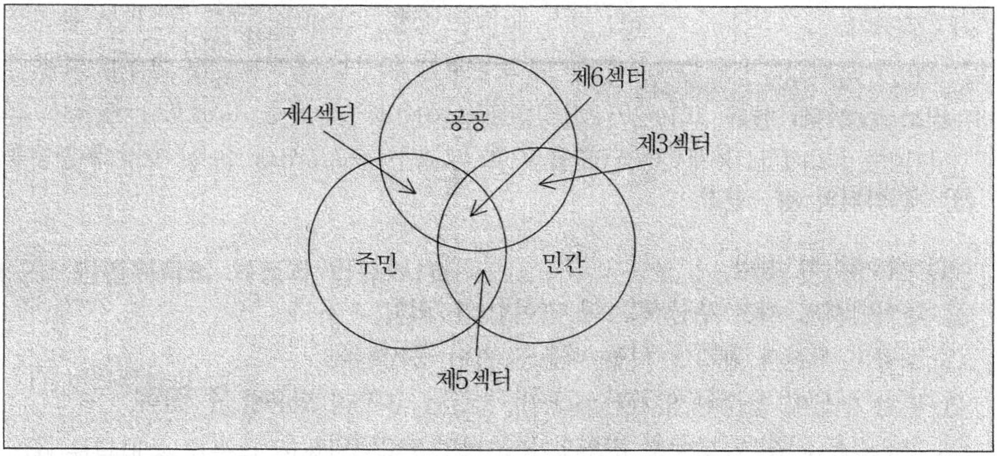

위에서 본 것처럼 제3영역에 속하는 조직들은 정부 부문과 민간 부문의 기능을 동시에 수행하고 있다. 민간에 위탁되는 사무는 공공적 성격을 띠는 것이 많으므로 순수한 민간단체보다는 정부 부문의 성격을 동시에 지니고 있는 제3영역에 속하는 조직에 수탁될 가능성이 더욱 크다. 이에 따라 요즈음 '제3영역의 행정관리'가 대두되고 있다. 우리나라에서도 제3영역에 속하는 조직들이 늘어나고 있으며 민간위탁도 이들 조직에서 행해지는 것이 많다.

지방 제3섹터 예

공사명	공동 출자(억 원)		주요 사업 내용
	민 간	공 공	
인천터미널*	20	400	터미널시설 관리
광주교통관리		43.4	주차빌딩 관리 공영주차장 위탁 운영
한밭개발	18	50	하천 부지 조성 쓰레기 수거
경강종합관광개발	12	13	숙박시설, 주차장시설 관광위락시설
김제개발	9.1	9.4	공장용지 조성
장흥표고유통	4	6	표고 가공판매 표고 직판 저온저장고 운영
점촌도시개발	8	1	농산물 가공 공장
(주) 경남무역 (주) 경북통상	15.4 16.1	14.7 2	수출입 대행 시장정보 제공 시장 개척

※ 추후 시민주 발행으로 증자 예정.

*자료: 장병구(1995: 364).

3) 제3섹터의 장 · 단점

(1) 제3섹터의 장점

① 자치단체의 재정 부담 해소에 기여할 수 있다.

② 조직의 쇄신과 환경에 대한 대응 능력이 증진된다.

③ 민간 부문의 우수한 인재와 고도의 기술을 흡수해 활용할 수 있다.

④ 자유로운 분위기 속에서 경영의 자주성이 보장된다.

⑤ 행정 서비스의 효율성 및 생산성이 증진된다.

(2) 제3섹터의 단점

① 공공성의 경시될 우려가 있다.

② 타산성의 보장되지 않는 사업의 추진에는 한계가 있다.

③ 사법인의 형태로 존립하는 제3섹터에서는 주식 권리 행사 이외에는 지방자치단체의 통제가 불가능하다.

5 민간위탁의 문제점과 개선 방안

1) 민간위탁의 문제점

(1) 위탁 대상 업무 선정의 불법성

민간위탁의 대상 업무는 국민의 권리·의무에 직접 관련되지 않는 조사·검사·관리 업무 등인데, 해외 공사 도급 허가나 석유류 제품 수입 및 원유 수입 추천의 경우에서처럼 국민의 권리와 의무에 직결되는 업무도 민간위탁하고 있는 것이 문제이다.

(2) 수탁기관의 불공정한 업무 처리

민간기관이 추구하는 가장 큰 이념은 행정기관과는 달리 이윤이다. 또한 구성원의 임용 절차도 엄격한 법적 제약을 받지 않는다. 따라서 행정 의무를 민간에 위탁해 민간기관에서 사무를 처리할 때에는 이해관계에 의해 불공평한 처리를 할 가능성이 높다. 그러므로 수탁기관에 대한 철저한 관리가 뒤따라야 한다.

(3) 이중행정

해외공사 도급 허가의 경우 고객의 입장에서 보면 수탁기관과 행정기관 양측에 문서를 제출하는 번거로움이 있는데, 이것이 시간과 비용의 낭비를 가져온다. 또한 민간에 위탁한 경우에도 수탁기관이 완전히 처리하지 못하고 행정기관에 다시 문의하고 조치를 받은 후에 업무를 처리하는 경우 수탁 자체가 여러 가지 폐해를 가져온다.

(4) 수탁기관의 이익집단화 우려

수탁기관이 이익단체·압력단체의 역할을 할 염려가 있다(수탁기관이 협회인 경우 그들 회원사의 이익을 대신할 우려가 있다).

(5) 민간위탁 전담기관의 부재

현재는 안전행정부와 각 부처에서 협의해 민간위탁을 실시하고 있는데 안전행정부에서는 조직기획과의 한 계에서 위임·위탁의 일부로서 민간위탁에 관한 업무를 수행하고 있다. 각 부처에서는 행정관리 담당관실에서 총체적으로 다루고, 구체적으로는 주무국, 주무과에서 집행하고 있다. 그러나 실제로 각 부처의 행정관리 담당관실에서 당해 부처에서 실시하고 있는 민간위탁에 대해 정확한 실시 상황을 파악하지 못하고 있는 실정이다.

(6) 권리 구제절차의 미흡

위탁 근거의 결여와 위탁기관의 지도·감독 방법의 결여 등으로 고객권리 구제절차가 미흡해 국민의 권리와 이익이 침해될 가능성이 크다.

2) 행정사무 민간위탁의 개선 방안

(1) 제도·기구면

① 근거 법령의 통일 정비

현재 실시되고 있는 민간위탁의 경우 근거 법령의 정비가 시급하다. 민간위탁에 관해서는 정부조직법 제5조에 근거를 두고 행정 권한의 위임 및 위탁에 관한 규정에서 일반적인 규정을 하고 있으며 이것에 의거하여 각 개별 법령에서 규정하고 있다. 따라서 개별 법령에 대한 통일적 정비가 필요하다.

② 민간위탁 추진 전담기구의 설치

현재 실시되고 있는 민간위탁에 대한 재검토와 앞으로의 민간위탁의 추진을 위해 민간위탁을 종합적으로 연구·검토·분석·평가하며 지도·감독할 수 있는 전담기구를 설치하거나 이것이 어려우면 기존 조직 내의 어느 한 곳에서라도 이에 대한 종합 조정 기능을 수행토록 해야 한다.

(2) 운영면

① 위탁 대상 업무의 선정 기준 확립

어떤 업무를 민간위탁시킬 것인가에 대한 기준을 확립해야 한다. 행정사무의 민간위탁은 비용의 절약, 민간 부문의 행정참여의 촉진, 질적 수준의 향상 등의 필요에 따라 이뤄진다고 할 수 있으므로 이에 대해 충분히 검토한 후에 위탁해야 한다.

② 수탁기관 선정 원칙의 준수

수탁기관의 선정에는 수탁 능력의 검토 기준에 적합한 기관에 위탁이 이뤄져야 한다. 수탁기관을 선정할 때는 기구와 인력, 시설과 장비, 재정 부담 능력, 책임성과 공신력을 고루 갖춘 기관을 선정해야 한다. 그리고 현재 민간위탁은 거의 대부분 공공적 성격을 띤 단체에 행해져 민간 부문의 행정참여에 문제가 있으므로 민간 부문의 행정 참여를 촉진키 위해 단순 성격의 업무는 민간단체에 위탁함이 타당하다.

③ 민간위탁의 부작용 방지

민간위탁에 수반되는 부작용이 일어나지 않도록 노력해야 하며, 대표적으로 업무 수행과 관련해 일어나는 각종 부조리 현상이다. 또한 민간위탁사무는 대개 업무 수행 시에 독점성을 띤 것이 많으므로 수탁 업무 수행이 독점성을 약화시키고 가능한 한 경쟁성이 확보되도록 해야 하며 국민의 권리와 이익이 보장되도록 해야 한다.

④ 수탁기관에 대한 감독 · 지원의 강화

위탁의 초기에는 자율 가동 능력이 성숙할 때까지 후견적 규제와 지원을 해야 한다. 수탁기관에 대한 감독도 철저히 해야겠지만 공익에 대한 관념, 위탁의 근본 취지, 공정성의 확보 등에 대한 교육도 실시해야 한다.

⑤ 위탁 결정 과정의 합리화

위탁 업무와 이해관계가 있는 사람들의 의견이 충분히 반영된 상황에서 그 실시 여부가 결정될 수 있도록 해야 한다. 이것은 민간위탁 실시로 인한 효과를 증대시키고 부작용을 최소화하기 위해 필요한 과정이다.

(3) 행태면

① 엄격한 처벌

수탁기관의 종사자들이 저지르는 부정 · 비위에 대해서는 공직자들이 저지르는 부정 · 비위와 마찬가지로 가중 처벌하는 것이 바람직하다. 이를 위해서는 연대책임제, 기관책임제 등이 도입될 수 있다.

② 윤리 수준의 향상

자체적으로 윤리 수준의 향상을 위해 지속적으로 노력해야 하며 조직구성원 개개인의 윤리적 행동을 촉진할 수 있는 분위기를 조성해야 한다. 그렇게 하기 위해서는 조직 전체의 윤리적 입장을 분명하고 공개적으로 선언하고 조직의 전반적인 윤리성을 주기적으로 측정해 문제점을 검토하고 시정 방안을 마련해야 한다.

③ 우수한 인재의 확보

인사관리에 실적주의를 정착시켜 전문 분야의 우수한 업무 능력과 탁월한 윤리의식을 가진 사람들을 채용할 수 있게 하고, 윤리교육과 더불어 직무교육을 강화함으로써 무능에서 빚어지는 과오를 최소화하고 구성원들이 직업적 긍지를 가지고 일을 수행할 수 있도록 신분과 생활을 안정시키고 경력 발전의 기회를 확대한다.

④ 환경의 개선

수탁기관이 비위를 저지르도록 청탁을 동원하거나 금품을 제공한 사람들은 엄한 처벌을 받게 함으로써 환경적 조건도 개선할 필요가 있다.

제 2 절 광역행정

1 광역행정의 의의

1) 광역행정의 등장 배경 및 개념

현대 지방행정에서 광역행정(regionalism)이 차지하는 비중은 높아지는 추세에 있으며, 선진국은 물론 신생국에서조차 교통 · 통신의 발달에 수반해 이러한 광역행정 방식을 채택하고 있다. 이와 같은 광역행정제도는 그 발상지가 프랑스이며 도시화(urbanization)의 물결을 타고 규모가 큰 대도시 지역에서 더욱 증대하고 있으나, 농촌 지역이라 해서 예외는 아니다. 왜냐하면 각국의 행정사무는 질적이나 양적인 측면에서 개개의 군이나 대도시와 같은 지방자치단체의 구역 내에서만은 효율적으로 처리될 수 없게끔 변모했으며, 각급 자치단체가 상호 연계하는 광역권(region)을 단위로 하여 통일적으로 처리해야만 합리적인 해결이 가능하게 되었기 때문이다.

"지방자치법에 규정되는 지방자치단체의 행정구역에만 국한되지 않고, 오히려 그 구역을 넘어서 발생하는 일정한 행정 수요를 처리하기 위하여 기존의 행정구역은 물론 그 영향권 내에 있는 주변의 몇몇 지방자치단체를 포함하는 광역을 대상으로 하여 행정 업무를 통일적 · 종합적으로 처리함으로써 행정의 능률화 · 민주성 · 경제성 · 합목적성을 높이고자 하는 지방행정 방식"을 의미한다.

따라서 광역행정 체제에는 그 이면에 행정의 합목적성과 경제성, 효과성, 능률성을 도모하려고 하는 목적과 주민의 자치권을 옹호하려고 하는 사상이 동시에 내포되어 있는 것으로, 프랑스의 경우에는 과도한 중앙집권 체제에 대항하기 위해 프랑스혁명 이후에 전체적으로 채택되었다.

미국에서는 전통적인 주정부연방제도의 비합리성을 구제하기 위한 대안으로 채택되어 TVA와 같은 주(州)를 뛰어넘는 개발사업으로 전개되었다.

영국에서는 급격한 사회 및 경제구조의 변화에 부응하기 위해 지방자치단체의 구역을 광역적으로 재편성함으로써 중앙집권화의 경향에 대처하게 되었다.

우리나라에서도 광역행정 체제의 실시를 위해 지방자치법과 지방자치에 관한 임시조치법에서 그 근거를 마련하고 있는바, 지방자치단체조합의 구성, 지방행정협의회의 구성 등이 그것이다.

2) 광역행정의 원인

지방자치단체가 수행하는 각종 행정사무는 일정한 행정구역의 경계선 내에 국한해 집행할 수 없는 사무, 이를 국한해 집행할 경우 능률적인 행정을 할 수 없거나 행정목적을 충실히 달성할 수 없는 사무, 지방자치단체의 사무라 할지라도 국가 전체에 영향을 미치는 사무 등으로 3대별할 수 있다. 이런 경우에는 인접 자치단체와의 협조나 계약, 공동 처리 그리고 법령 등에 의한 광역행정 방식의 채택이 불가피해진다.

(1) 행정의 광역화 현상

교통과 과학기술의 발달 및 경제의 발달에 따라 지역주민의 경제권·생활권·교통권이 크게 확대되고 인간의 유동성이 증대되어 감에 따라 서로 괴리된 생활권·경제권·교통권·행정권 등을 일치시킴으로써 행정의 효율성과 주민의 편의를 높여야 할 필요성이 증대되었다(정세욱, 1998: 768-769).

(2) 도시화의 급격한 진전

기존 도시의 인접 주변 지역이 도시화됨으로써 도시권의 야간 상주인구는 물론 도시 주민의 통근·통학 등 주간 인구 이동의 확산 현상, 근교지역의 주택지 개발에 따른 주거지의 확산, 위성도시의 발전과 교외주택지에 대한 영향권의 확대로 상권·교통권이 일치되는 광역도시권이 형성된다. 이러한 광역권 내의 인구·교통·상하수도·경찰 등 행정문제는 양적인 증대와 질적인 고속화에 따라 일정한 지방자치단체의 관할구역뿐만 아니라 인접 구역에까지 관계되는 광역권 전체를 대상으로 하는 행정 처리 방식이 요구된다.

(3) 복지사회 실현의 요청

지방자치단체 간의 행정·재정적 격차를 완화하고 복지사회를 건설함으로써 지역주민의 복지 향상·행정 서비스의 균질화를 도모할 수 있을 뿐 아니라, 이중행정·이중감독·이중과세의 폐단을 제거함으로써 행정의 효율화의 경제성을 제고하기 위해서도 대도시화 근교지역을 포함하는 광역행정의 필요성이 인정된다.

(4) 지역 개발의 요청

도시 개발 및 재개발·산업 개발 및 산업구조의 재편성, 인적·물적 자원의 개발, 도시와 농촌 간의 격차 완화, 새로운 경제권과 생활권의 설정, 인구집중에 대한 대책 등에 따라 개발행정이나 계획행정의 불가피성이 인정되었는데, 이러한 문제의 합리적 해결은 전국적 계획과 조정이라는 차원에서 해야 한다.

계획형 모형과 참여형 모형의 특성 비교

특성	계획형 개발 모형	참여형 개발 모형
의사결정 권한	중앙정부의 관리나 전문기술자	지역지도자나 구성원
개발의 방향	수직적(종적) 개발, 위에서 아래로	수평적(횡적) 개발, 아래서 위로
정책 수립의 권한	전문기술자의 연구 개발	지역주민의 실제적 필요
정책집행의 권한	행정관리나 전문기술자	지역사회의 주관적 평가
주민 요구 반영도	낮음.	높음.
중요 정도	기술이나 가능성 중심	요구나 문제 중심
개발의 목적	국가 발전	지역사회 발전
개발의 주체	중앙정부(지방 육성 개념)	지역사회(지방자치 개념)

(5) 행정의 경제성에 대한 요청

경제성의 원칙에서 배태되는 것으로서 최소의 비용으로 최대의 효과를 거둔다는 지극히 당연한 사실이다. 행정 업무의 처리에서도 협소한 지역을 대상으로 하는 것보다 광역을 대상으로 하는 것이 단위당 행정 인력이나 비용면에서 그 효율성이 증가된다는 것은 지극히 당연한 귀결이다.

3) 광역행정의 존재 가치와 한계

(1) 존재 가치(장점)

첫째, 광역권 주민의 행정관할권을 실질적인 생활권·경제권·교통권과 일치시켜 주민 편의를 제고할 수 있다.

둘째, 구역과 조직을 광역적인 차원에서 재조성함으로써 행정활동의 능률성, 효과성, 경제성, 합목적성을 더욱 높인다.

셋째, 도시와 농촌 간의 개발 불균형을 완화하고 전국적인 균형 개발을 도모할 수 있으며, 인접 행정 단위와의 협조에 의한 공동 처리가 가능하다.

넷째, 공공시설을 광역적 차원에서 정비·개선함으로써 주민의 생활 편의, 복지 향상, 문화 수준의 향상 및 지역 전체의 경제적·사회적 발전과 균형을 촉진시킨다.

(2) 한계(단점)

첫째, 광역행정은 지역주민의 참여 의식과 소속감을 약화시킬 우려가 있으며, 지역 전체의 발전과 복지는 증진되지만 지방자치제 발전에는 저해 요인이 된다.

둘째, 지역행정 처리에 필요한 법·예산·제도적 장치가 정비되어 있지 못하다.

셋째, 지역 상호간의 이해 충돌로 반목과 불화가 조성되어 지역이기주의가 발생할 우려가 있다.

넷째, 자치단체의 특수성과 개별성의 약화로 사회적 비능률을 초래할 수 있다.

2 광역행정의 기준과 방법

1) 광역행정의 기준

펄로프(Harvey S. Perloff)는 미국을 예를 들면서 광역도시권 내에서의 행정 서비스 기준을 제시하고 있는데, 여기에 우리나라와 같은 개발도상국의 경우는 지역 개발의 선정 기준을 추가로 고려해야 설명할 수 있다.

(1) 골격과 세포 항목

광역도시권 내에서 가장 중요한 기준은 기능적 효율성으로서 관리의 효율과 광역도시권 내에서의 생존력을 제시하고 있는데, 이 기준은 경제적인 효율성을 강하게 강조하는 것으로 보인다.

(2) 자연자원 또는 환경 항목

대규모 수자원 공급, 홍수 통제, 환경오염 등과 같이 자연자원과 환경보전을 포함하는 중요한 문제에 행정 서비스가 충분한 대응력을 가질 수 있는 것을 말하며, 개방공간(open space)과 여가시설도 이에 포함된다.

(3) 협력 체계 항목

자치단체 상호간 특별한 경찰 서비스, 범죄 예방, 쓰레기 수거 등은 협력 등을 통해 업무를 수행하는 것이 능률과 절약을 도모할 수 있다는 것이다.

(4) 고도의 특별한 서비스 및 시설 항목

고도의 특별한 서비스 및 시설은 광역적인 기초에 의해 행정 서비스를 제공하는 것이 효과적이며, 고등교육, 특별병원, 특별한 문화 및 시설 등을 의미한다. 이러한 것들은 규모 경제의 영향을 받는 서비스이다.

(5) 형평 항목

광역도시권 내에서의 서비스 제공이 능률성을 중점으로 하는 것도 중요하지만 형평성도 고려되어야 한다. 즉 이 항목은 시민 권리와 관련되며, 공공 서비스의 형평뿐만 아니라 세금 형평 등도 중요하게 고려되어야 한다는 것이다. 특히 지역 간 과밀문제와 과소문제를 해결하는 데 가장 중요한 기준이다.

(6) 지역 개발의 선정 기준

이는 특히 개발도상국의 광역 기준으로 중요성을 가지는 개념이다. 결절(結節)지역 혹은 분극(分極)지역은 상호의존적 관계를 가진 몇 개의 공간 단위를 하나로 묶는 지역을 의미하는데, 이 지역을 중심으로 최대한의 지속성을 보유하도록 밀접한 기능적 의존 관계가 있는 공간 단위를 중심으로 집합체로서 지역을 설정하는 것이다.

2) 처리 방법(수단별)

(1) 연합

둘 이상의 지방자치단체가 독자적인 법인격을 그대로 유지하면서 연합해 새로운 광역단체를 구성하고 그 단체에 의해 사무를 처리하는 방법이다(예: 토론토, 위니펙, 런던, 오사카 도시연합).

(2) 합병

몇 개의 자치단체를 폐합해 새로운 법인격을 가진 자치단체를 신설하는 방식으로 기존의 자치단체는 법인격을 상실한다(예: 마・창・진 통합).

(3) 특별구역・특별행정기관의 설치

특정 광역사무를 처리하기 위해 별도로 구역이나 행정기관을 설치하는 방법이다(예: 특별구역 - 교육구. 특별행정기관 - 해양경찰청, 영림서 등).

(4) 권한 흡수

특정 자치단체가 처리하는 행정사무를 다른 자치단체에서 처리하는 것이다. 즉 기존에는 시·군에서 처리하던 사무가 여건 변화로 시·도에서 처리하는 경우가 여기에 해당한다.

(5) 지위 흡수

특정 자치단체가 처리하는 사무뿐만 아니라 그 자치단체가 누리던 지위까지도 흡수하는 것을 말한다(예: 1961년 읍·면 자치제 → 군 자치제로 전환).

(6) 공동 처리 방법

둘 이상의 자치단체가 상호 협력 관계를 통해 광역행정사무를 공동으로 처리하는 방식으로 일부사무조합, 행정협의회, 행정협정 체결(공동기관: 일본, 독일, 영국), 사무위탁, 파견, 연락회의 방식 등이 있다.

3) 광역행정의 접근 방법

접근 방법	유형	내용 및 채택 사례
통합적 접근 방법	통합	• 수개의 군소 자치단체를 통폐합으로 단일 정부화 • 일본의 정·촌 폐치·분합 • 광주광역시(직할시)와 송정시, 광산군의 통합
	합병	• 중심도시에 도시화된 인접 지역을 편입시킴. • 20세기 초 미국과 캐나다에서 주로 활용(오클라호마, 댈러스, 캔자스, 샌디에이고) • 우리나라 대도시의 행정구역 확장
	분리	• 군(County)으로부터 일정 지역을 분리시켜 자치단체화 • 미국에서 주로 활용(볼티모어, 덴버, 샌프란시스코) • 시나 읍을 직할시나 시로 승격
	시·군 통합	• 미국의 특별한 통합 방식 • 군(County)을 중심을 중심도시와 주변 지역 통합 • Nashville-Davidson County의 통합과 Jacksonville-Duval County의 통합
부분적 접근 방법	합의 협정	• 자치단체 간의 단일(복수) 서비스 제공 협정 체결 • 생산자-소비자 협정, 상호 부조 협정, 시설 공유 협정 • 우리나라의 사무의 위탁
	기능 이양 (상위정부 대행)	• 특정 사무의 권한을 상급자치단체에 이양(재정 이양만 하는 경우도 있음) • 도시·군 개발 체계(Urban County Development)나 종합시·군 계획(Comprehensive Urban County Plan)에 의해 이뤄짐.
	협의회	• L. A. County와 Dade County가 대표적 예 • 광역 서비스에 대한 협의와 자문의 역할 수행 • 계획권·집행권·예산권 등의 전혀 없음. • 미국의 Council of Governments(COG)

		• 우리나라의 행정협의회 • 최근 계획권 · 집행권을 갖는 협의회 태동(Twin Cities Model)
	기관의 공동 설치	• 자치단체 내부조직의 일부를 공동 설치(일본) • 행정 사항별로 광역행정기관 설치(미국)
	기타	• 일본의 지방행정연락회의와 직원의 파견제도 • 미국의 구역 외 관할권의 인정, 행정응원제
이원적 접근 방법	연합체	• 둘 이상의 자치단체가 각각의 법인격(관할구역)을 유지한 채 광역사무만을 처리하기 위한 새로운 자치단체 설치 • 계획권 및 집행권을 가지나 과세권은 없음 • 캐나다 토론토와 몬트리올이 대표적 예
	조합	• 자방자치단체를 구성원으로 하는 특별지방자치단체 • 일부사무조합(목적조합)과 복합사무조합으로 구분 • 프랑스, 독일, 일본에서 활용 • 수도권매립지운영관리조합(과거), 정보화추진조합(현재)
	광역 특별구	• 별도의 구역을 정해 주민을 구성원으로 하는 특별지방자치단체 • 계획권 및 집행권뿐만 아니라 과세권도 가짐 • 단일 목적 특별구와 다기능 특별구가 있음. • 미국에서 주로 활용 • 우리나라에도 설치 근거가 규정되어 있음(지방자치법 제2조 제3항)
	지방개발 사업단	• 특정한 지역의 개발을 위한 한시적 성격의 특별지방단체 • 일본에서 활용
	공사	• 중앙정부와 지방자치단체가 협의 · 설치하는 한시적 성격의 공공단체 • 영국의 도시개발공사가 대표적인 예

4) 광역행정의 방향

우리나라는 전통적으로 중앙집권제가 발달되어 있으며, 협소한 국토 면적으로 인해 광역행정 문제가 중앙집권화로 해결될 수 있고, 중간자치단체인 도나 기초자치단체인 군이 그 면적과 인구가 타국에 비해 과대하며, 도시권행정협의회의 다양한 기능에도 불구하고 그 실제적 기능은 분뇨 · 묘지 · 화장 처리 등 극히 제한된 분야에 국한되고 있으며, 각종 행정협의회가 독립된 법인격을 갖고 있지 못하기 때문에 사무처리의 실질적 집행권을 행사할 수 없어 광역행정 방식의 기대 효과를 거두기가 어려운 상황에 처해 있다.

광역행정의 방향은 우선 광역행정 요건의 대전제가 되는 신중앙집권화의 목적과 의의를 이해해 현대 행정국가의 행정권 강화 경향과 민주주의 기본 원리에 따라 지방분권을 실현하도록 노력을 경주해야 할 것이다. 광역행정 방식은 행정의 민주성과 능률성을 조화하는 데 하나의 획기적인 제도적 장치로서 기능할 것이 예상되나, 각국의 실정에 맞게끔 이의 실시 여부와 방식·범위를 적절히 획정해야 할 것이다.

5) 주요 국가의 광역행정 방식

(1) 영국

공동처리(joint arrangement)와 위탁처리(agency arrangement) 방식을 일반적으로 채택하고 있고, 그 밖에 전통적으로 특별기관(adhoc authority) 방식도 채택하고 있다. 지방자치단체는 필요에 따라 자치단체 상호간에 joint committee 또는 joint board를 설치하여 인력과 자재의 상호 융통 또는 공동 처리를 도모한다.

(2) 미국

지방자치제도가 다양한 만큼 자치단체 사이의 협력 방식도 다양하며, 지금도 새로운 방식이 창안되고 있는데, 그 가운데 중요한 것으로는 도시권협의회(Metropolitan Council of Government), 사업의 공동 실시·상호 협조·위탁 처리(Cooperative Arrangements), 특별구역(Special District), 연합(Federation) 등을 들 수 있다.

(3) 프랑스

코뮌조합(les syndicates des communes), 도시공동체, 행정협의회(la conference adminisfratif), 레종(région)제 등의 방식이 행해지고 있다.

(4) 독일

연합(Gemeinde연합, Kreis Kreisfreie Stadt연합), 목적조합(Zweckverband), 공동기관(Zusamen Organisation), 행정협정(Verwaltungsab - kommen) 등의 방식이 행해지고 있다.

(5) 일본

조합, 협의회, 사무위탁, 공동기관, 지방개발사업단 연합, 합병, 권한 흡수, 특별지방행정관서 등이 방식이 채택되고 있다.

제 4 장 지방자치단체의 구역

제 1 절 지방자치단체의 구역설정 기준

1 구역의 의의

지방자치단체의 구역(area or district)이란 지방자치단체의 통치권 또는 자치권이 미치는 지역적 범위를 의미한다. 그것은 소극적으로는 그 경계를 넘어서 지방자치단체의 자치권이 미치지 못한다는 한계를 뜻하며, 적극적으로는 그 범위 내에서 다른 지방자치단체의 통치를 인정하지 않는 배타적 통치권을 행사함을 의미한다.

지방자치단체의 구역은 국가가 행정상의 편의를 위해 지방에 설정한 행정구역과 다르다. 예컨대, 프랑스의 지방행정조직을 보면 법인격을 가진 지방자치단체의 구역(레종, 도 및 시・읍・면), 기타의 지방공법인과 법인격 없는 행정구역이 별도로 획정되어 있다. 본래 지방자치단체의 구역은 자연부락이나 촌락과 같은 공동사회적 단위를 중심으로 획정되는 것인데 비해, 행정구역은 국가 또는 지방자치단체가 행정상의 편의를 위해 인위적으로 설정하는 것이라는 점이 상이하다. 지방자치단체의 구역은 그 구역 내에서 수행하는 기능이 종합적인 것인가, 특정한 것인가에 따라 보통지방자치단체구역과 특별지방자치단체구역으로 나눌 수 있다. 전자는 서울특별시・광역시・도, 시・군・자치구의 구역을 말하고, 후자는 학교구・급수구 등 특별구(special district)를 의미한다.

한편 자치단체의 구역은 지방자치단체의 기능 및 계층구조와 밀접한 관계가 있다. 지방자치단체의 구역과 기능의 관련성에 대해서는 영국의 지방자치경계위원회(Local Government Boundary Commission)의 보고서에는 "구역문제는 기능의 재배분 문제와 밀접하게 관련되어 있으며 양자를 분리해 논할 수 없다(…… It is nonsense to talk about function and boundaries separately.)"고 지적한 바 있다.

오늘날 고도의 산업화와 도시화가 진전됨에 따라 상대적으로 농어촌은 낙후되는 추세를 보이고 있으며 도시를 중심으로 하는 새로운 기능의 요구는 도시구역의 창설을 불가피하게 한다. 어떻든 기능의 재배분은 구역의 변경 없이는 실현될 수 없으며, 반대로 구역의 변경은 이러한 기능의 재배분을 전제로 하거나 병행할 때에 비로소 가치가 있는 것이므로 그것은 바로 구역과 기능의 재조정의 문제라고 할 수 있다.

2 구역설정 기준에 관한 견해

지방자치단체의 구역을 적정화하는 것이 바로 지방자치의 성패를 가름하는 핵심적 요소라고 한다면 과연 적정 규모를 정하는 기준이 무엇인가라는 문제가 제기된다. 대표적인 학자들의 견해는 다음과 같다(정세욱, 1998: 745-751).

1) 리프먼(V. D. Lippman)의 견해

첫째, 구역 설정에서 일반적이며 양적인 척도를 적용해 유사한 크기의 면적이나 인구의 구역을 확보해야 한다. 여기에는 신설되는 구역의 총수를 한정시키려는 의도도 포함되어 있다.

둘째, 행정상의 구역을 그 나라의 다른 생활 영역의 다른 분야에서 하나 또는 그 이상의 요인에 적응시키는 경향이 있다. 즉 구역은 지리적인 고려, 산업 분포, 경제생활의 전국적인 권역, 전통적 구성 및 인구의 역사적 집단 등 요인들에 명백하게 기초를 두어야 한다.

셋째, 그 나라의 중요한 도시의 영향을 받을 수 있는 지대로 행정구역을 평준화하거나 또는 기초적 자치단체에서는 경제적 · 사회적 생활의 지방별 중심지를 근거로 구역을 평준화해야 한다. 이 원칙은 교통과 주민의 소비 성향에 특히 중점을 두어야 함을 의미한다.

2) 밀스퍼(A. C. Millspaugh)의 견해

(1) 공동사회(community)

자치단체의 구역을 인위적으로 획정한다고 할지라도 자연발생적인 주민의 공동생활권과 일치시켜야 한다는 것이다. 공동사회란 대체로 지방성을 가지고 그 지역적 범위의 한계를 정할 수 있는 인구의 집단을 말하는 것으로서 지리적인 한계를 정할 수 있을 것, 인간적인 면식 관계가 있을 것, 심리적 동질성이 있을 것, 공통의 이상이 있을 것, 지적·정서적으로 초점이 맞을 것, 경제적 연대성(economic solidarity)이 있을 것, 경제적 자족성(economic self-sufficiency)이 있을 것, 경제적 상호의존성이 있을 것, 경제적인 상호관련성을 가질 것, 공통의 정치제도를 가지고 있을 것 등의 요소 중에서 최소한 하나 이상의 요소를 충족해야만 공동사회로 볼 수 있다고 한다.

(2) 행정 단위(service unit)

능률적인 자치행정의 요구에 적합한 행정 단위, 즉 진정한 인구 규모와 행정 업무를 가진 구역으로서 주민이 요구하는 행정 수요를 충족시키는 데 최소의 경비로 최대의 행정 효과를 올릴 수 있는 정도에서 행정구역을 정해야 함을 의미한다. 또한 자치단체의 일상적인 행정 기능과 이를 수행해 나갈 자치행정 기구 및 공무원을 유지하는 데 필요한 경비를 충당할 수 있는 지역적 범위를 구역으로 정해야 한다.

(3) 자주적 재원 조달 단위(self-financing unit)

자주적 재원 조달을 할 수 있는 단위로 확정해야 한다. 즉 자치단체의 자체수입으로 그 행정 수요를 감당할 수 있는 선에서 구역을 정해야 하며, 자주재원으로 자체행정 수요를 충족할 수 없는 빈약한 자치단체의 구역은 합병 또는 폐지시켜야 한다.

(4) 행정 편의에 따르는 구역(area of convenience)

자치단체의 구역은 주민의 집행기관에의 접근이 용이하고 행정 처리에 편리하도록 설정해야 한다. 오늘날과 같이 교통이 발달된 상황에서는 단순히 행정의 편의라는 지리적인 거리감 때문에 굳이 소구역을 고수할 필요가 없게 되었다. 현대 행정은 고도로 기술화되고 있으므로 이를 위해 구역은 오히려 광역화 추세를 나타내고 있다.

3) 페슬러(J. W. Fesler)의 견해

페슬러는 행정구역과 기구를 조정할 때 준거해야 할 네 가지 원칙을 제시했다.

첫째, 행정구역을 설정하려면 먼저 자연·지리적 조건을 고려해야 한다. 특히 교통·통신의 발달 정도와 비교해야 하며, 이러한 고려에 의해 지방행정구역을 설정할 때 역사적·연혁적 요인을 지나치게 중시하는 데서 오는 불합리성을 제거해야 한다.

둘째, 행정구역은 그 구역의 행정기관이 행정 기능을 가장 능률적으로 수행할 수 있는 적정 규모로 획정해야 한다.

셋째, 행정구역은 경제적 조건인 자주재원 조달 능력을 고려해서 설정해야 하며, 자체재원으로 스스로 행정 수요를 충족시킬 수 없는 빈약한 구역은 통합시켜야 한다.

셋째, 행정구역은 자치행정에 대한 주민통제(popular control)가 효과적으로 실시될 수 있을 정도의 구역으로 설정해야 한다.

4) UN의 견해

1964년 UN보고서는 지방자치단체의 구역 설정에 관한 원칙과 각 행정 서비스별 적정 규모를 제시한 데에 특징이 있다. 즉 일반적 원칙으로서 첫째, 기초적 자치단체의 구역은 공동체 의식이 존재하고 주민의 직접적인 행정참여가 가능한 한도 내에서 가장 넓은 구역으로 획정할 것, 둘째 제2차적 자치단체의 구역은 그 자치단체가 행정사무를 가장 능률적으로 처리할 수 있는 한도 내에서 되도록 넓은 구역으로 하되, 지방의회 의원이 자주 모임을 가질 수 있는 정도의 구역으로 정할 것을 제시했다.

3 구역설정 기준

1) 기초자치단체의 구역설정 기준

(1) 공동사회와 공동생활권의 확대 고려

주민 상호간의 지연적 공동체 의식이나 지역연대감을 토대로 하는 공동사회에 가능한 한 일치되도록 구역을 설정함이 바람직하다. 오늘날 유동적인 사회 속에서 과연 공동사회와 공동생활권의 확대라는 상반되는 요구를 어떻게 조화하여 적정한 기초자치단체의 구역을 설정하느냐 하는 문제야말로 핵심적 과제로 간주된다.

(2) 민주성과 능률성의 욕구 충족

주민의 참여 및 통제를 위해서는 주민이 지방의회 의원·지방공무원 등과 수시로 접촉할 수 있을 정도로 그 구역을 좁혀야 한다. 그러나 구역을 너무 좁히면 단위당 경비가 증대되어 능률성의 요구에 어긋난다. 따라서 소규모 구역을 설치해야 할 특별한 사유가 없는 한, 행정 기능을 가장 능률적으로 수행할 수 있을 정도로 구역을 넓혀야 한다. 이와 같이 민주성과 능률성이란 상반되는 이념을 동시에 충족시킬 수 있는 기초자치단체의 구역을 설정하는 것이 앞으로의 과제이다.

(3) 재정 수요와 재원 조달 능력의 관계 고려

자치행정이란 그 지역 내 사무를 주민의 비용으로 처리하는 행정이므로 자치단체가 충당해야 할 재정 수요와 조달하는 재원 간에는 균형이 이뤄져야 한다. 따라서 자치단체의 구역도 되도록 이러한 요건을 충족시킬 수 있는 규모로 결정해야 한다.

(4) 행정 편의와 주민 편의 간의 조화

자치행정이 주민의 생활행정이고 주민에게 생활의 편익을 제공하는 행정인 이상 행정구역도 주민의 편의를 극대화할 수 있도록 획정해야 한다. 아울러 지방행정기관의 기능 수행이 용이하도록 자치단체의 구역도 확대해야 한다. 따라서 행정과 주민의 편의를 적절히 조화하는 선에서 구역을 획정해야 할 것이다.

2) 광역자치단체의 구역설정 기준

첫째, 기초자치단체의 행정 기능을 가장 효과적으로 조정할 수 있는 지역적 범위여야 한다.

둘째, 효율적인 지역 개발(regional development)을 추진할 수 있는 지역적 범위에 근사해야 한다.

셋째, 도시행정 기능과 농촌행정 기능을 동시에 가장 효율적으로 수행할 수 있는 규모로 구역을 설정해야 한다.

넷째, 기초자치단체의 행정 기능을 보완하는 데 가장 적절한 규모를 구역으로 획정해야 한다.

제 2 절 지방자치단체의 구역개편

1 구역개편의 필요성과 유형

1) 구역개편의 필요성

오늘날 지방자치단체의 구역개편은 다음과 같은 이유에서 필요하다(이규환, 1995: 406-408).

첫째, 산업화·도시화에 따르는 사회경제적 여건의 변화에 신속하게 적응하기 위해 필요하다.

둘째, 공동사회와 공동생활권의 확대라는 상반된 요구를 적절히 조화시킬 수 있는 규모로 기초자치단체의 구역을 조정하기 위해 필요하다.

셋째, 과거의 구역설정 기준과 현대의 그것이 다르기 때문에 현대의 설정 기준에 부합되게 하기 위해 필요하다.

넷째, 지방자치단체 구역 간에 격차가 심할 경우에 이를 완화하기 위해 필요하다.

다섯째, 지방행정의 계층구조가 다층제(multi-tier system)로 되어 있으면 주민참여 내지 주민통제가 제약되고 행정의 지체와 비능률을 초래하는 등 허다한 문제점이 제기되므로 계층의 수를 줄이기 위해 구역개편이 필요하다.

2) 구역개편의 목표와 기준

(1) 구역개편의 목표

자치구역의 개편 목표로는 일반적으로 지역 개발의 촉진과 주민 편의의 제고, 그리고 행정 능률의 향상 등을 고려해야 한다. 하지만, 이상의 세 가지 목표는 항상 상호 비례하는 것이 아니고, 때로는 상호 배타적일 수 있다는 데에 문제가 있다

(2) 구역조정의 기준

자치구역 조정의 준거로 여러 가지가 있으나 그 가운데 중요한 것으로 보통 결절성(nodality), 등질성(homogeneity), 그리고 의도성(intention)의 세 가지가 있다.

① 거점성·결절성: 결절성은 이질적인 지역 단위들이지만 그들이 하나의 지점을

중심으로 생산·유통 등 여러 기능면에서 결합되어 있는 경우에는 이들 지역 단위를 하나의 구역으로 편성하는 것을 말한다.

② 동질·등질성: 등질성은 지형·지세, 역사적 전통, 사회구조와 문화적 속성, 경제활동의 양상, 양 주민의 풍습·행태 등의 면에서 공통성을 지닌 지역 단위를 하나의 구역으로 편성하는 것을 말한다.

③ 의도·기획성: 의도성이란 일정한 지역을 일정한 방향으로 발전시키려는 의지적 노력 내지 국가적 정책에 따라 구역을 편성하는 것을 말한다.

3) 구역개편의 유형

(1) 폐치·분합

지방자치단체의 신설 또는 폐지를 수반하는 구역 변경을 의미한다,

첫째, 분립은 한 지방자치단체의 구역의 일부를 떼어내어 거기에 새로운 지방자치단체를 설립하는 경우를 말한다.

둘째, 합체는 두 개 이상의 지방자치단체를 합병해 그 구역에 새로운 하나의 지방자치단체를 설립하는 경우를 말한다.

셋째, 분할은 한 지방자치단체를 폐지하고 그 구역을 나눠 몇 개의 지방자치단체를 설립하는 경우를 말한다.

넷째, 편입 또는 흡수 합병은 한 지방자치단체를 폐지하고 그 구역을 다른 지방자치단체의 구역에 편입시키는 경우를 말한다.

폐치·분합은 지방자치단체 자체의 신설 또는 폐지를 결과로 하므로 단순한 구역 변경이 아니라 인격의 변경임을 특징으로 한다.

(2) 경계 변경

지방자치단체의 존폐와는 관계없이 다만 경계의 변경만을 결과하는 구역개편을 의미한다. 즉 어느 자치단체의 구역 일부를 다른 자치단체의 구역에 이전시키는 행위이다. 일반적으로 구역 변경이라고 할 때에는 경계 변경을 가리킨다.

(3) 구역의 적정화

지방자치단체의 기능의 충실화와 강화를 도모하고 주민의 편의와 주민참여 및 통제를 촉진시키기 위해 필요한 때에 수시로 자치단체의 구역을 조정함을 의미한다. 외국에서는 지방자치에 관한 일반법 또는 특별법으로 구역의 적정화를 위한 조치를 취할 수 있도록 규정하고 있다. 오늘날 사회·경제구조의 변화에 따라 선진 각국에서는

폐치 · 분합이나 경계 변경보다는 구역의 적정화를 택하는 경향이 늘고 있다.

2 우리나라 지방행정구역의 문제점과 개선 방안

1) 문제점

(1) 자치단체 규모의 불균형 심화

동종의 자치단체 간에도 면적, 인구, 재정 능력면에서 심한 격차를 보이고 있다는 점이다.

(2) 자치구역의 과대성

우리나라의 자치구역은 인구 · 면적면에서 과대한 편이다. 특히 중요한 관심사는 도와 군이 자치단체로서의 구역이 지나치게 넓다는 것이다. 그럼에도 불구하고 시 · 군 통 · 폐합 등으로 자치구역이 더욱 확대되는 추세에 있다.

(3) 도시구역과 행정구역의 유리

인구의 도시집중으로 도시권이 확대되면서 도시구역과 행정구역의 불일치 현상이 심화되고 있다. 즉 주민의 경제권과 생활권이 행정구역과 불일치한 곳이 많다.

(4) 행정관청과 주민 간의 거리

면적이 넓고 생활권과 행정권이 불일치로 인해 주민의 행정참여와 행정기관의 출입을 어렵게 한다.

2) 개선 방안

(1) 지방행정의 민주성 · 능률성 제고

현재 추진되고 있는 지방행정구역의 개편 시 능률성과 민주성의 양 이념을 기본 목표로 삼아 이를 조화시키고 성과를 제고하도록 해야 한다.

(2) 지역적 통합성의 강화

지역주민의 공동체 의식이 최대한 발휘하도록 하여 하나의 전통을 형성하도록 지역적 통합성이 중요한데, 특히 기초자치단체 수준의 구역개편시 중요하다.

(3) 지방행정의 급부 능력 강화

규제적 성격의 지방행정 서비스 공급의 규모에서 지역주민에게 봉사와 협조, 지원, 정보 제공 등의 행정 서비스를 제공할 수 있는 규모로 구역이 설정되어야 한다.

(4) 도·군의 개편

도·군이 너무 넓다는 현실적인 지적에 대해 지속적인 논쟁이 이어지고 있으며, 개편 방안에서도 다양한 의견이 제시되고 있어 합리적인 의견의 수렴이 필요하다.

제 7 편

지방재정제도와 그 운영

제 1 장 지방재정의 개관

제 1 절 지방재정의 의의

1 지방재정의 개념 및 특징

1) 지방재정의 개념

머스그레이브(R. A. Musgrave & P. B. Musgrave)는 재정의 3대 기능으로 자원배분, 소득재분배, 경제 안정 기능을 제시했다(1989: 454- 455). 일반적으로 지방재정이란 지방자치단체가 행정활동을 수행하는 데 필요한 재원을 획득하고 지출하는 활동을 의미하는데, 이는 중앙재정과 상이한 특징을 가지는 동시에 일면 중앙재정과 밀접한 관계를 맺고 있는 것이기도 하다. 따라서 국가재정이 국민경제의 안정과 번영을 이루려는 방향으로 전개된다면, 지방재정은 지역적 경제 개발이나 지방 주민의 복지 증진에 주된 목표를 둔다.

이러한 지방재정은 수지경제이므로 수입과 지출의 양면성을 띠고 있는데, 재원 조달로서의 수입은 지방 주민들로부터 직접 염출하는 것과 국가가 주민으로부터 받아들인 재원을 간접적으로 할당받는 것으로 충당하고, 지출은 확보된 재원의 범위 내에서 지방정부의 목표를 구현하는 활동에 배당·소비하게 되는 것이다.

2) 지방재정의 특징

지방재정은 지방자치단체의 재정이라는 점에서 국가재정과 구별되는 특성을 지니는데, 그 주체, 재정 규모, 재정구조에 따라 각 자치단체별로 상이하다.

(1) 다양성(복수성)

첫째, 자연적 조건에 의한 다양성이다. 위치 · 지형 · 지질 · 기후 · 풍토 등의 자연적 조건의 차이에 따라 각 자치단체는 재정 수요와 재정력의 차이를 나타낸다.

둘째, 역사적 조건에 따르는 다양성이다. 지방자치단체의 기초가 되는 지역사회는 역사적으로 형성된 것으로서 풍속 · 관습 · 전통 등의 차이점은 각 자치단체의 행 · 재정 운영상의 고유한 특징으로 나타나게 된다.

셋째, 경제적 조건에 따르는 다양성이다. 제1차 산업을 중심으로 하는 순수한 농어촌 자치단체로부터, 제2차 산업을 중심으로 하는 중화학 공업도시 자치단체, 제3차 산업인 레저산업 중심의 자치단체에 이르기까지 그 경제적 조건은 전혀 다르다.

넷째, 자치단체 규모에 따르는 다양성이다. 자치단체구역에서 면적의 광협과 인구의 다소 및 그 증감 추이는 그 자치단체의 규모를 결정짓는데, 이런 규모의 차이는 자치단체 간의 재정적 차이를 나타낸다.

하지만 재정 기준의 차이는 세율이나 세목은 획일적으로 정해져 있기 때문에 다양성의 내용이 될 수 없다.

(2) 타율성(제약성 · 의존성)

지방재정은 재정 주체가 재정 운영을 자율적으로 할 수 있기는 하나 그 수입과 지출에 관해 중앙정부에 많이 의존한다. 지방재정은 재원면에서 중앙정부의 지방교부세, 국고보조금 등에 의존하고 있으며, 세출예산도 국가의 경제 · 재정정책에 부합해야 하는 경우가 많기 때문에 타율적인 성격을 가진다.

(3) 응익성(생활관계성)

지방재정은 특정 지역에서의 독특한 공공 수요를 충족시킨다는 데 있으므로 지방재정 운영에서는 응능주의 원칙보다는 응익주의 원칙이 많이 적용되며, 지방세에서의 주민세 균등할, 도시계획세, 사용료, 수수료 등 수익자 부담적 공과금이 국가에 비해 현저하게 많다.

국가 예산 대비 지방예산 비율

(단위: 조 원)

		2003	2004	2005	2006	2007	2008	2009	2010	2011	2012	2013
예산액	계	233.8	246.7	259.7	276.8	288.8	320.1	355	365.8	376.6	399.7	420.5
	국가	155.7	159.4	167.3	175.4	176.8	195.1	217.5	225.9	235.6	248.6	263.6
	지방	78.1	87.3	92.4	101.4	112	125	137.5	139.9	141	151.1	156.9
구성비 (10%)	국가	66.6	64.6	64.4	63.4	61.2	60.9	61.3	61.8	62.6	62.2	62.7
	지방	33.4	35.4	35.6	36.6	38.8	39.1	38.7	38.2	37.4	37.8	37.3

자료: e-나라지표(http://www.index.go.kr, 2013.06.19)
주) 작성 기준일: 매년 1월 1일.

지방재정 규모 추이(순계 규모)

(단위: 억 원)

구분	2003	2004	2005	2006	2007	2008	2009	2010
계	821,860	911,593	955,835	1,033,039	1,130,007	1,249,978	1,496,588	1,385,709
일반회계	650,270	717,946	746,356	797,385	868,814	983,956	1,184,637	1,101,222
특별회계	171,590	193,647	209,479	235,654	261,193	266,022	311,951	284,485
전년 대비 증가율(%)	12.8%	10.9%	4.9%	8.1%	9.4%	10.6%	19.7%	7.4%

자료: e-나라지표(http://www.index.go.kr, 2013.06.19)

2 국가재정과의 관계

1) 지방재정의 제약 요인

지방자치단체는 국가로부터 법률을 통해 부여받은 재정에 관한 일반적인 권한을 바탕으로 해서 구체적인 수입과 지출활동을 할 수 있으며, 지방자치단체가 임의로 제정하는 조례나 규칙은 법률에 위배될 수 없기 때문에 이것이 지방재정에 대한 제약 요인으로 작용한다.

지역 간의 균형적인 발전을 도모하기 위해서도 국가재정의 개입은 필요하다. 상대적으로 소외받은 지방도 국가의 일부분이라는 생각에서 지역 간 갈등의 가능성을 해소시키고 국민 형성을 더욱 돈독하게 할 필요성에서 요청되는 국가재정의 개입 또한 지방재정의 제약 요인이 되고 있다.

행정 서비스에 대한 국민적 최저 수준(national minimum)의 확보에 대한 필요성에서도 지방재정은 제약을 받는다. 경제적인 여건으로 인해 최저 수준의 서비스를 제공할 수 없는 지방자치단체에 대해서는 국가의 재정적인 뒷받침으로 재정 수준을 향상시키지 않을 수 없기 때문에 일정한 제약을 받는다고 할 수 있다.

시민적 최저 수준(civil minimum)이란 주민이 안전, 건강, 쾌적한 생활을 영위해 나가는 데 필요한 최저 조건으로 지방자치단체가 이를 위해 하지 않으면 안 되는 최저 행정 수준을 말한다.

시민적 최저 수준과 유사한 용어로서 국민적 최저 수준이 있다. 그러나 후자는 사회보장을 중심으로 하는 데 비해, 전자는 사회보장(공공 부조, 사회보장)뿐만 아니라 사회자본(주택, 도시시설 등) 및 사회보건(공공위생, 공해 등)을 포함한 광범한 영역을 대상으로 하며, 후자는 국가적 수준의 정책과제를 표현하는 데 비해 전자는 지방자치단체적 수준의 정책 기준을 표현하는 것이다.

지방이전 재원 규모

(단위: 조 원)

	2002	2003	2004	2005	2006	2007	2008	2009	2010	2011	2012
지방이전 재원	46.4	53.2	54.2	59.5	65.6	73.3	84.8	91.3	89.6	95.9	103.5
-교부금	27.5	32.1	32.8	43.8	46.1	52.1	59.7	63.3	59.7	65.5	71.4
-양여금	8	9	8.6	-	-	-	-	-	-	-	-
-국고보조금	10.9	12.1	12.8	11.3	14.8	15.6	19	21.4	23.6	24.2	26.1
-균등회계	-	-	-	4.4	4.7	5.6	6.1	6.6	6.3	6.2	6
지방가용 재원	77.9	86.3	88.4	95.5	106.9	116.8	130.5	138.4	138.8	148.3	160.1
(총조세 대비, %)	57.5	58.5	58.2	58.8	59.6	57	61.3	62.2	61.2	60.5	61

자료: e-나라지표(http://www.index.go.kr, 2013.06.19)
주) 균등회계 중 보조금만 계상.

2) 국가 재정개입의 유형

(1) 세입을 통한 재정개입

① 지방세

지방세의 세목의과 종류를 비롯해 과세 대상의 결정, 세율의 결정, 과세표준액의 산정, 세 감면에 대한 사항 등 매우 세부적인 것까지 법률에 의해 규정되고 있으며, 지방자치단체는 이 법률에 위배되지 않는 범위 내에서 조례를 제정해 이를 징수한다.

② 지방교부세

그 용도가 한정되지 않은 채 중앙정부로부터 교부받는 지방자치단체의 일반재원으로서 그 산정 기준이 국가의 법령에 의해 정해지며, 또한 실제상으로는 중앙정부의 정책적인 요인 등에 의해 용도가 상당 부분 자유롭지 못하다.

③ 국고보조금

국고보조금에 의한 개입인데, 국고보조금은 행정 서비스의 일반적 수준을 확보하기 위해 그 비도(費途)가 국가에 의해 엄격히 제한된다.

④ 지방채

지방채의 발행 시 외채를 발행하거나 일정 규모 이상을 발행할 경우 안전행정부 장관의 허가를 받도록 함으로써 국가가 지방재정에 개입한다.

(2) 세출을 통한 재정개입

지방자치단체는 지방재정법의 규정에 따라 안전행정부 장관으로부터 지방예산편성지침을 받게 되는데 여기에 일정한 경비를 세출예산에 반드시 계상하도록 상한선과 하한선이 정해져 있으며, 지방교부세나 국고보조금의 규모가 제시된다는 점에서 일정한 개입을 허용하게 된다.

국가예산 대비 지방예산 비율

(단위: 조 원)

	2008년	2009년	2010년	2011년	2012년	2013년
국가	195.1 60.9%	217.5 61.3%	225.9 61.8%	235.6 62.6%	248.6 62.2%	263.6 62.7%
지방	125 39.1%	137.5 38.7%	139.9 38.2%	141 37.4%	151.1 37.8%	156.9 37.3%

자료: e-나라지표(http://www.index.go.kr, 2013.06.19)

제 2 절 지방재정 운영의 원칙

1 지방재정 운영의 의의

지방재정법에 의하면 "지방자치단체는 그 재정을 건전하게 운영하여야 하며 국가의 정책에 반하거나 국가 또는 다른 지방자치단체의 재정에 부당한 영향을 미치게 하여서는 아니 된다"고 규정함으로써 자치단체의 재정 운영에 관한 기본 원칙을 밝히고 있다. 재정의 건전성이란 재정수지가 반드시 흑자가 되어야 함을 의미하는 것은 아니다. 즉 형식적으로 수지 균형만을 확보하면 실현되는 것이 아니라, 예산의 편성·집행 및 결산 과정을 통해 법령의 취지를 구현하고 합리적으로 사무를 처리하며, 적정한 주민 부담을 재원으로 바람직한 행정 수준의 유지·향상을 도모하고 주민에게 최대한의 서비스를 제공하는 실질적인 건전성을 포함해야 한다.

2 지방재정 운영의 원칙

1) 수지 균형의 원칙

지방자치단체도 하나의 경제 주체이므로 수입과 지출 간의 균형을 유지해야 하는데, 이것이 건전 재정 운영의 제일 요건으로 간주된다.

결산상의 수지는 단순히 세입결산액과 세출예산액의 차액인 형식 수지에 그치지 않고 예산의 이월에 따라 다음 연도로 이월하지 않으면 안 될 재원을 형식 수지에서 공제한 실질 수지도 균형이 이뤄지지 않으면 안 된다.

2) 재정구조 탄력성 확보의 원칙

자치단체의 재정이 경제 변동, 행정 수요의 변화 또는 지역사회의 여건 변화에 대응할 수 있도록 재정구조의 탄력성을 확보해야 한다. 재정구조란 세입·세출의 각 구성 요소가 상호 유기적으로 편성되어 있는 상태를 의미하며, 재정구조의 탄력성은 일반재원 총액 중에서 비탄력적 경비에 충당되는 일반재원이 점하는 비율에 따라 측정된다. 즉 경상일반재원 총액과 경상경비로 충당할 일반재원과의 비율(경상수지 비율)의 여하에 따라 측정된다.

3) 재정 운영 효율화의 원칙

재정 운영의 효율화란 최소의 경비로 최대의 효과를 낳는 것이며, 경비 지출의 효율을 향상시키는 것, 즉 단위당 경비의 지출 효과를 높이는 것을 의미하는데 재정 운영의 효율화를 도모하려면, 예산의 집행 시에 구체적인 상황을 고려해 지방자치단체로서 최소의 예산액으로 그 목적을 달성하거나 또는 최대의 행정 효과를 낳도록 해야 하며, 최소 경비는 주민 측에서 본다면 저렴한 행정을 의미한다.

4) 재정 질서 적정화의 원칙

재정 질서의 적정화는 국가와 지방자치단체 간, 지방자치단체 상호간 및 자치단체와 주민 간에 경비의 부담 구분이 적정하게 이뤄지도록 해야 한다는 원칙이다.

5) 재정 운영 공정의 원칙

지방자치단체가 행·재정을 공정하게 집행해야 한다는 원칙으로, 재정 운영은 주민의 조세 부담을 기초로 해서 공권력의 행사를 임무로 하므로 지극히 당연하다.

재정 운영의 공정을 기하려면 법령의 규정에 따라 적법하게 재정을 운영해야 하고, 그 지출로 실현하려는 행정 내용이 타당해야 하며, 재정 상황의 공표 등 적정한 재정 운영을 보장하기 위한 제도적 장치를 지방자치법에 포함시켜야 한다.

6) 행정 수준의 확보·향상의 원칙

지방자치단체 존립의 의의는 주민 복지의 향상에 있으므로 아무리 재정수지가 균형을 유지하고 재정구조에 탄력성이 높다고 할지라도 적정한 행정 수준이 확보되어 주민의 기대에 부응할 수 있는 행정 서비스를 제공하지 못하면 전혀 무의미하다.

7) 장기적 재정 안정의 원칙

지방재정법은 "지방자치단체의 장은 재정을 계획성 있게 운영하기 위하여 안전행정부 장관이 정하는 기준에 따라 중·장기 지방재정계획을 수립하고 이를 지방의회에 보고하여야 한다"고 규정함으로써 지방재정이 장기적인 고려하에 건전하게 운영되어야 함을 명백히 했다.

제 2 장 지방자치단체의 세입구조

제 1 절 지방세입의 의의 및 분류

1 지방세입의 의의

1) 지방수입의 개념

지방자치단체가 각종 행정 수요를 충족하기 위한 지출재원으로서의 현금 수납을 말한다. 이러한 수입에는 법령 또는 공권력에 입각해 강제 징수하는 것도 있고, 사용의 대가 또는 반대급부로서 수납하는 것도 있으며, 재산을 처분해서 사 경제로부터 수수하는 것도 있다. 이들 수입 가운데 당해 회계연도에 확정된 것이 세입이다.

2) 지방수입의 특징

(1) 다핵성(다원성)

지방자치단체의 수입은 국가재정이 주로 조세수입과 전매수입 등에 의존하는 단순 형태인데 비해 지방자치단체의 세입구조는 기본 수입으로 지방세수입, 지방재원 보장제도로서의 지방교부세, 국가가 특정한 사업의 실시를 위해 또는 자치단체 재정상의 특별한 필요를 위해 자치단체에 교부하는 국고보조금, 일정한 조건하에서 발행하는 지방채, 사용료·수수료 기타 세외수입 등 다핵적으로 되어 있다.

(2) 상이성(다양성)

지방자치단체의 세입구조는 자치단체의 규모, 산업구조, 지역경제력 및 지방세제 구조 등에 따라 차이가 있다. 즉 세입 규모 중에서 지방교부세의 구성비는 낮고 자체 수입의 구성비는 높은 자치단체가 있거나, 반대로 지방교부세의 구성비는 높고 자체 수입의 구성비는 낮아 경비의 대부분을 중앙정부의 의존재원으로 충당하는 자치단체도 있다.

(3) 응익성

지방자치단체의 세입구조 중에는 수익과 부담의 원칙을 필요로 하는 것을 들 수 있다. 즉 지방재정수입 중에서 사용료·수수료와 같은 것은 응익 원칙에 입각한 것이다.

2 지방수입의 분류

1) 자주재원과 의존재원

자주재원이란 자치단체가 자주적으로 받아들이는 재원을 뜻하고, 의존재원이란 국가나 광역자치단체가 결정하여 교부 혹은 보조에 의해 자치단체의 수입이 되는 재원을 의미한다. 보통 지방세와 세외수입은 자주재원에, 지방교부세 및 국고보조금은 의존재원에 포함시킨다.

이러한 구분에는 몇 가지 문제점을 갖고 있다.

첫째, 지방교부세를 과연 의존재원으로 볼 수 있는가의 문제이다. 중앙정부가 지방교부세의 규모를 매년 임의로 결정하지 않고 현재와 같이 법정교부율제를 채택해 내국세 총액의 일정 비율로 고정할 때에는 지방교부세가 국세 부가세적인 성질을 갖고 궁극적으로 자치단체의 재원으로 귀속하므로 자주재원으로 보아야 한다는 이론이 있다. 그러나 지방교부세는 자치단체의 재정적 필요성에 대응하여 자치단체 위주로 교부한다기보다는 자치단체 간의 재정조정이란 국가적 목표를 실현하기 위해 국가정책의 일환으로 교부하는 것이란 의미에서 의존재원에 속하게 하고 있다.

둘째, 지방채 수입을 자주재원으로 분류하는데, 그것은 장래 일정 기간에 걸쳐 자치단체의 지방세 수입 또는 세외수입으로 지방채에 의한 차입액을 상환해야 하기 때문이다. 물론 지방자치단체가 중앙정부에 의존하지 않고 독자적으로 차입한 수입이란 점을 강조한다면 자주재원으로 분류될 수도 있다. 그러나 지방채 수입은 장차 상환해야 할 부채이기 때문에 세입 규모에서 그것이 점하는 비중이 높을수록 자주재원 비율은 도리어 낮아지므로 지방채 수입을 자주재원으로 볼 수 없는 것이다.

셋째, 이월금을 세외수입으로 분류하는 점이다. 그것은 사업의 이월에 따르는 이월금 중에서 국고보조금에 해당하는 금액은 의존재원으로 보아야 하기 때문이다.

2) 일반재원과 특정재원

지방재원을 그 비도(費途)를 기준으로 분류할 때에는 일반재원과 특정재원으로 나뉜다. 일반재원이란 자치단체가 어떠한 경비로서도 지출할 수 있는 수입을 뜻하며, 특정재원이란 지출해야 하는 비도가 특정되어 있는 수입을 의미한다. 일반재원으로는 지방세 · 세외수입 · 지방교부세가 있으며, 특정재원으로는 국고보조금이 있다.

그러나 이러한 분류에도 몇 가지 문제가 제기된다.

첫째, 지방세 중 도시계획세 · 지역개발세를 일반재원으로 분류하는 데 문제가 있다. 이들 지방세가 목적세로서 그 수입을 도시계획 등 일정한 용도의 경비로 충당해야만 하는 제한이 있으므로 성질상 특정재원으로 보아야 한다는 이론도 있다.

둘째, 지방교부세 중 특별교부세를 일반재원으로 이해할 수 있는가 하는 문제이다. 특별교부세는 일정한 사유로 특별한 재정 수요가 발생했을 때 교부되는 재원으로서 그 비도가 제한되어 있으므로 특정재원으로 보아야 한다는 것이다.

셋째, 세외수입을 일반재원으로 분류하고 있는데, 세외수입 중에는 지출경비가 특정되어 있는 재원이 많다는 점이다.

3) 경상수입과 임시수입

지방재정수입을 규칙성과 안정성을 기준으로 분류할 때 경상수입이란 매년 규칙적 · 안정적으로 확보할 수 있는 수입이며, 임시수입이란 매년 불규칙적 · 임시적으로 확보되는 수입이다. 경상수입을 원초적 수입이라고도 하며, 지방세 · 사용료 · 수수료 · 보통교부세 등이 있고, 임시수입으로는 특별교부세 · 부동산 매각 수입 · 지방채 수입 등이 있다.

이와 같이 경상수입과 임시수입을 분류하는 이유는 지방재정의 건전성 판단 기준으로 사용하려는 데 있다.

제 2 절 지방세

1 지방세의 의의

1) 지방세의 개념

지방자치단체가 그 행정을 수행하는 데 소요되는 일반경비에 충당하기 위해 그 자치단체 내의 주민 등으로부터 일정한 개별적 보상 없이 강제적으로 징수하는 금전으로서 자치단체 재정수입의 주종을 이룬다. 지방세 수입 비중의 저하는 지방자치단체의 재정적 자주성의 상실을 의미하며, 독립적 재원이라는 데 그 특별한 의의가 있다.

2) 지방세의 원칙

(1) 안정성의 원칙

지방세가 지방재정의 건전성과 관련이 깊으므로 지방세는 경기 변동에 민감하지 않도록 안정적으로 유지되어야 한다는 원칙이다.

(2) 보편성의 원칙

지방세의 세원은 특정한 자치단체에만 편재되어서는 안 되며 지방자치단체별 차이가 없도록 가능한 한 모든 자치단체에 골고루 분포되어 있어야 한다는 원칙이다.

(3) 부담 분임의 원칙

자치단체의 주민은 가능한 한 누구나 그 자치단체의 행정경비를 분담해야 한다는 것으로 이 원칙에 의한 지방세로는 주민세를 들 수 있다.

(4) 국지성(지역성, 정착성, 자주성)의 원칙

지방세의 과세 객체는 가능한 한 지방자치단체 간의 이동이 적고 그 자치단체의 관할구역 내에 국지화·지역화되어 있어야 한다는 원칙이다(토지·가옥 등).

(5) 응익 원칙

응익 원칙(benefit principle)은 주민이 받는 이익에 따라 과세하는 것으로서 행정주체가 제공하는 공공 서비스와 주민의 담세액이라는 반대급부 사이에 대가 관계가 성립된다.

(6) 부담 보편의 원칙

동등한 지위에 있는 자에게는 동등하게 과세하고 조세 감면의 폭이 너무 넓어서는 안 된다는 원칙이며, 조세 감면이 필요한 때에는 이를 최소한으로 해야 한다.

3) 지방세의 특질

첫째, 지방세는 자치단체가 과세권에 근거해 강제적으로 부과·징수하는 것이라는 점에서 주민과의 계약이나 주민의 자유의사를 그 전제로 하는 세외수입과 구별된다. 이와 같이 지방세는 주민 재산의 일부를 강제적으로 지방자치단체에 이전시키는 수단이므로 부과 징수는 법률의 근거를 반드시 요한다.

둘째, 지방세는 자치단체의 일반적 경비를 지변하기 위한 재정수입을 그 목적으로 하고 있다는 점에서 재정수입 이외의 목적으로 부과하는 금전적 급부와 구별된다.

셋째, 지방세는 지방자치단체가 제공하는 공공 서비스로 받는 이익에 대한 대가로서 세금을 납부하는 것을 이상으로 한다. 여기서 이익이란 개별적인 혜택이나 이익을 뜻하는 것이 아니라 간접적·전체적인 이익을 받는 것이다. 따라서 지방세는 자치단체가 주민에게 제공하는 특별한 급부에 대한 반대급부로 징수하는 사용료·수수료와 구별되며, 특정한 사업의 경비에 충당하기 위해 그 사업과 관계있는 자로부터 징수하는 수익자 부담금(user charges)과도 구별된다.

넷째, 지방세는 금전으로 표시되고 금전으로 납부하는 것이 원칙이다.

지방재정에서 지방세가 차지하는 비중

구분	2013년도 예산액(일반 회계)	2013년도 지방세	지방세 비중
계	1,282,714억 원	537,470억 원	41.9%
특별시	146,606	117,036	79.8
광역시	219,187	98,039	44.7
특별자치시	4,144	1,535	37.0
도	422,092	141,188	33.4
특별자치도	25,690	6,646	25.9
시	256,353	113,854	44.4
군	145,999	19,581	13.4
자치구	62,643	39,591	63.2

주) 지방세 수입은 지난 연도 수입(7,322억 원)이 포함된 것으로 당초예산 순계기준임
자료: 안전행정부, 2013년도 지방자치단체 통합재정개요 (구 예산개요), p. 130.

4) 지방세의 징수

우리나라의 지방세의 징수는 집행기관인 자치단체의 장(과세권자)이 하며, 자치단체의 장은 그 권한의 일부를 소속 공무원이나 그 관할구역 내에 있는 자치단체의 장에게 위임할 수 있다. 그리고 지방세의 세목, 과세 객체, 과세표준, 세율 기타 부과 징수에 관해 필요한 사항은 상급기관의 승인을 얻어 조례로 정한다.

2 지방세의 구조 및 부과 체계

1) 지방세의 구조

우리나라의 지방세는 도세・특별시세・광역시세 및 시・군・구세 모두 보통세와 목적세로 구성되어 있는데, 이를 정리해 보면 아래 표와 같다.

각 지방자치단체의 세입구조

지방자치단체	보통세	목적세
도	취득세, 레저세, 등록면허세, 지방소비세	지역자원시설세, 지방교육세
특별시・광역시	취득세, 레저세, 담배소비세, 지방소비세, 주민세, 지방소득세, 자동차세	지역자원시설세, 지방교육세
시・군	담배소비세, 주민세, 지방소득세, 재산세, 자동차세	
자치구	등록면허세, 재산세	

2) 지방세 부과 체계

(1) 법정세율, 실효세율, 제한세율, 임의세율, 탄력세율

① 법정세율: 과세표준에 곱해지는 세율로서 과세표준이 시장가격(실거래가격)은 아니며, 명목세율, 표준세율, 기준세율이라고도 한다(대부분의 현행 지방세).

② 실효세율: 시장가격으로 산정된 과세표준에 대한 세액의 비율로 우리의 경우 과표 현실화가 안 되어 명목세율은 높으나 실질세율은 매우 낮은 편이다.

③ 제한세율: 최고 및 최저세율을 정해놓고 그 범위 내에서 변경이 가능한 세율이다.

④ 임의세율: 세율결정권을 지방정부에 위임하여 조례로 정하도록 한 제도를 말한다.

⑤ 탄력세율: 지방세법에 표준세율 또는 제한세율을 정해놓고 필요시 지방정부가 그 범위 내에서 세율을 가감 또는 선택할 수 있도록 하는 제도로, 현재 취득세, 재산세, 주민세, 자동차세, 담배소비세, 지역자원시설세 등에 인정된다(예: 주민세, 재산세 등의 경우 표준세율의 50% 범위 내 가감 가능).

(2) **비례세와 누진세**

① 비례세: 모든 과세표준에 대해 동일한 세율이 적용되는 제도로 등록세 등이다.

② 누진세: 과세표준액에 따라 세율이 달라지는 제도로 재산세 중 주택분 등이다.

(3) **정액세와 정률세**

① 정액세: 상품 단위당 '일정 금액'을 부과하는 방식으로 담배소비세, 주민세(균등할), 자동차세, 등록면허세(일부), 지역자원시설세(일부) 등이다.

② 정률세: 상품가격의 '일정 비율'을 세금으로 부과하는 방식으로 재산세 등이다.

(4) **종가세와 종량세**

① 종가세: '상품가격'의 몇 %를 세금으로 부과하는 방식으로 재산세 등이 있다.

② 종량세: '상품 1단위당' 일정한 금액이 부과하는 방식으로 자동차세, 담배소비세 등이 있다.

(5) **직접세와 간접세**

① 직접세: 납세 의무자와 담세자(조세 부담자)가 일치되는 조세로 자동차세, 재산세 등 대부분의 지방세가 이에 해당한다.

② 간접세: 납세 의무자와 담세자(조세 부담자)가 일치되지 않는 조세이다.

(6) **거래세와 보유세**

① 거래세: 재산의 거래(양도, 취득)에 대한 과세로서 등록면허세, 취득세 등 광역자치단체 세목의 대부분을 차지한다.

② 보유세: 재산의 보유(소유)에 대한 과세로서 재산세가 대표적이다.

3 지방세의 세원 배분

1) 세원 배분의 변수

세원 배분의 문제는 국민의 조세 부담을 국세와 지방세에 어떻게 할당할 것인가 하는 문제로 먼저 국민의 담세력을 감안한 조세 총액을 결정하고 나서, 이를 국세와 지방세로 배분하는 순서에 따라야 한다.

지방세액을 지방자치단체의 업무 수행에 필요한 경비의 전액에 상당하는 액으로 하는 것이 바람직하나 세원의 지역 간 불균형의 시정 및 지방재정의 국가재정과의 연계를 위해 지방세뿐만 아니라 지방교부세, 국고보조금을 함께 지방자치단체에 배분하는 것이 오늘날의 보편적인 양상이다.

2) 세원 배분의 방식

(1) 분리 방식

국가와 지방자치단체 간에 세원을 분리해 배분함으로써 상호 독립성을 침해할 수 없도록 하는 방식으로 지방자치단체의 과세 자주권의 보호, 책임의 명확화, 납세자의 지방자치에 대한 관심의 고취 등은 장점이며, 좋은 세원의 국가독점화, 영세 세원의 미이용으로 인한 징세능력 감소, 지방 간 조세 부담의 불공평 확대 등은 단점이다.

(2) 중복 방식

국가와 지방자치단체가 동일한 세원에 대해 중복해서 과세하는 방식으로 적은 세목으로써 지방자치단체의 충분한 세수의 확보, 세원에 대한 징세 능력의 확대, 국가의 경기 변동에 따른 중·감세 정책 효과의 확대 등은 장점이지만, 국가과세권 우선에 대한 지방재정 위축, 납세자의 부담 과중화, 세무행정의 번잡화 등은 단점이다.

(3) 공동 방식

일정한 세목에 대해 국가와 지방자치단체가 통일된 과세 방식에 의해 공동으로 과세해 그 징수한 세수입을 일정한 비율에 따라 배분하는 방식이다. 이 방식은 동일한 세원을 국가와 지방자치단체가 공동으로 이용하는 점에서는 중복 방식과 유사하나, 그 이용 방식이 각자가 독자적으로 과세하는 것이 아니라 통일된 과세 방식에 의해 공동으로 과세하는 것이라는 점에서 중복 방식과 다르다.

4 지방세제의 문제점과 전망

1) 지방세원의 빈약

지방재정 규모(일반회계)에서 지방세 수입이 점하는 부분은 상당히 낮은 수준에 머물고 있으며, 시·군의 대부분은 지방세 수입으로 인건비조차 충당하기 어려운 실정이다. 지방세원을 확충하려면 세원이 전국적으로 분산되어 있는 국세를 지방으로 이양하고, 지방세율을 합리적으로 조정하며, 새로운 세원을 계속 발굴해야 한다.

2) 세원의 지역적 편재

지방세에 관한 가장 중요한 문제의 하나는 바로 세원이 대도시, 특히 서울에 지나치게 편재하고 있는 점이다.

3) 지방세수의 신장성 강조

현행 지방세제하에서는 실질적인 신장률이 극히 저조한데 그 이유는 다음과 같다.

첫째, 지방세에는 주로 자산과세 중심으로 배분되어 있고 신장성이 높은 소득과세나 소비과세의 배분이 극히 빈약하므로 세수에 안정성은 있으나 신장성이 없다.

둘째, 지방세의 세목 중 상당한 비중을 차지하는 정액세인 등록면허세, 자동차세 등을 물가상승률에 따라 조정하지 못해 실질적인 세수의 감소를 초래했기 때문이다.

셋째, 각종 조세감면제도를 채택하고 있어서 불공평 세제가 시정되지 않고 있기 때문이다.

넷째, 자산과세의 주된 과세 객체인 부동산의 과세시가표준액을 물가에 연동시켜 조정하지 못했기 때문이다.

4) 획일적 세제와 과세자주권의 결여

우리나라 지방세제는 부담의 균형을 도모하기 위해 각 자치단체마다 경제적 조건과 재정 수요가 다름에도 불구하고 세목·세율·과세 방법 등을 법률로 획일적으로 정하고 있으며, 자치단체에 의한 법정외 설정을 일절 금지하고 있다.

제 3 절 세외수입

1 세외수입의 의의

1) 세외수입의 개념

지방자치단체가 재정 수요를 충당하는 데 지방세 수입 이외에 여러 가지 행정 서비스나 경제활동에 수반해서 생기는 부담금, 분담금, 사용료 및 수수료, 재산수입, 기부금, 잡수입, 전입금, 이월금 등이 그것인데 이를 통틀어 세외수입이라 한다.

2) 세외수입의 특질

첫째, 세외수입은 그 종류·수입 근거·형태 등이 극히 다양하다.

둘째, 세외수입의 규모는 지방자치단체 간에 불균형이 심하며 연도별 신장률도 불안정하다.

셋째, 세외수입은 대체로 일반재원으로 분류되는 것이 많으나 재원의 비도(費途)가 정해져 있는 특정재원의 경우도 있다.

넷째, 세외수입은 현금으로 징수하기도 하고, 수입증지로 징수하기도 한다는 점이 특이하다.

2 세외수입의 종류

1) 사용료와 수수료

(1) 사용료

사용료란 공공시설을 사용함으로써 얻는 편익에 대한 보상으로서 징수하는 공과금이다. 구체적으로 공공시설의 사용료는 주민이 그 공공시설로부터 받는 일체의 서비스에 대한 것을 포함하기 때문에 공설운동장의 사용, 도로의 점용과 같은 사용 임대에 관한 대가는 물론, 학교의 수업료, 병원의 진찰료와 같은 서비스의 대가, 시영 지하철의 요금, 수도요금과 같은 대가도 사용료의 개념에 포함된다.

(2) **수수료**

수수료란 지방자치단체의 활동에 의해 개별적 특수이익을 받는 사람으로부터 그 비용의 일부분을 지변하기 위해 징수하는 공과금이다. 수수료는 일반인 중에서 특정한 자가 관계되는 경우에만 징수할 수 있으며, 특정한 개인의 이익 혹은 편익을 위한 행위에 관계되는 것이어야 한다(응익성의 원칙). 또 수수료는 수고에 대한 대가이기에 특정한 개인은 당연히 비용을 지불할 의무가 있다. 지방자치단체가 일방적·강제적으로 결정·징수하는 점에서는 조세와 같으나, 조세는 일반보상의 원칙에 의해 부과되는 것인데 반해 수수료는 특수보상의 원칙에 의해 부과되는 점에 차이가 있다.

(3) **사용료와 수수료의 구별**

양자의 구별 실익은 없지만 사용료는 개별적인 보상 원칙에 따라 특히 이익을 받은 주민으로부터 실비의 한도 내에서 강제로 징수하는 점에서 수수료와 같으나, 개인이 자치단체의 공공시설을 이용함으로써 이익을 받은 데 대해 지방자치단체의 공권력 행사로 부과하는 점에서 수수료와 구별된다. 수수료의 부과는 지방자치단체의 행위를 기준으로 하는 데 비해 사용료의 부과는 공공시설의 상태를 기준으로 한다.

2) 분담금과 부담금

(1) **분담금**

지방자치단체의 재산 또는 공공시설로 인해 주민의 일부가 특히 이익을 얻게 될 때, 그 비용의 일부를 지변하기 위해 이익을 받은 자로부터 징수하는 공과금이므로 순익자 부담금이라고도 한다(예: 수익자부담금, 자치단체 상호간 부담금 등).

지방자치단체가 시행하는 사업 중에는 자치단체의 막대한 재정 부담을 요하는 반면, 그 지역의 일부 주민에게는 지가의 상승 등 엄청난 이익을 얻게 할 수 있다. 따라서 토지 투기의 억제, 소득분배의 공평, 불로 소득적 개발 이익을 지역사회에 환원시키기 위해 분담금제도의 사용이 증가되고 있다.

(2) **부담금**

부담금이란 시·도와 자치구·시·군과의 부담 관계에 의해 시·도가 자치구·시·군으로부터 수납하는 것이다. 즉 시·도가 자치구·시·군에 많은 이익을 주는 토목 기타의 건설사업을 시행하는 경우에는 그 사업으로 인한 수익의 한도 내에서 사업에 소요되는 비용의 일부를 당해 자치구·시·군에 부담시킬 수 있다.

3) 재산수입

재산수입이란 자치단체가 소유하는 보통재산 또는 이에 준하는 재산의 임대 또는 매각에 의한 수입을 의미한다.

4) 기타 세외수입

(1) 징세교부금(조세징수교부금)

교부금이란 자치구·시·군이 국가나 도의 위임을 받아 국세·시세·도세·사용료 등을 징수하는 경우에 그 징수위임기관인 국가 또는 시·도가 자치구·시·군에 교부하는 것으로 형식적으로는 세입징수사무의 소요경비를 보상한다는 의미를 가지지만, 실질적으로는 시·도와 자치구·시·군 간의 재원배분의 의미도 가지고 있다.

(2) 이월금

이월금이란 동일한 회계에서 전년도에 생긴 잉여금 중에서 현년도로 이월된 금액을 의미한다. 이월금의 종류에는 명시이월금, 사고이월금, 계속비이월금이 있다.

(3) 기부금

기부금이란 주민·기업 등이 자발적 의사에 따라 일정한 금액이 그 용도를 지정하거나 또는 지정함이 없이 지방자치단체에 납입하는 것을 말한다. 기부금의 종류에는 지정기부금, 일반기부금, 부담부기부금 등이 있다.

(4) 전입금

전입금이란 당해 지방자치단체의 다른 회계 또는 기금으로부터 자금의 이동으로 발생하는 회계 조작상의 수입을 지칭한다.

(5) 잡수입

잡수입에는 사업장의 생산품 매각 수입, 불용품 매각 수입, 변상금 및 위약금(과태료, 체납처분비, 보상금 등 포함), 예금 이자, 기타 잡수입 등이 있다.

제 4 절 지방교부세

1 지방교부세의 의의와 기능

1) 개요

1961년에 지방세제의 대폭적인 개혁이 단행됨에 따라 종래 빈약했던 지방재정 조정재원을 확보하고 불합리했던 조정 방식을 개선하기 위해 지방교부세법이 제정·실시되었다.

이 법은 그 후 수차에 걸쳐 개정되었는데, 2005년 12월 30일 지방교부세법을 개정해 교부세(부동산 교부세 제외)의 재원은 내국세(목적세 및 종합부동산세와 다른 법률에 의해 특별회계의 재원으로 사용되는 세목의 당해 금액을 제외) 총액의 19.24%로 인상되었다(법 제4조 1항)가 2010년에 20.50%로 다소 상향 조정되었다.

2) 지방교부세의 의의

지방교부세는 국가가 지방자치단체의 재정 수요와 부족 재원을 보전할 목적으로 지방자치단체에 교부하는 재원이다.

지방자치는 원리상 자주적인 지방재원으로 경비를 충당하는 것이 이상적이지만 현실적으로 지방자치단체 간에 지역경제력의 차이, 행정 수요의 차이로 인해 자주적 세입의 불균형이 발생하고 있을 뿐만 아니라 지역주민의 지방세 부담에도 한계가 있기 때문에 이를 보전할 목적으로 지원되는 재원이다. 지방교부세는 지방자치단체의 독립된 재원이라는 성격을 지니고 있어 교부세율이 법으로 정해져 있고, 용도에 대해서도 특별한 제한이 없다. 다만, 특별교부세는 그러하지 아니하다.

3) 기능

(1) 지방자치단체 간 재원의 균형화 기능

지방교부세제도는 자치단체 간의 재원을 조정해 균형화를 도모함을 목적으로 한다. 지역적인 불균형 발전으로 인한 세원의 편재와 지방자치단체 간의 재정력의 격차를 조정하고 평준화를 도모하기 위해 지방교부세의 중요성이 있는 것이다.

(2) 지방자치단체의 자주성 보장 기능

지방교부세는 지방자치단체의 자치행정권을 침해해서는 안 되며, 이론상 지방자치단체의 자주성 보장이라는 점에서 보조금과 구별되며, 다음과 같은 특징을 가진다.

첫째, 지방교부세는 국가로부터의 단순한 교부금이 아니고 본래 지방자치단체의 공유적인 독립재원이다. 이러한 독립재원으로서의 특징은 지방교부세의 교부세율이 법령으로 고정되어 있는 점에서 파악할 수 있다.

둘째, 지방교부세는 그 용도의 제한이 없다. 용도 제한이 없다는 것은 지방교부세 제도의 가장 핵심적인 특징의 하나이며, 목적의 제한이나 조건을 수반하는 국고보조금과 구별되는 징표라고 할 수 있다.

(3) 지방자치단체의 재원 보장 기능

지방자치단체에 대한 지방교부세의 재원 보장 기능은 각 자치단체에 대해 산정한 기준재정수요액이 기준재정수입액을 초과할 때에 이를 보전하는 방식으로 구체화된다. 기준재정수요액이란 자치단체가 합리적이고 자주적으로 그 사무를 처리하고 재산을 관리하는 데 필요로 하는 경비이고, 기준재정수입액이란 지방자치단체가 표준적인 상태에서 징수할 수 있다고 판단해 산정한 세수입액(일반재원수입액)이다.

2 지방교부세의 종류

1) 보통교부세

분권교부세액 및 지방양여금 도로사업 보전분(2005~2011년간, 8,500억 원 배분)을 제외한 교부세 총액의 96%에 해당하는 금액을 재원(지방교부세법 제4조 2항)으로 매년도 기준재정수입액이 기준재정수요액에 미달하는 자치단체에 미달액을 기준으로 교부되는 일반재원이다(지방교부세법 제6조 1항). 이에 따라 다음 표와 같이 서울과 수원 등 7개 지방자치단체는 기준재정수입액이 기준재정수요액을 초과해 보통교부세를 교부하지 않는다.

2) 특별교부세

분권교부세액 및 지방양여금 도로사업 보전분을 제외한 교부세 총액의 4%에 해당하는 금액을 재원으로 다음의 경우에 교부한다(지방교부세법 제9조).

2013년도 보통교부세 교부 현황

(단위: 억 원)

구분	단체 수			보통교부세 교부액	비고(불교부단체)
	계	교부	불교부		
계	175	168	7	314,479	
특별시	1	-	1	-	서울
광역시	6	6	-	30,293	
특별자치시	1	1	-	1,591	
도	9	9	-	57,665	
시	74	68	6	106,097	수원, 성남, 고양, 과천, 용인, 화성
군	84	84	-	118,833	

※ 자치구(69개)는 특별·광역시 본청에 합산해 산정, 제주특별자치도는 보통교부세 재원의 3%를 정액 교부.
자료: 안전행정부, 2013년도 지방자치단체 통합재정개요 (구 예산개요), p. 70.

첫째, 기준재정수요액의 산정 방법으로는 파악할 수 없는 지역 현안에 대한 특별한 재정 수요가 있는 경우에 특별교부세 재원의 100분의 30에 해당하는 금액을 교부한다.

둘째, 보통교부세의 산정 기일 후에 발생한 재해를 복구하거나 재해 예방을 위한 특별한 재정 수요가 생기거나 재정 수입이 감소한 경우에 특별교부세 재원의 100분의 50에 해당하는 금액을 교부한다.

셋째, 국가적 장려사업, 국가와 지방자치단체 간에 시급한 협력이 필요한 사업 또는 지역 역점 시책 등 특별한 재정 수요가 있을 경우에 특별교부세 재원의 100분의 20에 해당하는 금액을 교부한다.

3) 분권교부세

분권교부세의 재원은 내국세 총액의 0.94%에 해당하는 금액을 재원(지방교부세법 제4조 2항)으로 국고보조사업을 이양받은 자치단체에 교부한다(지방교부세법 제9조의2). 분권교부세는 지방이양사업과 관련된 인구 등의 통계자료와 종전의 국고보조금 지원 수준 등을 고려해 대통령령으로 정하는 바에 따라 산정한다(지방교부세법 제9조의 2항 2호). 분권교부세에 관한 개정 규정은 2014년 12월 31일까지 효력을 가지고 2015년 1월 1일부터는 분권교부세를 폐지해 보통교부세에 통합하여 운영한다.

4) 부동산교부세

부동산교부세의 재원은 종합부동산세 총액과 지방교부세법 제5조 제2항의 규정에 의한 정산액으로 했다(지방교부세법 제4조 2항의4). 부동산교부세는 전액 지방자치단체에 교부해야 하며, 교부 기준은 부동산세제 개편에 따른 지방자치단체의 세수 감소분을 기초로 산정하되, 재정 여건, 지방세 운영 상황 등을 감안하여 대통령령으로 정하도록 했다(지방교부세법 제9조의 3).

연도별 지방교부세 교부 현황

(단위: 백만 원)

연도별	계	보통교부세	특별교부세	분권교부세	증액교부금
2004	14,469,054	13,012,867	1,301,566	-	154,900
2005	19,484,517	17,927,570	711,566	845,381	-
2006	20,441,392	18,691,488	743,396	1,006,508	-
2007	23,307,694	21,316,202	852,759	1,138,733	-
2008	28,213,686	25,795,852	1,039,411	1,378,423	-
2009	25,186,858	23,032,062	924,254	1,230,542	-
2010	26,990,688	24,679,136	992,880	1,318,672	
2011	29,833,228	27,274,652	1,101,027	1,457,548	
2012	33,064,835	30,191,425	1,257,977	1,615,433	
2013	34,440,947	31,447,950	1,310,331	1,682,666	

주) 1. 2012년도까지는 최종 교부액(추경 및 정산분 포함)이며, 2013년도는 당초예산 기준임.
2. 2005년에는 증액교부금 제도가 폐지되고, 분권교부세제도 신설됨.

자료: 안전행정부, 2013년도 지방자치단체 통합재정개요 (구 예산개요), p. 72.

3 지방교부세의 총액 결정 방식

1) 예산 계상 방식

각 지방자치단체에 지급할 교부세액을 정해 이를 집계한 것을 중앙정부에서 심의 사정한 후 그 연도의 교부세 총액 규모를 결정해 국가 예산에 계상하는 방식이다. 이 방식은 국가재정의 여건 및 상황 변화에 신축적으로 대처할 수 있으나 교부세액 결정 과정에서 관련 부처 간의 협의와 절충이 매년 되풀이되어야 하며, 그 과정에서 불필요한 부작용과 대립이 발생할 소지가 있다.

2) 정액 계상 방식

교부세 총액을 미리 정해진 방식에 따라 국가 예산에 계상해서 이를 각 지방자치단체에 배분하는 방식이다. 이에는 국세 중의 일부 세목에 대한 일정률을 교부세 총액으로 하는 방식, 내국세의 일정 비율을 교부세 총액으로 하는 방식, 국가 예산 중 세출액의 일정 비율을 교부세 총액으로 하는 방식 등이 있다. 이 방식은 국가재정의 경직성을 초래하고 재정 운용의 탄력성을 제약한다는 비판도 있으나 국가재정 형편에 따라 임의로 교부세 총액을 책정하는 폐단을 지양하고 지방재정의 안정적이고 계획적인 운용을 보장하는 장점을 갖는다.

3) 혼합 방식

예산 계상 방식과 정액 방식의 혼합형으로 일정률을 기준으로 해서 상·하한선을 법정 폭으로 하고, 그 범위 내에서 예산 형편에 따라 교부세 총액을 결정하는 방식이다. 이 방식은 교부세제도의 안정성을 어느 정도 허용하면서 국가 예산 편성상의 경직성을 완화할 수 있다는 장점이 있다. 그러나 실제 운용 여하에 따라 지방재정 지출계획에 대한 중앙정부의 예산통제와 영향을 강화시킬 수 있다는 단점도 갖는다.

이상 세 가지 방식 중 현행 우리나라의 지방교부세 총액 결정은 정액 계상 방식(비율 예상 방식이라고도 함)에 따르며, 매년도의 지방교부세 총액은 당해 연도 내국세 총액의 20.50%로 고정화되어 있다.

4 문제점과 개선 방안

1) 문제점

첫째, 교부세 총액을 내국세의 일정률로 고정시키면서 법정 비율에 의한 배분 결정 방식은 중앙재정의 세출구조를 더욱 경직화시킬 뿐만 아니라 지방재정 수요가 증대될수록 재정 보장 기능을 약화시키게 된다. 더욱이 이러한 법정률제도는 목적세의 신설로 내국세의 범위가 축소될 때 그 본래의 취지에 상충된다고 볼 수 있으므로 더욱 문제가 될 수 있다.

둘째, 교부세 산정 시에 향후 예상되는 재정 수요 또는 개발 수요 등이 제대로 반영되지 않고 있으며, 기준재정수입액의 경우 보통세의 전액을 산정하지 않고 그 80%만을 산정하기 때문에 재정력이 큰 자치단체일수록 유리하게 되어 오히려 자치단체 간 재정력 격차를 확대시키는 폐해를 가져올 가능성이 크다.

셋째, 산정 과정이 너무 복잡하고 산출 방법이 분명하지 못해 배분의 객관성을 저해하는 요인으로 작용하고 있으며, 기준재정수요액과 기준재정수입액의 차이만큼 교부한다는 배분 방식은 자치단체의 징세 노력 유발에 큰 저해 요인이 되고 있다.

넷째, 일반적으로 자치단체의 기능 분담 비율에 비해 세원 분담 비율이 낮으며, 기술적으로도 기능 배분 비율의 정확한 산출이 곤란하다.

다섯째, 자치단체의 공공지출 수요와 자체수입 간의 차액을 보전함으로써 수직적 조정에 치중하고 있으며, 자치단체 간의 수평적 재정균등화 기능이 미흡하다.

2) 개선 방안

첫째, 현재의 법정률을 고수하되, 이는 최하한선으로 이용하고 날로 증가하고 있는 지방재정 수요를 충족할 수 있는 충분한 재원과 지방재정의 계획적인 운영을 위한 재원배분율이 확정되어야 한다.

둘째, 교부금제도의 수평적 균등화 기능을 제고할 수 있도록 현재의 교부금 배분 방식을 합리적으로 개선해야 한다.

셋째, 교부금을 보조금화하는 변칙적인 운용을 개선함으로써 교부금의 일반 재원으로서의 기능을 제고해야 하며, 지방재정의 자주적 활동력과 능률성·종합성이 강화되어야 한다.

넷째, 자치단체 간의 불균형을 시정하는 형평조정 재원이 확충되어야 하며, 지방재정재원이 지역경제 성장에 더욱 기여하고 긴밀한 연계를 맺을 수 있도록 유도되어야 한다.

제 5 절 국고보조금

1 국고보조금의 의의 및 특징

1) 국고보조금의 개념

국고보조금은 국가가 자기의 일을 지방자치단체로 하여금 하게 할 때나 국가적 입장에서 장려할 필요가 있을 때, 그에 필요한 비용의 일부나 전부를 교부하는 용도가 지정된 재원이다. 일반적으로 국고보조금은 보조금 이외에 부담금, 교부금, 위탁금의 명칭으로 사용되는 경우가 있으며, 중앙정부가 지방자치단체의 행정을 간섭·규제하는 수단으로 이용되기도 한다.

그러나 중앙정부는 특정한 행정에 대한 일정 수준의 확보, 국가의 종합적 계획·시책의 실시, 신규 사업의 보급 및 장려, 특수 행정 수요에의 대응 등을 위해 국고보조금을 지급한다.

2) 국고보조금의 특징

(1) 특정재원

국고보조금은 용도가 정해져 있는 특정재원이다. 따라서 지방자치단체의 수입 중에서 지방세(목적세 제외)·지방교부세(특별교부세 제외)와 같이 그 용도에 어떠한 제약도 없는 일반재원과 구별되며, 지방자치단체에 부과한 재원에 대한 반대급부가 수반되지 않는 일방적인 급부금이다.

(2) 의존재원

국고보조금은 국가로부터 교부되므로 의존재원이다. 따라서 지방세·사용료·수수료 등과 같이 지방자치단체 자신이 징수하는 이른바 자주재원과 구별된다.

(3) 경상재원

국고보조금은 매년 경상적으로 수입되는 경상재원이다. 다만, 경상·임시의 구분이 절대적이지만 않지만 국고보조금은 일반적으로 경상수입으로 분류된다. 지방자치단체의 수입 중에는 재산 매각 수입·기부금·이월금과 같은 임시수입도 있다.

(4) 무상재원

국고보조금은 반대급부가 필요없는 무상재원이다. 즉 국고보조금은 국가의 시책상 또는 자치단체의 재정 사정상 필요하다고 인정될 때에 국가가 자치단체의 사무 또는 사업의 수행을 조장하거나 지원하기 위해 교부한 장려적인 재원인 것이다. 따라서 중앙정부가 국고보조금을 교부할 때에는 법령 또는 조례가 정하는 경우와 국가정책상 부득이한 경우 외에는 자치단체에 재정 부담의 지시를 할 수 없고, 만약 자치단체에 재정적 부담을 부과하는 국고보조금을 교부하게 되는 때에는 해당 중앙관서의 장은 기획재정부 장관 및 안전행정부 장관에게 통지·협의하도록 되어 있다.

연도별 국고보조금 및 지방비 부담 현황

(단위: 억 원/%)

구분	2008	구성비	2009	구성비	2010	구성비	2011	구성비	2012	구성비	2013	구성비
국고보조사업	350,107	100	417,716	100	467,410	100	486,182	100	526,125	100	567,164	100
국고보조금	227,670	65	265,387	63.5	292,186	62.5	300,883	61.9	320,606	60.9	340,347	60.0
지방비 부담	122,437	35	152,329	35.5	175,224	37.5	185,299	38.1	205,519	39.1	226,817	40.0

주) 2013: 자치단체가 당초예산으로 편성한 금액 기준.
자료: 안전행정부, 2013년도 지방자치단체 통합재정개요 (구 예산개요), p. 82.

2 국고보조금의 종류

1) 지출 목적이나 경비의 성질에 따른 구분

(1) 부담금

지방자치단체 또는 그 기관이 법령에 의해 실시해야 할 사무로서 국가와 지방자치단체 상호간에 이해관계가 있고, 또한 원활한 사무 처리를 위해 국가가 경비를 부담하지 않으면 안 될 때에 전부 또는 일부를 부담하는 것을 말한다. 부담금은 국가가 의무적으로 지출하는 것이므로 그 내용을 명확히 하여 안정성을 확보해야 하며 국가의 재정 사정이나 각 부처의 방침에 따라 임의로 변경되어서는 안 된다. 따라서 부담할 경비의 종목 및 부담 비율을 대통령령으로 정하도록 했다. 그러나 실제로는 법률 또는 대통령령으로 정한 것도 있지만 그 당시의 재정 형편과 정책 방향에 따라 대상과 부담 비율이 정해지는 경우가 많다.

(2) 교부금

본래 국가가 스스로 수행해야 할 사무를 지방자치단체 또는 기관에 위임해 수행하는 경우에 소요되는 경비에 충당하기 위해 교부되는 보조금이다. 지방자치단체는 경비를 부담할 의무가 없으며 국가가 당연히 그 금액을 부담해야 한다. 이러한 교부금의 규모는 지방자치단체가 당해 사무의 처리를 위해 필요로 하는 금액이어야 하지만 현실적으로는 일부에 그치는 경우가 있어 지방재정의 압박 요인이 되고 있다.

(3) 협의의 보조금

보조금은 국가적인 견지에서 일정한 시책을 추진·장려·조장하거나 또는 지방자치단체의 재정 사정상 특히 필요하다고 인정될 때 국가가 교부하는 것으로서 보통 전자를 장려적 보조금, 후자를 지방재정보조금이라고 한다.

협의의 보조금은 지방자치단체가 경비의 전액을 부담해야 할 사무에 대해 국가가 시책상 필요하다고 인정되거나 또는 자치단체의 재정 형편상 지원이 필요한 경우에 교부하는 것이다. 따라서 자치단체가 실시해야 할 사무이지만 국가와 자치단체 간에 이해관계가 있을 때에 국가가 경비를 부담하는 부담금과 구별된다.

2) 교부 조건에 따른 구분

(1) 세목지정 보조금

이는 보조금의 교부 조건으로 행정비에 충당하라는 데 그치는 것이 아니라, 급여·수용비·시설비에 지출하라고 지정하거나 몇 건·몇 사람·몇 ㎢의 실적을 올리라고 상세히 지정하는 것을 의미한다. 그러나 이와같이 지나치게 세부적인 보조 조건을 붙이면 중앙정부가 지방자치에 깊이 관여하게 됨으로써 회계절차의 복잡화, 정세의 변동에 따르는 지방재정 운용의 비탄력성으로 인한 보조금을 비효율적으로 사용하게 되는 단점이 있다.

(2) 포괄적 보조금

이는 보조금을 교부할 때 총액 및 용도의 범위만을 지정하고, 보조금으로 충당할 경비의 세목 · 수량 · 단가 · 지방비 부담 비율 · 대상 사업의 구성 비율 등은 자치단체의 자유로운 선택에 맡김으로써 예산의 효율적인 집행을 도모하고 지방재정의 자주성을 강화하려는 데 취지가 있다.

3) 보조 형태에 따른 구분

(1) 정액보조금

정액보조금이란 특정한 사무 또는 사업의 실시에 대해 일정한 금액의 보조금을 교부하는 유형을 의미한다. 정액보조금은 특정한 사무 · 사업에 대한 장려적 효과와 재정 지원의 효과가 있다. 정액보조금의 단가 또는 일정액이 적정하면 지방자치단체가 자주적인 판단에 따라 탄력적으로 사무 · 사업을 실시할 수 있으며 보조의 목적을 달성할 수 있는 장점이 있다. 그러나 정액보조금의 단가 또는 일정액이 낮거나 부족할 때에는 지방자치단체로 하여금 실질적인 지방비 부담의 증가를 초래해 지방재정의 압박 요인이 된다. 따라서 정액보조금은 주로 자치단체의 임의적인 사무 · 사업에 대한 장려적 보조금에는 적합하지만 부담 구분에 따르는 부담금에는 적당하지 않다.

(2) 정률보조금

정률보조금(비례적 보조금)이란 지방자치단체가 지출하는 경비의 일정 비율의 금액을 국가가 보조하는 것이다. 정률보조금은 국고보조금의 일반적인 유형으로 간주된다. 정률보조금의 보조율은 객관적인 근거나 기준에 따라 결정되는 것이 아니라 국가의 일방적인 판단에 의해 결정되므로 보조율 결정의 변수로는 국가의 재정 사정, 지방자치단체의 지방비 부담 능력, 지방 주민의 요구 정도, 당해 사무 · 사업에 대한 국가의 관심도 또는 장려 · 조장하려는 정도에 따라 변동된다. 정률보조금은 물가 상승과 서비스의 개선 · 확대에는 유리하나 다음과 같은 단점이 있다.

첫째, 지방자치단체 간의 재정력이나 필요성을 고려하지 않고 동일한 보조율을 일률적으로 적용하는 데 있다. 따라서 국고보조금을 받는 지방자치단체는 응분의 지방비 부담을 해야 하기 때문에, 재정력이 강한 자치단체는 이를 받아들일 수 있지만 재정력이 약한 자치단체는 받아들일 수 없기 때문에 결국 부익부 빈익빈을 초래해 자치단체 간의 재정적 격차를 더욱 심화시키게 된다.

둘째, 정률보조금을 지출할 때 세부 사항까지도 중앙통제를 받게 되므로 지방자치를 저해하거나 후퇴시킬 우려가 있다. 이러한 일률적 보조금제도의 결점을 보완하기 위해 재정력에 따라 자치단체별로 상이한 보조율을 적용하는 이른바 차등 보조율제도가 나오게 되었다.

3 국고보조금의 문제점과 개선 방안

1) 국고보조금의 효용성

(1) 통일적 행정 수준의 확보

가장 큰 효용성은 자치단체가 수행하는 행정의 규모나 수준을 국가적 차원에서 통일하는 데 크게 기여한다는 점이다. 이러한 지방행정 수준의 전국적 통일성의 확보는 지방교부세를 통해 실현될 수도 있지만 지방교부세는 지방자치단체에 대한 일반재원 보전의 기능을 수행하는 것이기 때문에, 하나하나의 행정에 대한 구체적인 규모나 수준을 확보하고 향상시키는 기능을 수행하는 국고보조금에 비길 바가 못 된다.

(2) 사회자본 등 계획적 정비

국고보조금은 지방채와 더불어 지방의 공원·운동장·수도 등 공공시설과 도로·교량 등 사회자본의 계획적·적극적인 정비에 중요한 역할을 수행한다. 또한 새로운 사업을 적극 추진하는 수단으로서 국고보조금을 활용할 수 있다.

(3) 특수 재정 수요에의 대응

국고보조금은 지방자치단체의 비탄력적인 수입구조로써는 대처해 나갈 수 없는 시급하고도 규모가 큰 특수 재정 수요에 대해 재원을 보전해 줌으로써 지방재정을 보호하는 역할을 수행한다.

(4) 행정 서비스의 지역 확산에 대처

국고보조금은 지방자치단체의 행정 서비스 효과가 그 자치단체의 영역을 넘어 인근 자치단체에까지 미치는 경향이 농후한 오늘날과 같은 상황 속에서 서비스를 제공한 자치단체의 재원을 보전해 주어 형평을 유지하는 데에도 중요한 역할을 한다.

2) 국고보조금의 문제점

(1) 지방정부의 자율성 약화

지방자치단체의 행정이 중앙정부의 강력한 통제와 지배를 받게 되므로 지방행정의 자율성이 저해 내지 약화된다.

(2) 내규 변경의 빈번과 교부 절차의 번잡성

국고보조금이 수반하는 지방부담액이 점차로 증가하고 있으며, 보조금의 교부와 사용에 따르는 내규 변경이 빈번하다. 또한 교부 절차의 번잡화로 인해 보조금 교부 시기의 부적절성을 들 수 있다.

(3) 보조 조건의 비탄력성

지방자치단체는 획일적인 보조 조건으로 인해 국가가 그 지역의 실정을 고려하지 않고 제시하는 조건에 억지로 맞추게 되며, 꼭 필요하지 않거나 또는 우선순위가 낮은 사업을 어쩔 수 없이 수행하기도 한다.

(4) 보조금신청주의와 보조 금액의 영세성

보조금신청주의하에서 자치단체는 스스로 수행해야 할 사무나 사업에 대해서도 보조금을 신청하는 경향이 있다. 보조금의 종류가 세분화되고 영세적으로 구성되어 있으며 국가와 지방자치단체 간에 경비 부담의 구분이 불분명하다.

(5) 자치단체 간 재정 격차와 지방비 부담의 과중

일률적 보조율을 적용하면 부유한 자치단체와 빈약한 자치단체 간의 지방비 부담능력에 차이가 크므로 부유한 자치단체일수록 국고보조금을 교부받을 수 있기 때문에 자치단체 간의 재정적 격차가 더욱 심화된다.

3) 국고보조금의 개선 방안

(1) 운영 체계의 구조적 변화

우리나라가 경험하는 사회·경제·정치적 환경 변화에 국고보조금제도가 능동적이고 효율적으로 대응하기 위해서는 기존의 국고보조금 운영 체계를 구조적으로 변화시켜야 한다.

첫째, 특정보조금(specific grants)이란 성격을 갖는 현행 국고보조금제도 내에 일반적 보조 성격을 갖는 포괄보조금제도(block grant system)를 도입한다. 포괄보조금제도를 도입하는 경우 제1단계 도입 대상 분야로는 지역 개발, 주택, 대중교통 수단, 법집행 및 범죄 예방, 그리고 고용 및 직업훈련 등을 우선 검토해야 한다.

둘째, 국고보조금의 배분 방식에서 기존의 기준보조율과 정액보조 방식 이외에도 특정 배분 방식에 의해 보조금이 지방자치단체에 배분될 수 있는 제도적 장치를 마련해야 한다.

셋째, 특정 지역의 사회·경제적 개발 상태가 기타 지역에 비해 구조적으로 특별히 낙후되는 경우 당해 지역을 대상으로 특정지역보조금(target grant)제도를 도입해야 한다.

(2) 기준보조율의 합리적 조정

국고보조금제도의 합리적 운영을 위해 현행 국고보조금의 기준보조율을 조정하는 것이 바람직하다.

첫째, 현행 기준보조율이 기본 골격인 정액보조 30%, 50%, 70%, 100% 체계를, 정액보조 50%, 62.5%, 75%, 그리고 100%의 기준보조율 체계로 부분적인 구조 변화를 시도한다.

둘째, 기준보조율의 적용을 받는 정액보조사업 가운데서 공공 부조의 성격을 갖는 보조사업을 중심으로 개방형 정률보조금제도를 점진적으로 도입할 필요가 있다.

셋째, 정액보조사업은 지방자치단체가 추진하고자 하는 사업 중에서 공공 수요적 특성을 갖는 사업을 중심으로 전개하는 것이 바람직하다.

(3) 합리적 운영

차등보조율의 적용 대상사업을 보조 금액의 규모면에서 상대적으로 대규모 국고보조 사업에 한정시킬 필요가 있으며, 적용 기준이 되는 기존의 지표들에 문제점이 많으므로 이들 지표를 개선하거나 또는 새로운 지표를 개발·도입할 필요가 있다. 또한 차등보조율의 적용 과정에서 지역주민의 요구 내지는 수요를 고려할 필요가 있다.

(4) 지방 위주의 지원

선정주의 원칙은 지방자치단체가 추진하고자 하는 특정 사업을 중심으로 적용되어야 한다.

제 6 절 지방채

1 지방채의 의의

1) 지방채의 개념

지방채(local debt)란 지방자치단체가 재정수입의 부족액을 보전하여 경비에 충당하기 위해 정부 또는 민간 부문으로부터 증서차입 또는 채권(local bonds) 발행의 방법으로 자금을 조달하는 데 따르는 채무로서 그 상환이 1 회계연도를 넘는 이른바 장기차입금이다. 당해 연도에 세출예산을 집행하기 위해 일시적인 자금의 부족을 보전하려는 것으로 채무를 당해 회계연도의 수입으로 상환하는 일시차입금과는 구분된다. 지방채는 지방자치단체가 부담하는 채무로서 2년 이상에 걸쳐 상환되며 지방자치단체의 신용(과세권)을 실질적인 담보로 하므로 별도의 담보는 제공하지 않는다.

2) 법적 근거와 발행 조건

지방재정법(제7조)에 의하면 "지방자치단체의 세출은 지방채 외의 수입을 그 재원으로 하여야 한다. 다만, 부득이한 경우에는 지방자치법 제115조의 규정에 의거하여 지방채로 충당할 수 있다"라고 규정함으로써 지방채의 발행을 극히 예외적인 재정 동원 수단으로 인정하고 있다.

지방자치법(제115조)은 극히 예외적인 지방채 발행이 정당화될 수 있는 경우와 그 절차에 대해 "지방자치단체의 장은 그 지방자치단체의 항구적 이익이 되거나 또는 비상재해 복구 등의 필요가 있을 때에는 대통령령이 정한 범위 안에서 지방의회의 의결을 얻어 지방채를 발행할 수 있다"고 발행 조건을 규정하고 있다.

과거와 달리 2006년 1월부터 안전행정부 장관의 기채승인제는 폐지되었다. 하지만 지방자치단체조합이 발행하는 경우, 대통령령의 범위를 초과해 발행하는 경우, 외채 발행의 경우는 여전히 승인이 필요하다.

3) 지방채의 특질

첫째, 지방채는 지방자치단체가 부담하는 채무로 2개년 이상에 걸쳐 상환되는 것으로 일시차입금은 여기에 포함되지 않는다.

둘째, 지방채의 재정상 효용은 본질적으로 장기의 자금을 조달하는 데 있으며, 장래에 채무를 남기는 것이므로 기채를 할 때에는 장래의 재정 운영에 미치는 영향을 신중히 고려해야 한다.

셋째, 지방채는 지방자치단체의 신용(과세권)을 실질적인 담보로 하므로 별도의 담보를 제공하지 않는다.

넷째, 지방채는 채권 발행 또는 증서 차입의 형태를 취한다.

3) 지방채의 이점

(1) 매입의 임의성

공채의 매입 여부는 응모자의 자유의사에 의함이 원칙이다. 예외적으로 지방자치단체가 권력에 기해 강제적으로 공채를 인수하게 하는 이른바 강제공채도 있다(예: 지하철도 건설촉진법에 의해 발행되는 지하철도 건설채권).

(2) 장기분할성

지방채는 원금 상환과 이자 지급 의무를 장래의 납세자에게 부담시킨다는 의미에서 장기간에 걸쳐 분할시킬 수 있다.

(3) 단기흡수성

지방채는 지방세와는 달리 임의 매입을 특질로 하는 까닭에 조건만 갖춰지면 단기간 내에 많은 수입을 확보할 수 있다.

2 지방채의 기능 및 종류

1) 지방채의 기능

(1) 재원 조달 기능

지방자치단체가 단기간에 막대한 예산 지출을 필요로 하는 경우, 즉 지방자치단체의 투자사업과 예기치 못한 재해가 발생했을 때 등 막대한 재원 소요가 필요할 때 지방채는 재원 조달 기능을 한다.

(2) 효율적인 재원 배분 기능

지방공기업은 그 사업에 필요한 재원을 차입금으로 충당하는 것이 조세수입에 의하는 것보다 합리적이다. 그것은 자치단체가 경영하는 공기업에서 필요로 하는 경비를 조세수입으로 충당한다면 적정한 자원 배분의 요청에 어긋나기 때문이다. 이러한 의미에서 지방채는 지방재정면에서 보전적 기능뿐만 아니라 국가자원의 효율적 배분 기능도 수행한다.

(3) 부담의 공평화 기능

지방자치단체가 투자사업에 지출하는 경우에 그 지출이 이뤄진 기간에 거주하는 주민만이 이익을 누리는 것은 아니다. 즉 내구적 공공재 시설은 장래에까지 미치므로 지출의 수익이 그 연도의 납세자에게만 미치는 것이 아니므로 세대 간 부담의 공평화를 기할 수 있다.

2) 지방채의 종류

(1) 일반채와 공기업채

일반채는 도로·하천·재해복구 등 일반적인 공공사업의 재원으로 사용되고, 원리금 상환은 지방세와 지방교부세 등의 일반재원을 중심으로 하는 일반회계채를 의미하며, 공기업채는 특별회계 중에서 공기업에 속하는 단체의 부채를 의미한다. 일반채는 해당 지방자치단체의 과세권을 담보로 하는데 반해, 공기업채는 해당 기업의 신용을 담보로 한다.

(2) 정부자금채와 민간자금채

정부자금채는 정부의 자금관리특별회계와 기타의 자금에 의해 인수되는 것이며, 민간자금채는 인수법에 따라 시장공모채, 은행채, 외화채 등으로 다시 세분된다.

(3) 증권발행채와 증서차입채

증권발행채는 증권 발행의 방법에 의해 지방채증권으로 된 것을 말하며, 증서차입채는 차입단체로부터 차용증서를 징구(徵求)하는 증서대부의 방법에 의한 것이다.

(4) 강제공채와 임의공채

강제공채는 국가 또는 지방자치단체가 그 권력에 의해 강제적으로 공채를 인수하는 것을 말하며, 임의공채란 응모자의 자유의사에 의하는 공채로서 자유공채라고도 한다.

(5) 기타 분류

발행 주체에 따라 도채와 시·군채, 채무가 순증하느냐의 여부에 따라 신규채와 차환채, 상환 방법에 따라 일괄상환채, 원리금균등상환채, 원금균등상환채 및 영구(불상환)채 등으로 분류한다.

제 3 장 지방재정력

제 1 절 지방재정력의 지표

1 지방재정력의 변수

지방재정력이란 "일반적으로 지방자치단체가 관할구역의 공공 서비스를 공급하는데 필요한 재정 수요를 충족시키기 위해 소요되는 재원을 자기 관할지역 내의 과세 대상으로부터 조달할 수 있는 조세 부담 능력을 의미한다"(Hyman, 1999: 642). 지방재정력을 결정하는 변수는 ① 재정 규모와 자주재원의 비율, ② 주민 1인당 지방세(부담액), ③ 세출 총액에 대한 투자액의 비율, ④ 잠재적 재원 능력 등이다.

우리나라 지방재정 현황 평가지표

구분	평가자료	산정 방식
1. 재정력지수	지방자치단체가 기본적인 행정 수요를 자율적으로 해결할 잠재력을 갖고 있는가를 파악하는 지표로서, 재정력지수가 크면 클수록 재정 운영상의 자율성의 정도가 강함.	기본재정수입액/기준재정수요액 ※매년도 지방교부세 산정조사 이용
2. 자주재원 비중	지방자치단체의 재정적 자립 수준 또는 경제적 자치 능력을 측정하는 지표로서, 자주재원 비율이 높을수록 재정 기반의 안정성 및 행정활동의 자율성이 있다고 볼 수 있음.	(자주재원/세입총액)×100 ※자주재원=지방세+세외수입(지방채 제외)

3. 주민 1인당 지방세 부담액	지방세수입이 많을수록 지방재정의 세입구조는 안정성을 갖고 있으면서, 1인당 지방세 부담액을 자치단체 간에 비교해 보는 기준으로 삼을 수 있음.	지방세액/인구 수
4. 주민 1인당 세출 규모	자치단체가 지역주민을 위해 제공하는 공공 서비스의 총량적 공급 능력으로서, 1인당 세출 규모가 클수록 공공 서비스의 공급 능력이 많다고 볼 수 있음.	세출 총액/인구 수
5. 주민 1인당 투자비	투자비는 지역개발뿐만 아니라 지역주민의 복리수준 향상과 직접 관련되는 비용으로서, 투자비 규모가 클수록 지역주민의 행정 수요에 좀더 적극적으로 대처할 수 있는 능력이 있다고 볼 수 있음.	투자비/인구 수 ※투자비=자본지출+융자금+출자금
6. 일반재원 비율	일반재원은 경비의 비용 용도에 아무런 제한없이 사용되는 경비로서, 일반재원 비율이 클수록 자치단체가 독자적인 시책을 추진할 수 있는 여력이 좋다고 볼 수 있음.	(일반재원/세입 총액)×100 ※일반재원=지방세+세외수입(지방채 제외)+보통교부세
7. 경상일반재원 비율	경상일반재원은 매년도 일정한 수입이 보장되는 재원으로서, 경상일반재원 비율이 높을수록 재정의 안정성이 높음.	(경상일반재원/세입 총액)×100 ※경상일반재원=지방세+경상세외수입+보통교부세
8. 인건비 자체 충당지수	자치단체가 의무적 경비인 인건비를 자체수입으로 어느 정도 충당하고 있는가를 나타내는 지표로서, 지표값이 낮을수록 인건비 충당 능력이 높다고 볼 수 있음.	인건비/자주재원 ※인건비=급여+상여금+기타직 보수+수당+피복비+급량비+일용인부 임금
9. 경상비 자체 충당지수	자치단체가 필수적으로 소요되는 경상적 경비 어느 정도 충당하고 있는가를 나타내는 지표로서, 지표값이 낮을수록 경상적 경비의 자체 충당 능력이 높다고 볼 수 있음.	경상적 경비/자주재원 ※경상적 경비=인건비+물건비+경상이전+보전재원(지방채 원리금 상환금+관서당 경비
10. 지방채 잔액지수	자치단체의 표준적인 수입에 대해 어느 정도의 차입 금액이 누적되어 있는가를 파악하기 위한 지표로서, 지방채 발행 능력이나 재정 운영의 건전성을 측정할 수 있는 동시에 지방채 발행의 한계를 제시하는 기준으로 활용할 수 있음.	지방채 현재액/일반재원 ※지방채 현재액(매년 12월 말 기준)=원금+이자
11. 주민 1인당 채무액	자치단체의 채무는 지역주민의 조세로서 상환해야 되므로, 1인당 채무액이 많을수록 주민 부담 가중 및 재정 압박 요인이 됨.	지방채 현재액/인구 수

* 자료: 한국지방행정연구원(1993: 29-30).

2 지방재정자립도에 의한 측정

1) 재정자립도의 의의

재정자립도란 지방자치단체의 세입구조를 지방세수입, 세외수입, 지방교부세, 보조금의 네 가지로 구분해 그 중 지방세수입과, 세외수입의 합계액이 세입 총액에서 점하는 비율을 의미한다.

$$\frac{\text{지방세수입+세외수입}}{\text{세입 총액}} \times 100 = \text{지방재정자립도(\%)}$$

2) 지방재정자립도의 문제점

이러한 지방재정자립도에는 다음과 같은 문제점이 있다.

첫째, 지방재정자립도가 같다고 자치단체의 재정 규모가 같다는 것은 아니다. 일반적으로 재정자립도가 같거나 유사하다고 해서 자치단체의 재정력까지도 같은 것은 아니므로 지방재정 문제의 특성이나 해결 방안도 각각 달라야 한다.

둘째, 지방재정자립도는 자치단체의 세출구조, 즉 경상적 경비(경상수지 비율)와 투자적 경비의 비율을 알 수 없다.

경상수지 비율이란 경상적·의무적인 지출(인건비·여비·일반수용비·공공요금 등)에 충당되는 일반재원이 일반재원 총액(지방세수입·세외수입 및 지방교부세수입의 합계액)에서 점하는 비율을 의미한다. 그러나 이러한 경상수지 비율은 재정자립도로는 파악될 수 없으며, 일반적으로 재정자립도는 같더라도 자치단체의 일반회계 세출 총액 중에서 자본적 지출(capital outlay)이 점하는 비중이 높아질수록 자치단체의 재정력은 그만큼 건전해진다고 할 수 있다.

셋째, 지방재정자립도는 지방교부세제도의 취지와 상충된다. 즉 자치단체가 중앙정부로부터 지방교부세를 받을 경우에 받은 금액만큼 재정력은 강화되나 재정자립도는 오히려 낮아지는 것으로 산출되는 모순이 있다.

넷째, 지방재정자립도는 지방채 수입을 자주재원에 포함시키는 문제가 있다. 지방채를 발행해 들어오는 수입은 장차 일정한 기간에 걸쳐 상환하지 않으면 안 될 부채

재정자립도 시 · 도별 현황(2013)

(단위: %)

시 · 도별	평균 (순계 규모)	특별시 광역시 특별자치시 (총계 규모)	도 특별자치도 (총계 규모)	시 (총계 규모)	군 (총계 규모)	자치구 (총계 규모)
단체별 평균	51.1	66.8	34.1	36.8	16.1	33.9
서울	88.8	87.7	-	-	-	41.8
부산	56.6	51.8	-	-	37.4	26.3
대구	51.8	46.5	-	-	36.6	25.1
인천	67.3	64.6	-	-	13.5	35.2
광주	45.4	40.1	-	-	-	19.3
대전	57.5	52.2			-	23.7
울산	70.7	62.7			45.7	36.3
세종	38.8	38.8			-	-
경기	71.6	-	60.1	51.3	28.2	-
강원	26.6	-	21.7	23.6	14.5	-
충북	34.2	-	27.4	27.5	21.4	-
충남	36.0	-	29.4	32.4	14.8	-
전북	25.7	-	19.1	21.2	14.4	-
전남	21.7	-	16.3	26.2	11.8	-
경북	28.0	-	22.1	25.6	12.7	-
경남	41.7	-	34.4	35.7	14.1	-
제주	30.6	-	30.0	-	-	-

주) 1. 시 · 도별 전국 평균 재정자립도는 순계 규모로 산출됨에 따라 단체별보다 다소 높게 나타남(의존재원인 국고보조금 등 중복 계상분을 공제).
2. 시 · 도, 시 · 군 · 자치구의 단체별 재정자립도는 순계 규모로 산출이 곤란함에 따라 총계 규모로 산출.
자료: 안전행정부, 2013년도 지방자치단체 통합재정개요 (구 예산개요), p. 231.

이다. 지방채 수입이 지방재정에서 차지하는 비중이 높을수록 자치단체의 재정자립도나 자주재원 비율은 그만큼 낮아져야 함에도 불구하고 현행 재정자립도에는 반대로 높아지는 것으로 계상되는 것은 문제점이라는 것이다.

지방자치단체의 재정자립도

(단위: %)

	2002	2003	2004	2005	2006	2007	2008	2009	2010	2011	2012
전국 평균(순계 규모)	54.8	56.3	57.2	56.2	54.4	53.6	53.9	53.6	52.2	51.9	52.3
특·광역시(총계 규모)	79.8	82.2	81.4	80.3	78.5	73.9	73.8	72.7	68.3	68.6	69.1
도(총계 규모)	34.6	39.4	41.3	36.6	36.1	34.9	39.5	33.3	31.6	33	34.8
시(총계 규모)	40.2	38	38.8	40.6	39.4	39.5	40.7	40.7	40	38	37.1
군(총계 규모)	17.4	16.3	16.6	16.5	16.1	16.6	17.2	17.8	18	17.1	16.4
자치구(총계 규모)	45.1	42.3	42.6	44.3	40.5	37.5	37.1	37.3	35.4	36.6	36

주) 매년 당초예산 기준임.
자료: e-나라지표(http://www.index.go.kr, 2013.06.19)

단체별 재정자립도(2013)

(단위: %)

구분	특별시	광역시	특별자치시	도	특별자치도	시	군	자치구
평균	87.7	53.0	38.8	34.3	30.0	36.8	16.1	33.9
최고	87.7	64.6	38.8	60.1	30.0	65.2	45.7	75.9
	서울	인천 본청	세종	경기 본청	제주	경기 성남	울산 울주	서울 강남
최저	-	40.1	-	16.3	-	8.6	7.3	13.6
	-	광주 본청	-	전남 본청	-	전북 남원	전남 강진	부산 서구

주) 총계 규모임.
자료: 안전행정부, 2013년도 지방자치단체 통합재정개요 (구 예산개요), p. 175.

3 세입구조분석에 의한 지방재정력 측정

1) 주민 1인당 지방세 부담지수 또는 자주재원지수

지방재정력은 당해 자치단체의 주민 1인당 지방세 부담액이 얼마인가, 그리고 주민 1인당 자주재원이 얼마인가를 산출해 이를 유사 자치단체의 평균치와 비교함으로써 측정할 수 있다.

2) 자주재원 비율(세입구조의 자주성) 또는 일반재원 비율

일반적으로 지방자치단체의 세입 총액 중 자주재원 비율은 현재 사용하는 지방재정자립도와는 근본적으로 다르다. 재정자립도란 법률상 법인격을 가진 단체가 국가로부터의 상대적 독립성을 유지하면서 자치행정을 한다는 법률적 개념인데 비해, 자주재원 비율은 관리적 · 경영적 측면에서 지방재정을 인식하고 세입구조의 자주성이 어느 정도인가를 파악하기 위한 개념이라 할 수 있다.

재정자립도는 자치단체의 자치권에 기초를 두고 있으므로 자치재정권의 당연한 요청인 기채권에 따라 지방채 수입을 당해 자치단체의 자주재원으로 보는 반면, 국가로부터의 상대적 독립성을 강조하는 나머지 지방교부세를 순수한 의존재원으로 간주하는 데 반해, 자주재원 비율은 지방채 수입을 의존재원으로, 지방교부세를 일반재원(자주재원)으로 파악한다.

$$\text{자주재원 비율(\%)} = \frac{\text{지방세 수입+세외수입(지방채 수입 · 융자금 제외)}}{\text{세입 총액}} \times 100$$

또는

$$\text{일반자주재원 비율(\%)} = \frac{\text{지방세 수입+세외수입(지방채 수입 · 융자금 제외)+지방교부세}}{\text{세입 총액}} \times 100$$

3) 세입의 계속성 · 안정성 지수

세입의 계속성과 안정성 지수는 경상적 수입이 세입 총액에서 차지하는 비율에 의해 파악할 수 있는데 비율이 높을수록 지방재정은 안정적이 된다.

$$\text{세입의 계속성 안정성 지수(\%)} = \frac{\text{경상적 수입}}{\text{세입 총액}} \times 100$$

4) 지방채 세입 비율

지방채 세입 비율이 높을수록 당해 자치단체의 재정력은 낮아지며, 이것이 낮을수록 재정력은 높아진다. 즉

$$\text{지방채 세입 비율(\%)} = \frac{\text{지방채 세입액}}{\text{세입 총액}} \times 100$$

5) 기타 재정력지수

전술한 지수 이외에 지방재정력을 세입면에서 측정할 수 있는 지수로는 다음과 같은 것을 고려할 수 있다.

① $\text{납세의무자 비율} = \frac{\text{주민세 개인균등할 및 소득할 납세의무자 수}}{\text{주민등록에 등재된 인구}} \times 100$

비율이 높을수록 재정 현황이 양호하고 지방재정력은 높아진다.

② $\text{세수증가율(\%)} = \frac{\text{당해 연도 세수액-전년도 세수액}}{\text{전년도 세수액}} \times 100$

세입 총액 비율이 높을수록 그 단체의 재정적 성장성이 커지며 지방재정력은 높아지는 추세에 있다(세수 증대 잠재력).

③ $\text{지방세 징수율(\%)} = \frac{\text{시·군·구세(또는 시·도세) 수입액}}{\text{시·군·구세(또는 시·도세) 부과액}} \times 100$ 또는

$\text{세수 확보 노력지수(\%)} = \frac{\text{지방세 수입 총액}}{\text{GRP}} \times 100$을 유사 자치단체와 비교함.

지방세조정액(부과액)에 대한 수입액(납부액)의 비율이 높을수록 지방재정력은 그만큼 튼튼해지며, 낮을수록 취약해진다.

④ 잠재적 재정력지수 = 가처분재산가액을 유사 자치단체의 평균치와 비교 (×100)

지방자치단체가 가지고 있는 가처분재산(보통재산 또는 잡)가액이 유사 자치단체의 평균치와 비교해 1.0(또는 100%) 이상일 때에는 잠재적 재정력이 높으며, 1.0 미만이면 그만큼 잠재적 재정력이 약함을 의미한다.

4 세출구조분석에 의한 지방재정력 측정

1) 주민 1인당 경비지수(투자지수)

지방자치단체의 재정력은 지방자치단체로부터의 주민 1인당 수혜액, 즉 주민 1인

당 지방자치단체의 경비 및 투자액을 유사 자치단체의 평균치와 비교함으로써 측정할 수 있다.

이 지수가 1.0 이하인 자치단체는 그 차이만큼 재정력이 비교적 취약하며, 반대로 1.0 이상인 자치단체는 그만큼 건전함을 표시한다. 구체적인 산정 및 활용 방식은 세입에서와 같다.

2) 경상적 경비 비율

지방자치단체의 재정력은 경상적 경비가 세출 총액에서 점하는 비율이 낮을수록 견실하며, 이 비율이 높을수록 취약해진다. 즉

$$\text{경상적 경비 비율(\%)} = \frac{\text{경상적 경비}}{\text{세출 총액}} \times 100$$

3) 의무적 경비 비율 및 공채비 비율

의무적 경비란 정책 또는 사업계획에 변경이 있거나, 임시적인 상황의 변화가 생기더라도 지출하지 않으면 안 되는 경비, 즉 지출 의무가 부여된 경비(인건비, 부조비, 공채비)를 의미한다. 이러한 의무적 경비가 증가하면 재정구조의 경직화를 초래하며, 감소하면 그만큼 탄력성이 커지므로 재정력이 강화된다.

$$\text{의무적 경비 비율(\%)} = \frac{\text{의무적 경비}}{\text{세출 총액}} \times 100$$

4) 투자적 경비 비율

투자적 경비란 자치단체가 시설적 서비스를 위해 지출하는 금액, 구체적으로는 사업부담금, 공공사업비(보통건설사업비, 재해복구사업비), 실업대책사업비, 일반사업비, 특별사업비 등을 의미한다. 이러한 투자적 경비가 세출 총액에서 점하는 비중이 클수록 당해 자치단체의 재정력은 그만큼 강하며, 그 비중이 낮을수록 그만큼 약함을 나타낸다.

$$\text{투자적 경비 비율(\%)} = \frac{\text{투자적 경비}}{\text{세출 총액}} \times 100$$

5) 기타의 재정력지수

그 밖에 세출면에서 지방재정력을 측정하는 데 필요한 지수는 다음과 같다.

$$① \text{ 비교 징세비 비율}(\%) = \left(\frac{\text{당해 자치단체의 징세비}}{\text{당해 자치단체의 지방세수입 총액}} \right) \times 100$$

$$= \left(\frac{\text{유사 자치단체의 징세비 총액}}{\text{유사 자치단체의 지방세수입 총액}} \times 100 \right) \times 100$$

이 비율이 100% 이상이면 지방재정력은 그 정도만큼 약하고, 100% 미만이면 그 차 이만큼 강하다.

$$② \text{ 부조비 충당 일반재원 비율}(\%) = \left(\frac{\text{부조비 충당 일반재원 등}}{\text{세입일반재원 등 총액}} \right) \times 100 \quad \text{및}$$

$$\text{부조비의 전년도비 증가율}(\%) = \left(\frac{\text{당해 연도 부조비액} - \text{전년도 부조비액}}{\text{전년도 부조비액}} \right) \times 100$$

지방재정력은 이들 비율이 높을수록 강하고 낮을수록 약하다.

$$③ \text{ 보통건설사업비 비율}(\%) = \left(\frac{\text{보통건설사업비}}{\text{세출 총액}} \right) \times 100 \quad \text{및}$$

$$\text{보통건설사업비 충당일반재원 비율}(\%) = \left(\frac{\text{보통건설사업비 충당일반재원 등}}{\text{세입일반재원 등 총액}} \right) \times 100$$

이들 비율이 높을수록 지방재정력은 그만큼 강하고 낮을수록 약하다.

5 재정과 기능 배분 등에 의한 재정력 측정

1) 실질수지 비율

실질수지 비율이란 당해 지방자치단체의 표준재정 규모에 대한 실질수지액의 비율로서 실질수지, 즉 순잉여 또는 순손실의 표준 규모에 대한 비율에 따라 재정 견실성의 정도를 측정할 수 있다.

실질수지는 지방재정 운영 상황을 표시하는 중요한 지표인 동시에 지방재정력을 측정하는 지표이기도 하다.

2) 경상수지 비율

경상일반재원에 대한 경상비 충당 일반재원의 비율에 의해 재정구조의 탄력성, 나아가서는 지방재정력을 측정하는 지표로서 경상수지 비율이 있다.

$$\text{경상수지 비율(\%)} = \left(\frac{\text{경상경비비충당 일반재원}}{\text{경상일반재원 총액}} \right) \times 100$$

여기서 일반재원이란 지방세 및 지방교부세의 합계액이다. 실제로는 그 밖에 비도에 특정한 제한이나 조건이 붙어 있지 않은 사용료・수수료・재산수입・제수입 등이 있다.

3) 기능 배분 비율에 대한 재원 배분 비율

지방자치단체의 재정력은 국가가 특별시・광역시・도 - 시・군・자치구에 각각 부여된 행정사무의 성질과 양의 배분율에 맞도록 재원이 배분되어 있느냐의 여부에 따라 달라진다. 이론상 자치단체 간의 사무량 분담 비율과 재원 배분 비율이 같은 경우가 가장 이상적이라고 할 수 있다.

그러나 자치단체에 배분된 사무 분담 비율보다 재원 분담 비율이 더 높을 때에는 자치단체의 재정력은 그만큼 튼튼해지지만, 사무 분담 비율보다 재원 배분 비율이 낮으면 지방재정력은 취약해진다.

$$\text{기능 대비 재원 비율(\%)} = \left(\frac{\text{한 종류의 자치단체에 대한 재원 배분 비율}}{\text{한 종류의 자치단체에 대한 기능 배분 비율}} \right) \times 100$$

이 비율이 100% 이상이면 지방재정력은 건전하고, 100% 미만이면 그 차이만큼 지방재정력은 약함을 나타낸다.

제 2 절 지방재정 확충 방안

1 신세원의 개발

경제적 능력에 상응하는 공평 과세에 부합하고 지방행정 수요에 대응하기 위한 소요 재원의 확보를 위해 고려될 수 있는 신세원으로서는 전기공급세, 광고세, 환경보전세, 관광세, 대중교통자금충당금, 특별평가이익세 등을 고려할 수 있다.

첫째, 공공용의 조명을 위한 전기 소비를 제외한 난방, 조명 및 가정용으로 소비되는 전기에 대한 세금으로서 전기사용료에 일정률을 부과한다.

둘째, 대부분의 공해는 영리를 추구하는 기업에 의해 발생하나 그것을 처리하는 비용은 정부가 부담하므로 결국 저소득자의 비용을 부담하는 결과가 되고 있어 사회정의와 형평에 어긋난다. 따라서 지방세로서의 환경보전세를 신설해 공해 원천에 과세함으로써 그 처리 비용을 공해 발생자에게 부담시킨다.

셋째, 과세 대상은 관광시설의 이용자이다. 즉 관광시설 사용료에 일정률을 과하되 관광시설 소유자 또는 관리인에게 징수 의무를 부여해 징수할 수 있다.

넷째, 오늘날 경제 · 사회 · 문화가 발달함에 따라 광고활동은 증가하고 있으며 TV나 라디오, 신문, 잡지, 간판 등 광고물이 범람하고 있는데, 이러한 광고는 대부분 광고주의 영리를 목적으로 하는 것이므로 광고세를 신설하는 것이 요망된다.

2 세율의 조정 및 중앙 · 지방 간 세원 배분 합리화

세수 증대를 위해서는 세율의 재조정이 필요하다. 정액세와 정률세를 병행하되 정률세화할 수 있는 것은 가급적 정률세로 전환하고, 불가피한 것을 제외하고는 표준세율 또는 제한세율제로 변환함으로써 세원의 신장을 확보할 수 있다.

또한 국세 중 비교적 세원의 보편성이 있는 세목을 지방으로 이양함을 원칙으로 하고 세원이 과도하게 편중되어 있는 것은 국세로 징수해 지방자치단체의 재정조정 재원으로 활용함이 바람직하다.

3 지방세외수입의 확충

전형적인 재원 조달 수단인 조세 외에도 사용료·수수료, 지방채 등 각종 지방세외수입의 확충도 실질적인 자체 조원 조달 강화 방안의 하나로서 제기될 수 있다. 지방세외수입이 현행 지방세입구조에서 높은 비중을 차지할 뿐만 아니라, 지방자치단체의 서비스 중 수익자 부담 원칙을 적용하는 것이 바람직한 급부적 서비스가 점차 확대되어 가고 있어 지방재원 확충 수단으로서 지방세외수입이 차지하는 중요성이 증대하고 있다. 수수료 수입의 증대 방안으로서는 새로운 수수료 수입원의 개발, 현행 수수료의 비율 조정이 필요하다.

4 경영수익사업의 확충

경영수익사업이란 지방자치단체가 공공 목적을 위해 공유 부존자원을 효율적으로 활용하는 과정에서 확보할 수 있는 지방세외수입의 한 형태를 의미한다. 지역 개발과 재원 확보라는 목표를 달성하기 위해 지방자치단체가 비권력적 주체로서 사기업과 동일한 지위에서 사업을 경영하는 것이다. 앞으로 이러한 경영수익사업에 좀더 관심을 갖고 새로운 사업 영역을 개척해 그 투자 규모를 확대해 나가면 자주재원의 확충에 크게 기여할 수 있다.

5 지방공기업의 활성화

우리나라 지방공기업은 대부분이 사업소 형태로 운영되고 있어 일반 행정관리 방식을 탈피하지 못하고 있다. 따라서 지방자치단체가 수행하는 대부분의 하수처리사업, 상수도사업, 주택사업, 토지구획사업 등은 기업적 성격을 띠고 있으면서도 현금회계 위주의 특별회계로 운영되는 등 기업적 운영이 제도적으로 보장되어 있지 않다. 따라서 이를 다음과 같이 제도적으로 개선해 나가야 할 것이다.

지방공기업 서비스의 생산원가, 사회적 편익과 개인적 편익의 정도, 이용자의 부담능력, 유사한 서비스에 대한 지역 간·종류 간 형평 등을 종합적으로 고려해 수익자 부담을 반영하는 원가 보상적 요율 체계로 개선해 나가야 한다.

6 지방재정조정제도의 개선

지방재원의 확충을 구상할 때에는 지방교부세, 국고보조금 등 현행 지방재정조정제도의 기능을 보강하는 것도 주요 대안의 하나로 고려될 수 있다. 중앙과 지방 간의 재정 기능 조정에 따라 지방재정조정제도의 자치단체 간 형평화 기능과 재원 보장 기능이 강화되면 앞으로 예상되는 추가적인 재정 수용에 대한 지방자치단체의 대응 능력을 향상시킬 수 있다.

참고 문헌

국내 문헌

강용기(2008). 『현대지방자치론』, 서울: 대영문화사.

권형신 외(1998). 『한국의 지방재정』, 서울: 도서출판 해냄.

기획예산처(2005). 2005나라살림(2005년 예산 개요).

김규정(1987). 『행정학연구』, 서울: 법문사.

———(1998). 『신판 행정학원론』, 서울: 법문사.

김보현 · 김용래(1985). 『지방행정의 이론과 실제』, 서울: 법문사.

김병준(2009). 『한국지방자치론』, 서울: 법문사.

김안제(1995). 『지역개발과 지방자치행정』, 서울: 대명출판사.

김영수(1994). 『지방자치단체 간 분쟁조정 방안』, 한국지방행정연구원.

김종순(2001). 『지방재정학』, 서울: 삼영사.

김종표(1988). 『현대지방행정론』, 서울: 일신사.

———(1997). 「신지방행정론」, 서울: 법문사.

김학로(1994). 『지방행정의 이론과 실제』, 서울: 박영사.

김현조(2009), 『지방자치론』, 서울: 대영문화사.

김형기(2003). "지방분권-지역혁신과 지역발전." 「지방분권형 국가 만들기』, 서울: 나남출판.

김홍대(1999). 『지방자치입법론』, 서울: 박영사.

김홍식(1993). 『지역이기주의 극복을 위한 정책연구』, 한국지방행정연구원.

노종희(1992). 『교육행정학』, 서울: 문음사.

박동서(2004). 『한국행정론』, 서울: 법문사.

박응격(1995). "과연 주민편의 위주의 행정개혁인가: 행정구역 개편 추진 현황과 평가," 『지방자치』 4월호.

박재민(2010). 2010년 지방교부세제도의 운용방향. 한국지방재정공제회.

백완기(1998).『행정학개론』, 서울: 박영사.
손봉숙(1991).『한국지방자치연구』, 서울: 삼영사.
손희준 외(2006).『지방재정론』, 서울: 대영문화사.
신무섭(1997).『재무행정학』, 서울: 대영문화사.
심정근 외(1997).『지방재정학』, 서울: 박영사.
안용식(2004).『지방공기업론』, 서울: 대영문화사.
안용식 · 강동식 · 원구환(2006).『지방행정론』, 서울: 대영문화사.
오연천(1987).『한국지방재정론』, 서울: 박영사.
안전행정부(2013).「지방자치단체통합재정개요」.
유종해 외(1993).『현대행정학연습』, 서울: 박영사.
이규한(1995).『도시행정론』, 서울: 녹원출판사.
———(2006).『한국지방행정학』, 서울: 법문사.
이기우(2005). "지방자치단체의 사무체계에 대한 비판적 검토: 독일의 지방사무체계를 중심으로,"『지방행정연구』, 19(1). 한국지방행정연구원.
이달곤(2004). 『지방정부론』, 서울: 박영사.
이승종(2005).『지방자치론-정치와 정책-』. 서울: 박영사.
이영희(1993).『국세와 지방세의 합리적 세정조정 방안』, 한국지방행정연구원.
이종수 외(1993).『새행정학』, 서울: 대영문화사.
이한빈(1968),『사회변동과 행정』, 서울: 박영사.
장병구(1995).『지방재정론』, 서울: 형설출판사.
장지호(1989).『지방행정론』, 서울: 대왕사.
정부혁신지방분권위원회(2008).『참여정부의 지방분권』.
정세욱(1998).『지방행정학』, 서울: 법문사.
———(2001).『지방자치학』, 서울: 법문사.
정일섭(1990). "지방자치와 정당정치,"『행정학논집』 제11집, 청주대학교 행정문제연구소.
조성일 · 안세근(1996).『지방교육자치제도론』, 서울: 양서원.
최인기 · 이봉섭(1993).『지방의회론』, 서울: 법문사.
최창호(2001).『지방자치학』, 서울: 삼영사.
홍준현(2010). 기관위임사무 지방이양의 실태 및 시사점: 소요 인력 및 비용 추계를 중심으로. 『지방정부연구』, 14(3): 51-79.
한국지방행정연구원(1993).『지방행정 운영평가의 지표 개발 및 활용 방안』.
———(1994).『중앙과 지방정부 간 사무배분에 관한 입법화 방안』.
한원택(2000).『지방행정론』, 서울: 박영사.
행정안전부(2009).『2009년도 지방자치단체 예산개요』.

행정자치부(2000a). 『선진 외국의 지방자치제도(I)』.
———(2000b). 『선진 외국의 지방자치제도(II)』.
———(2005). 2005년도 지방자치단체 예산개요.
———(2007a). 『지방자치백서』.
———(2007b). 『지방재정연감』.
———(2007c). 『행정자치통계연보』.
홍정선(2001), 「행정법원론(하)」, 서울: 박영사.

국외 문헌

Adrian, Charles R. & Michael R. Fine(1991). *State & Local Politics*, Chicago: Nelson-Hall Inc.

Alford, Robert V.(1969). *Bureaucracy and Participation*, New York: Rand McNally & Co.

Amitai, Etzioni(1969). "The Fallacy of Decentralization," *The Nation*, Vol. 25(August).

Arnstein, Sharry R.(1969). "A Ladder of Citizen Participation," *Journal of the Amenrcan Institute of Planners*, Vol. 35, No.4.

Burke, E. M.(1968). "Citizen Participation Strategies," *Journal of the American Institute of Planner*, Vol.34, No.4.

Campbell, Alan & Roy W. Bahl(eds.)(1976). *State and Local Government*, New York: The Free Press.

Chandler, Ralph C. & Jack C. Piano(1982). *The Public Administration Dictionary*, New York: John Wiley & Sons, Inc.

Cunningham, James V.(1972). "Citizen Participation in Public Affairs." *Public Administration Review*, Vol.32, No.4.

Dimock, Marshall E. & Gladys O. Dimock(1958). *Public Administration*, New York: Holt, Reinehart and Winston.

Elock, Howard(1982). *Local Government: Politicians, Professionals and the Public in Local Authorities*, London: Methuen & Co., Ltd.

Frederickson, H. George(1994). "George and the Case of Government Reinventors," *PA Times* 17(January: 9).

Hampton, William(1987). *Local Government and Urban Politics*, London: Longman.

Hyman, David N.(1999). *Public Finance*(6th ed.), The Dryden Press.

Jones, George W.(1982). *New Approaches to the Central-Local Government Relationships*, England: Gower Publishing Co. Ltd.

Jones, George W. & John Stewart(1983). *The Case for Local Government*, London: George Allen & Unwin.

Lake, Robert W.(1993). "Rethinking NIMBY," *Journal of American Planning Association*, Vol.59, No.1(Winter).

Langrod, Georges(1953). "Local Government and Democracy: A Rejoinder," *Public Administration*, Vol. 31, No. 4.

Musgrave, Richard A. & Peggy B. Musgrave(1984). *Public Finance in Theory and Practice*, New York: McGraw-Hill.

———(1989). *Public Finance in Theory and Practice*(5th ed.), McGraw-Hill Book Company.

Ostrom, Vincent & Elinor Ostrom(1977). "Public Goods and Public Choice," in E. S. Savas(ed.). *Alternatives for Delivering Public Services: Toward Improved Performance*, Boulder, Col: Westview.

Rhodes, R. A. W(1981). *Control and Power in Central-Local Relation*, Famborough, Aldershot: Gower.

———(1983). *Control and Power in Central-Local Government Relation*, Aldershot: Gower Publishing Company Limited.

Richards, Paul G.(1973). *The Reformed Local Government System*, London: George Allen & Unwin.

Robson, William A.(1953). *The Development of Local Government*, London: George Allen and Unwin.

Rowat, Donald C.(1980). *International Handbook on Local Government Reorganization: Contemporary Development*, London: Aldwych Press.

Schick, Allen(1966). "The Road to PPB: The Stage of Budget Reform," *Public Administration Review*, Vol.26, No.4.

Shafritz, J. M.(1954). *Centralization vs. Decentralization in Organization: the Controller's Department*, New York: Controllership Foundation, Inc.

———(1988). *The Dorsey Dictionary of American Government and Politics*, Chicago: The Dorsey Press.

Simon, Herbert A.(et al.) (1950). *Public Administration*, New York: Alferd A. Knopf.

Skeffington Committee(1970). *People and Planning: Report of the Committee on Public Participation in Planning*.

Smith, Brian C.(1985). *Decentralization: The Territorial Dimension of the*

State, London: George Allen & Unwin.
Stewart, John & Gerry Stoker(eds.)(1991). *The Future of Local Government*, London: Macmillan.
Tiebout, Charles M.(1956). "A Pure Theory of Local Expenditure," *Journal of Political Economy*, October.
Verba, Sidney & Norman Nie(1972). *Participation in America: Political Democracy and Social Equity*, New York: Harper and Row.
———(1975). *Participation in America: Political Democracy, and Social Equality*, New York: Harper & Row.
Wright, Deil S.(1988). *Understanding Intergovernmental Relations*, Belmont: Cole Publishing Co.
Zimmerman, Joseph F.(1983). *State-Local Relations: A Partnership Approach*, New York: Praeger.

찾아보기

ㄹ

ㅁ

ㅂ

ㅅ

ㅇ

ㅈ

ㅊ

ㅋ

ㅌ

ㅍ

ㅎ

저자 소개

장문학(張文學)

서울시립대학교 대학원 에서 행정학을 전공하고(논문: "인터넷 주민참여 확대 방안에 관한 연구"), 미국 Califorina Rife University에서 명예 경영행정학 박사학위 취득과 Califorina Western University 경영전문대학의 명예교수로 위촉받고, 현재는 경복대학교 공공인재학부 정교수 겸 부총장으로 재직중이다.

36년간 행정실무 경험을 이론에 접목하여 인사행정론과 지방행정론, 사회복지행정론, 행정학 분야를 중심으로 강의 및 연구를 하고 있으며, 저서로는 『행정학개론』(2009)과 지방행정론 (2010)이 있다.

주요 경력으로는 행정직 공무원으로 재직하면서 서울시청 인사과, 감사과, 총무과를 거쳐 공무원 교육원 기획과장, 운영과장(서기관)을 역임하고 서울특별시장 정책비서관, 용산구 도시관리국장, 생활복지국장, 재무국장, 송파구 행정관리국장 서초구 행정지원국장, 정책기획단장을 역임하고, 서울시 7·9급 신규채용 및 승진시험 실무책임관(서기관)을 역임했으며, 재직중 대통령 표창, 근정포장, 홍조근정훈장(2003)을 수상했다.

사회활동으로는 현재 서울극동방송국 운영위원과 경기북부 검찰·교수협의회 실무위원, 서초신문사논설위원이며. 서울중앙지방검찰청 범죄피해자보호위원, 서울동부지방검찰청 범죄피해자보호위원, 서울 강동교육청 평생교육협의회 운영위원, 서울강남교육청교육발전협의회 운영위원, 서울방배경찰서 집회시위 심의위원을 역임했다.

하상군(河相君)

단국대학교에서 행정학 박사학위(논문: "한국의 지방자치단체조합에 관한 연구")와, 동국대학교에서 경찰학 박사학위를 취득하여(논문: "경찰 사회자본이 직무만족과 조직성과의 인식에 미치는 영향"), 현재는 금강대학교 행정학과 교수로 재직하고 있다. 부산대학교 지역개발연구소 수석연구원을 역임하고, 행정학 원론과 도시행정, 자치경찰학 분야가 주된 관심 분야이며, 행정학과 경찰학의 학문적 융합에 주된 학문적 초점을 두고 있다.

주요 경력으로는 대전지방경찰청 시민감찰위원, 한국지방행정연구원 위촉연구원, 한국법률행정연구원 교수, 경복대 겸임교수, 원광디지털대학교 교수, 전남대, 충북대, 창원대, 한림대, 대전대, 경남대, 공주대, 동양대 특강교수 등을 역임했다.

주요 저서로는 『행정학개론』(2013), 『경찰학개론』(공저, 2013), 『지방행정론』(공저, 2011), 『행정학개론』(2007), 『도시 및 지방행정』(2002), 『행정학 도해』(공저, 1997) 등이 있고, 주요 논문으로는 "지방보훈청의 기능재편과 발전방향"(2012), "해양경찰의 발전방안에 대한 탐색적 연구"(2011), "경찰거버넌스의 한국적 모형 정립방안”(2010), “경찰조직의 TQM 적용방안에 대한 조직론적 접근”(2009), “민영교도소의 이론적 토대와 적실성 검토”(2009), “경찰공무원의 경력몰입 결정 요인에 관한 연구”(2008), “지방 준정부조직 표류 과정의 효율성 분석”(2007), “행정조직의 변형 경로에 관한 연구”(2006), “준정부조직의 생성·변형·소멸에 관한 기초 연구”(2005), “지방자치단체의 자체감사 기능 개선 방안”(2004), “변형 공기업에 대한 국제 간 비교 연구”(2003), “지방자치단체 간 외부성 갈등의 극복 방안”(2001) 등이 있다.

지방자치행정론

펴낸날 / 제1판 제1쇄 2013년 7월 30일

지은이 / 장문학 · 하상군

펴낸이 / 임춘환

펴낸곳 / 도서출판 대영문화사

주소 / 서울 용산구 청파동 1가 178-2 ㊄ 140-869

등록 / 1975년 12월 26일 제3-16호

전화 / (02)716-3883, (02)714-3062

FAX / (02)703-3839

홈페이지 / http://www.dymbook.co.kr

ISBN 978-89-7644-456-1

〔값 20,000원〕